Sommaire

articles

Recensions

La responsabilité sociale des entreprises : un sursaut éthique pour combler un vide juridique ?

SOPHIE SWATON *

Résumé
Malgré un succès contemporain qui pourrait faire croire à un concept très nouveau en sciences de gestion notamment, la responsabilité sociale des entreprises (RSE) est un concept apparu dans les années 1950. On peut donc s'interroger sur cette résurgence soudaine d'un concept suscitant des interprétations multiples et quelquefois contradictoires. Notre hypothèse est que la RSE, perçue dans une première dimension fonctionnelle et très actuelle, provient d'une lacune du droit matériel. Cette lacune pourrait également expliquer le glissement de niveau auquel on assiste dans l'évolution historique et conceptuelle de la RSE, saisie dans une deuxième dimension : le besoin de se chercher un fondement, dans l'éthique principalement puis dans la philosophie politique. Or, ce recours ne porte pas nécessairement les fruits espérés. Néanmoins, nous ne souhaitons pas en rester à une approche seulement critique. Partant d'une clarification du concept lui-même et des dimensions impliquées cet article vise à comprendre la résurgence et l'actualité du concept de RSE en mettant en exergue la dimension éthique peu convaincante en l'état mais dont un traitement plus complet permettrait de cerner les dimensions politique et juridique à valoriser.
Mots-clés : responsabilité, éthique, parties prenantes, contrats, normes, délibération

* Institut de Géographie et de Durabilité (IGD), Université de Lausanne. sophie.swaton@unil.ch.
L'auteure remercie deux rapporteurs anonymes pour leurs nombreux apports à cette contribution.

Abstract
Despite a success story in management, corporate social responsibility (CSR) is not a new concept but has occurred in the 1950's. One can therefore wonder about such a resurgence for a concept whose interpretations are numerous and sometimes quite opposite. Our hypothesis is that CSR, understood in very functional aspect results from a deficiency of substantive law. This gap could also explain the evolution of the historical and conceptual approach of CSR, perceived in a second dimension: the need to seek a foundation in ethics first, and then in political philosophy. However, such a research for foundations does not necessarily succeed. Nevertheless, far from limiting ourselves to a critical standpoint, we try to propose here a clarification of CSR and all the dimensions involved in particular the ethical standpoint that could be more deeply analysed.
Keywords: responsibility, ethics, shareholders, contracts, norms, deliberation

Classification JEL : B20, B52, M14.

INTRODUCTION

Traduite du concept américain de « Corporate Social Responsibility » (CSR), la responsabilité sociale de l'entreprise (RSE) semble devenue incontournable depuis plus d'une décennie, au-delà d'un « effet de mode » (Reynaud 2011). La Commission européenne a publié en 2001 un « Livre vert » [1] qui formule la définition de référence de la RSE comme « l'intégration volontaire par les entreprises des préoccupations sociales et environnementales à leurs activités commerciales et leurs relations avec les parties prenantes ». Il s'agit donc d'une intégration élargie du champ de préoccupation traditionnel de l'entreprise de manière non imposée.

Malgré un succès contemporain qui pourrait faire croire à un concept très nouveau, la RSE est un concept apparu dans les années 1950. On peut donc s'interroger sur cette résurgence soudaine. Qu'est ce qui explique la mobilisation des acteurs et des théoriciens autour d'un concept suscitant des interprétations multiples et quelquefois contradictoires ? Notre hypothèse est que la RSE, perçue dans une première dimension fonctionnelle et très actuelle, provient d'une lacune du droit matériel. Cette lacune pourrait également expliquer le

1. Commission européenne, *Promouvoir un cadre européen pour la responsabilité sociale des entreprises. Livre vert*, juillet 2001.

glissement de niveau auquel on assiste dans l'évolution historique et conceptuelle de la RSE, saisie dans une deuxième dimension : le besoin de se chercher un fondement, dans l'éthique principalement puis dans la philosophie politique. Or, ce recours ne porte pas nécessairement les fruits espérés.

Néanmoins, nous ne souhaitons pas en rester à une approche seulement critique. Partant d'une clarification du concept lui-même et des dimensions impliquées cet article vise à comprendre la résurgence et l'actualité du concept de RSE en mettant en exergue la dimension éthique peu convaincante en l'état mais dont un traitement plus complet permettrait de cerner les dimensions politique et juridique à valoriser.

L'article comprend trois sections impliquant des disciplines et des problématiques différentes au-delà de pratiques gestionnaires, mais pouvant basculer d'un champ à un autre. C'est ce basculement que nous cherchons à mettre en avant dans le choix des trois parties dont la présentation articulée relève de notre propre interprétation théorique. D'autre part, à l'intérieur de chaque partie, nous débutons par une approche descriptive sur la base de la littérature de référence puis nous proposons également notre propre interprétation théorique.

Nous commencerons par nous focaliser sur la genèse du concept, sa théorisation et sa dimension fonctionnelle (section 1). Les différents âges de la RSE et son évolution théorique portent en germe la dimension de recherche de fondement dont il est question dans l'interprétation éthique proposée par les firmes et formalisée par certains théoriciens (section 2). Nous montrerons qu'une telle démarche, pouvant s'attirer quelques suspicions théoriques et idéologiques [2], invite à un questionnement plus large de la société toute entière et de la conception de la responsabilité et de l'éthique individuelle et collective qui est promue (section 3). Nous illustrerons alors en conclusion et dans une interprétation normative la manière dont la RSE pourrait être envisagée dans nos sociétés démocratiques.

2. Au point que nous formulerons une interprétation en termes d'éthique culturelle, au-delà des outils de l'éthique traditionnelle.

1. GENÈSE ET FONCTIONNALITÉ DE LA RSE : UNE MISSION CONTROVERSÉE

La RSE a une histoire qu'il est intéressant de connaître pour cerner le clivage souvent ressenti entre la conception américaine et européenne de la RSE [3]. Car c'est bien aux États-Unis que le concept est d'abord apparu. La plupart des théoriciens s'accordent pour reconnaître trois principales périodes de la RSE à partir des années 1950 dans la littérature de référence [4] que les théoriciens interprètent comme trois grandes phases de construction du concept. D'autres auteurs se réfèrent aux différentes décennies de 1950 à 2000 sans dater exactement. Pour le fil de notre argumentation, qui ne se cantonne pas à une analyse strictement historique de l'émergence du concept, nous nous appuierons sur trois grandes périodes de manière à faire surtout ressortir les enjeux fondamentaux. La RSE apparaît en constante construction à partir de débats entre les acteurs qui diffèrent selon la période envisagée. Elle offre donc multitudes de visages et de lectures théoriques que nous récapitulerons à l'issue de la section.

1.1 *Naissance de la RSE et questionnement sur la mission de l'entreprise : les années 1950-1965*

Si les découpes historiques précises ne sont pas clairement évidentes, il importe de souligner l'héritage philanthropique de la RSE à travers une responsabilité individuelle et sociale à la fois. La phase de l'ère philanthropique dure jusqu'aux années 1950, durant laquelle les entreprises se livrent principalement à une activité relevant de la charité. Les historiens, se référant à l'avant Bowen [5], délimitent ainsi quatre périodes de la RSE à l'instar de Murphy (1978) et de certains contributeurs au *Handbook* sur la *Corporate Social Responsibility*. En effet, ils remontent jusqu'à l'apparition de la philanthropie corrélée parfois d'ailleurs à la difficulté de distinguer philanthropie individuelle et

3. Nous y reviendrons dans la section 3.

4. Pour une analyse détaillée nous renvoyons, entre autres publications de référence, à Wood, D.J., 1991, « Corporate social performance revisited », *Academy of Management Review*, vol. 16, n°4, p. 691-718 ; Frederick W.C., 1978, « From CSR1 to CSR2 : The maturing of business and society thought », *Working Paper Graduate School of Business*, Pittsburgh, University of Pittsburgh ; Ackerman R. and Bauer R., 1976, *Corporate Social Responsiveness : The Modern Dilemna*, Virginia, Reston Publishing Company.

5. Considéré comme le père de la RSE avec son ouvrage de référence en la matière en 1953.

philanthropie d'affaire. Cornelius Vanderbilt ou John D. Rockefeller sont des philanthropes, comme de nombreux hommes d'affaires un siècle auparavant, impliqués dans le mécénat, la construction d'églises et divers projets communautaires[6].

En fait, l'apparition de la philanthropie d'affaire est liée à l'émergence des critiques de l'industrialisation en Grande-Bretagne puis en Amérique, en particulier concernant l'emploi des femmes et des enfants. Les réformistes dans les deux pays accusent l'usine d'être la source de nombreux problèmes sociaux, de conflits de travail, de pauvreté, suscitant l'apparition des bidonvilles à la périphérie des villes (Wren 2005). C'est ce qui explique le lien entre la philanthropie et le sens des affaires : les industriels, dans la lignée du précurseur John H. Patterson fondateur du *National Cash Register*, amorcent des formes de régimes de prévoyance en vue de prévenir les problèmes de main-d'œuvre et d'améliorer la performance. Les mesures prises à cette époque peuvent donc s'interpréter comme à la frontière du social et du *business*, comme en témoignent la création de réfectoires, de loisirs, d'infirmerie et autres pratiques – tel que l'intéressement – censées améliorer le bien-être et la satisfaction des ouvriers.

Mais c'est durant la décennie 1950-1960 que se pose véritablement la question de la mission de l'entreprise dans des débats animés. C'est dans ce contexte politico-social qu'émerge la RSE et l'intérêt qu'elle suscite concerne ses frontières : ses fondements religieux et éthiques sont questionnés, lui conférant un caractère normatif. Murphy (1978), qualifie la période de 1953-1967 de « awareness era ». Il s'agit d'une période durant laquelle les entrepreneurs prennent conscience des implications de l'entreprise au niveau de la collectivité[7].

Soulignons que les origines de la RSE se situent au croisement de la législation sur le droit du travail avec la question récurrente dans les débats sociaux de l'époque sur la journée légale de travail. En publiant *Social Responsabilities of the Businessman*, ouvrage qui prend en compte les débats institutionnalistes de l'époque quant aux objectifs et au statut de l'entreprise, Bowen (1953) est associé à la naissance de la RSE qu'il définit comme l'obligation pour les hommes d'affaire

6. Wren, 2005, p. 269-270.

7. Nous renvoyons également à Heald (1970) et à une littérature de référence importante avec des travaux aux titres évocateurs : Heald (1957), Eels (1956) et Selekman (1959).

de poursuivre des objectifs conformes aux valeurs de la société[8]. Ainsi, Bowen perçoit la RSE comme un moyen pour les entreprises de générer davantage de bien-être au niveau sociétal, les hommes d'affaires se devant d'adopter des décisions et des lignes de conduite conformes aux visées souhaitables dans la société. Il s'agit donc de recommandations, de guide d'actions pour les activités futures des entrepreneurs sans forcément être la solution unique à l'ensemble des problèmes sociétaux[9].

Nous constatons que la mission assignée à l'entreprise est très large et s'envisage dans les objectifs de l'économie américaine incluant des perspectives de liberté, de justice et de développement. Bowen s'intéresse aux raisons qui poussent les chefs d'entreprise à prendre davantage en compte la RSE, participant ainsi à son institutionnalisation. Au-delà de l'obligation de se sentir concernés ou d'en avoir été convaincus, Bowen note des conditions favorables au développement de cette notion qui arrive au moment où émerge une nouvelle classe de managers séparant ainsi la propriété et le contrôle de l'entreprise. Il s'agit de justifier auprès de la société civile, le bien-fondé de l'action des entreprises et plus précisément du mécénat auquel est associé la RSE (Frederick 2006). On est dans la période que Boltanski et Chiapello (2011) nomment celle du deuxième esprit du capitalisme.

Néanmoins, les hommes d'affaire des années 1950 sont aussi très suspicieux à l'égard des mouvements sociaux et perçoivent dans la RSE un moyen efficace de confondre intérêt commun et intérêt de l'entreprise en supplantant les idées communistes et socialistes *via* la justification du capitalisme. Par ailleurs, à côté des hommes d'affaires, d'autres acteurs sont importants : les Eglises. En effet, la diffusion de la RSE est marquée par un contexte religieux puisque le livre est publié sous l'égide d'une association d'Eglises protestantes et orthodoxes américaines dans le cadre d'une série de livres traitant de l'application de la doctrine protestante au monde des affaires. La RSE se manifeste également pour ces acteurs comme une sorte de

8. « Social responsibility refers to the obligations of businessmen to pursue those policies, to make those decisions, or to follow those lines of action which are desirable in terms of the objectives and values of our society. » (Bowen (1953), p. 6).

9. *Ibid.*, p. 25.

troisième voie entre la régulation étatique et le laisser-faire[10]. Ainsi, Acquier, Gond et Igalens (2005), montrent que l'approche protestante de la RSE n'est pas nécessairement pro-capitaliste et se positionne en faveur de contre-pouvoirs économiques afin de créer un équilibre quant à l'influence des décisionnaires. Cette influence religieuse liée à l'émergence de la RSE est encore prépondérante aux États- Unis et à l'œuvre dans le discours des managers.

Pour caractériser l'ensemble de ce premier âge de la RSE, on peut dire qu'il s'agit d'une phase de réflexion sur ses contours[11]. Concrètement, le passage progressif dans les pratiques s'opère dans la deuxième phase de la RSE, à partir des années 1970 visant à intégrer la RSE dans les actions des managers : une traduction en acte des discours précédents sur la nécessité pour les entreprises d'introduire des audits sociaux, des codes de conduites pour les managers ainsi qu'une formation appropriée[12].

1.2 *Une responsabilité reconnue mais de nature économique : les années 1970-1980*

C'est une caractéristique davantage pragmatique que prend la RSE dans les années 1970 durant lesquelles il s'agit de répondre concrètement aux besoins sociaux et environnementaux problématiques. Les acteurs de la société civile jouent ici un rôle fondamental avec la montée des nouveaux mouvements sociaux et notamment de la critique écologique : l'impact des activités humaines sur la biosphère (pollution, réchauffement climatique) et sur la finitude des ressources est désormais démontré. Le rapport Meadows de 1972 est emblématique de cette information relayée auprès du grand public. Du côté des entreprises, il s'agit de répondre aux attaques et aux attentes de manière efficace, montrant l'implication des entreprises

10. Gond et Igalens (2010, p. 14) : « La responsabilité sociale apparaît en effet à cette époque comme un mode d'autorégulation des entreprises particulièrement séduisant, permettant d'éviter simultanément les écueils d'une régulation trop importante – qui constitue un véritable danger pour la démocratie aux yeux des Américains dans un contexte de guerre froide – et les désastres sociaux auxquels ont parfois conduit les marchés laissés à eux-mêmes et dont les effets se sont faits sentir à la fin du XIXe siècle et après la crise de 1929 ».

11. Carroll (2009) appréhende la décennie 1950-1960 comme celle d'une manière de poser les problèmes et les réflexions, et donc celle d'un discours plutôt que d'un réel passage à l'acte (« more talk than action »).

12. Cela avait d'ailleurs déjà été proposé par Bowen 1953 (p. 151-163).

face à cette crise écologique. Et du côté interne à l'organisation, c'est l'ère non plus du fondateur philanthropique mais du manager efficient.

Dans l'optique des entreprises, la RSE est perçue comme devant à la fois s'insérer dans un contexte managérial et permettre à la société d'accroître sa rentabilité par retour de son implication sociale. Cette stratégie du gagnant-gagnant constitue une perspective théorique largement reprise dans la littérature : les intérêts de la firme et de la société seraient en partie liés, argument repris par Walton (1967) qui intègre la dimension d'acceptation volontaire de la RSE dans les organisations [13]. Pour répondre aux attaques des mouvements sociaux, les entreprises souhaitent mettre réellement en œuvre la RSE ; sous la pression sociale, les managers s'efforcent de produire des conduites socialement responsables.

Le concept de RSE est de plus en plus présent dans les discours (Commitee for Economic Development, CED, 1971) et s'étend à des domaines variés (Muirhead 1999), de la santé et des conditions de travail des salariés aux politiques publiques en passant par des actions philanthropiques (Heald 1970) et l'intérêt des actionnaires bien compris.

Néanmoins, la RSE ne fait pas l'unanimité pour autant et on assiste à un changement dans les discours. Bientôt, certains adversaires de la RSE la perçoivent comme un premier pas vers l'idéologie communiste, alors qu'elle était au contraire considérée dans la période précédente comme un rempart idéal. La critique écologique est peu à peu estompée par la critique marxiste, et l'environnement ne constitue plus une donnée suffisamment importante à défendre au regard de la lutte idéologique qui s'amorce du côté social. Pour les nouveaux opposants à la fois au communisme et à la RSE, la seule fonction de l'entreprise doit être la recherche d'un rendement optimal. Ainsi, Levitt avait déjà publié en 1958 « The dangers of social responsibility » [14], dans lequel il exprime ses inquiétudes face à l'aspect centralisant de la RSE qu'il compare à un nouveau féodalisme tirant vers le fascisme. S'il ne nie pas la nécessaire prise en compte par les entreprises de conflits sociaux, celle-ci doit se faire *via* la reconnaissance de syndicats formés à cet

13. Citons également Frederick (1960, p. 60): « Social responability in the final analysis implies a public posture toward society's economic and human resources and a willingness to see that those resources are utilized for broad social ends and not only simply for the narrowly circumscribed interests of private persons and firms ».

14. *Harvard Business Review*, p. 41-50.

effet et sous l'effet de l'action gouvernementale à laquelle l'entreprise ne peut se substituer. La moralité n'a pas à entrer dans le périmètre du monde économique, sous peine de menacer la survie même des entreprises exhortées à se focaliser sur la seule recherche du profit. C'est précisément ce à quoi se consacre l'entreprise tayloro-fordienne.

Friedman dans un article célèbre de 1970 a radicalisé l'argument : « The responsability of business is to increase its profits »[15]. Friedman propose une conception de la RSE dans le cadre d'une relation principal-agent liant les managers aux actionnaires. Ces derniers sont les principaux bénéficiaires. Attribuer une part des bénéfices à une fonction sociale consisterait à les déposséder de cette priorité dont le surcoût se reporterait sur le prix des biens produits et donc au détriment des consommateurs ce qui ne serait pas « responsable » de la part des entreprises. La seule responsabilité souhaitable est de nature individuelle et relève du manager ou de l'actionnaire. Faire supporter la gestion du bien public et de l'intérêt collectif aux managers n'est pas conforme à leur formation, à leur compétence ni à leur mission. Les fonctions sociales doivent être séparées de la régulation économique qui constitue un champ à part. Les préoccupations environnementales apparaissent moins comme une variable fondamentale à prendre en compte pour les entreprises et davantage comme relevant de l'idéologie socialiste. Dès lors, Friedman suggère de se reporter sur le processus de vote et d'élire démocratiquement un gouvernement qui agira dans le sens de la régulation sociale souhaitée. Mais cette dernière ne saurait être l'apanage de l'organisation. Dans un tel contexte, la RSE est définie *a minima*. La responsabilité incombe à des managers formés, dans le respect des contraintes légales, pour se concentrer sur la recherche exclusive du profit en faveur des actionnaires[16].

15. Titre paru dans le *New York Times Magazine*, vol. 33, p. 122-126.

16. Au niveau de l'analyse théorique, il est intéressant de noter que Davis (1973) présente les différentes perspectives relativement à la RSE, les pour et les contre, et oppose à Friedman la position d'un autre économiste, Samuelson (1971) qui écrit significativement : « a large corporation these days not only may engage in social responsibility, it had damn well better try to do so » (p. 24, et cité par Carroll (2009), p. 42). Davis (1973, p. 312) formule sa propre définition de la RSE comme : « the firm's consideration of, and response to, issues beyond the narrow economic, technical, and legal requirements of the firm ».

1.3 *L'élargissement du périmètre des responsabilités : les années 1980-1990*

Dès la fin des années 1970, les grands groupes ne jouissent plus d'une aura : les catastrophes écologiques, les scandales financiers, les restructurations et l'insécurité au travail attisent la méfiance de la société civile qui se fait fort de surveiller les comportements des firmes, au-delà de leur seule activité économique. En d'autres termes, la confiance n'est plus au rendez-vous [17]. Les années 1980 et l'effacement progressif du fordisme marquent donc le retour des réflexions autour de l'entreprise et de sa responsabilité au cœur de la société dite « du risque » (Beck, 2001). Les actionnaires et les salariés mais également les acteurs de la société civile sont davantage conscients de la menace de périls majeurs irréversibles pour certains : dégradation de la biosphère, accentuation des inégalités, menaces pour la cohésion sociale, atteintes à la santé publique. C'est dans ce contexte que reviennent donc les discussions autour de la RSE, avec l'impératif pour les grandes firmes de redorer leur image.

Au niveau de l'interprétation théorique, les dynamiques relationnelles nouvelles entre le monde économique et la société sont mises en avant, faisant ainsi apparaître des enjeux inédits pour les acteurs économiques et sociaux (Capron et Quairel-Lanoizelée 2010). La littérature des années 1980 et 1990 introduit le concept de performance sociétale de l'entreprise [18]. Il s'agit surtout de mesurer l'impact des activités des entreprises. Notons que c'est aussi dans les années 1980 que s'élabore le concept de développement durable tel qu'il apparaîtra dans le rapport Bruntland (1987) avec ses trois piliers : économique, environnemental et social.

La RSE contient de plus en plus une dimension d'intégration des contraintes et non plus de simple réaction comme dans la décennie précédente. Il n'est donc pas étonnant de voir apparaître dans cette période la théorie des parties prenantes, fournissant un

17. Capron et Quairel-Lanoizelée (2010, p. 8) : « Les activités économiques en général et les grandes firmes en particulier se sont rendues responsables ».

18. Selon Gond et Igalens (2010, p. 38) ce concept « intègre tout à la fois le niveau des principes de responsabilité sociale (débats normatifs des années 1950-1960) avec celui des processus de gestion des problèmes sociaux (sensibilité sociale des années 1970), mais il complète ces approches en intégrant un troisième niveau d'analyse : celui des résultats et des impacts concrets des politiques de RSE ».

cadre théorique intéressant. Formalisée par Freeman (1984)[19], cette théorie offre aux entreprises la possibilité d'adopter un management stratégique, thème sur lequel abonde la littérature de cette période, relatant l'importance de prendre en compte l'environnement mais aussi l'ensemble des personnes impliquées par l'activité de l'entreprise. Il s'agit pour l'entreprise de recenser tous ceux qui sont concernés par son existence ainsi que par son activité, tout en repérant elle-même l'impact qu'elle subit de la part de ses propres parties prenantes. Au niveau conceptuel, c'est un signal fort d'élargissement du champ de préoccupation de l'entreprise au-delà des objectifs économiques classiques. La responsabilité devient partenariale en plus d'être actionnariale.

Parmi les acteurs impliqués, sont donc désormais pris en compte les clients et les consommateurs, les employés et les syndicats, les sous-traitants, fournisseurs, financiers, distributeurs, actionnaires et propriétaires… On peut les classer en acteurs locaux, économiques, financiers ou internes à l'entreprise[20]. Chacun d'entre eux a des attentes différentes relativement au volet économique, social ou environnemental de la RSE. À titre d'exemple, sur l'aspect environnement de la RSE, on peut distinguer au moins cinq types de demandes différents[21] : les acteurs locaux (les riverains, communautés locales, associations diverses) se focalisent sur les impacts sur l'environnement ainsi que sur les engagements de l'entreprise vis-à-vis de la collectivité en matières sociales et économiques ; les acteurs plus distants sont attentifs à l'impact des produits ou effets sociaux, environnementaux et économiques mais au-delà du périmètre immédiat de la production de l'entreprise ; les acteurs économiques s'intéressent au cycle de vie du produit, impliquant de nouvelles relations partenariales entre

19. Nous l'abordons plus en détail dans les sections suivantes.

20. Des auteurs ont proposé une typologie, à l'instar de Carroll (1989) qui parle de parties prenantes primaires (impliquées directement et par contrat dans l'entreprise comme les salariés, actionnaires, clients, fournisseurs) ou secondaires (impliquées tacitement comme des ONG, associations de riverains…). Clarkson (1995) évoque les parties prenantes volontaires qui acceptent le risque ou les parties prenantes involontaires qui le subissent sans relation directe contractuelle avec la firme (contrairement aux premiers). Enfin Mitchell *et al.* (1997) s'intéressent aux parties prenantes urgentes, légitimes, identifiables à toutes les parties prenantes susceptibles d'influencer les décisions présentes ou futures de l'entreprise. Il importe donc de bien les repérer et de faire valoir le principe de concertation et de négociation dans l'objectif de l'entreprise qui a un plan bien défini.

21. En suivant Jounod (2010).

donneurs d'ordre et sous-traitants, notamment avec les gestionnaires post-consommation (déchets…) ; les acteurs financiers cherchent à avoir des garanties en matières environnementales et sociales afin de maîtriser les risques financiers notamment ; les acteurs internes comme le personnel mais aussi les sous-traitants cherchent des mises en œuvre effectives à l'ensemble des principes du développement durable (aspect social et environnemental) [22].

Dans cette optique d'élargissement du périmètre des responsabilités, allant croissant depuis les années 1980, les entreprises sont incitées à promouvoir la RSE en vantant ses arguments d'avantages comparatifs et en sollicitant également les nouveaux supports de communication comme internet connaissant un essor rapide dans les années 1990 [23]. Au niveau des acteurs de la société civile, il importe de pointer le rôle prépondérant des ONG qui utilisent le web pour relayer sur les réseaux sociaux les actes des grandes firmes qui ne seraient pas écologiquement ni socialement responsables [24]. Le web induit donc désormais des effets d'image que nulle entreprise ne peut ignorer (Swaton 2011). Au point que selon Laville (2009) [25], nous serions entrés dans une nouvelle ère de la RSE, celle d'une anticipation de la demande des consommateurs. Face au pouvoir de boycott des consommateurs, et de la mauvaise image de marque qui pourrait être néfaste à leurs ventes, les entreprises adopteraient une stratégie de survie en mettant en œuvre la RSE.

Au terme de cette section, on constate qu'aux principales périodes identifiées correspondent trois grands « âges » de la RSE, voire quatre si l'on se réfère à l'après 2000. La RSE ne désigne donc pas le même contenu ni les mêmes enjeux selon la période à laquelle on se réfère. Dès lors, on assiste à une superposition des différents enjeux et à une intégration progressive des contraintes en plus-value.

22. Pour plus de détail voir Afnor (2010, p. 48).

23. www.bsr.org : « Memberships provides an extensive set of practical resources including training programs, technical assistance, research and business advisory services accessible through face-to-face sessions, custom publications and *via* the web ».

24. Ainsi, Nestlé est pris à partie en mars 2010 par Greenpeace sur youtube au sujet de son utilisation massive d'huile de palme engendrant des pratiques de déforestation en Amazonie. Après deux ans d'échec de négociation avec l'ONG, un mois suffira au groupe une fois diffusée de la vidéo filmant ses actes, pour s'engager et signer un partenariat en faveur de la promotion d'une huile durable d'ici 2015.

25. P. 133 : une « révolution » selon l'auteure, à l'instar du groupe BP qui change son nom pour « Beyond Petrol ».

Il y a manifestement une évolution du concept identifiable d'ailleurs à travers les attentes changeantes de la société civile. La RSE revêt progressivement une dimension de plus en plus fonctionnelle sans que sa prise en compte ne soit pour autant rendue obligatoire[26]. Rappelons que la RSE relève d'une dimension volontaire, sans aucune contrainte légale. Mais si la dimension fonctionnaliste prévaut, d'autres dimensions se sont parallèlement développées notamment en ce qui concerne les arguments moraux (Klonoski 1991)[27]. La superposition conceptuelle à laquelle peut prêter la RSE donne ainsi lieu à bien des interprétations éthiques[28]. De notre point de vue, il s'agit là d'une deuxième dimension de la RSE perçue dans une recherche de fondement.

2. À LA RECHERCHE DE FONDEMENTS ÉTHIQUES POUR LA RSE

À ce stade de notre analyse, on peut s'interroger sur la dimension éthique de la RSE et sur la nature des arguments moraux. Peut-on la concilier avec une approche fonctionnaliste ? Qu'est-ce que cela implique au niveau de la responsabilité des entreprises, des salariés et des parties prenantes impliquées ? Car il existerait deux paradigmes opposés au sein de la théorie des parties prenantes qui définissent deux types de représentation de la RSE : une vision « orientée business », utilitariste, la « RSE comme outil » et une vision « orientée éthique », normative, la « RSE comme un idéal »[29]. La vision orientée *business,*

26. L'un des champs de recherche prépondérant est celui du *business case* qui s'attache à une interprétation fonctionnaliste de la RSE. Il s'agit d'intégrer les contraintes en arguments économiques. Appliquer la RSE est utile à l'entreprise pour mieux vendre en donnant une meilleure image par exemple, ou en répondant aux demandes des consommateurs en matière de produits verts. Société civile et entreprises peuvent donc se rejoindre dans un intérêt partagé. Gond et Igalens (2010, p. 47) évoquent le thème de fonction sociale de l'entreprise « visant à stabiliser les interactions entre l'entreprise et la société et à faciliter l'intégration à long terme des buts de l'entreprise et de la société ».

27. À ce titre, Mélé (2009, p. 76) conclut son exhaustive analyse des différents niveaux de lecture théorique de la RSE par le recours nécessaire dans le futur à un positionnement normatif plus fort.

28. Parmi les plus illustres auteurs revendiqués pour asseoir une filiation, citons Jonas, Levinas, Weber, Habermas avec, par exemple, l'éthique de conviction ou de responsabilité chez Weber, la communication pour Habermas que nous évoquerons dans la prochaine section.

29. Capron et Quairel-Lanoizelée (2010, p. 37).

présente la prise en compte des parties prenantes comme un atout indispensable de la performance économique et financière alors que l'approche normative s'appuie sur une reconsidération de la nature de la firme [30] à laquelle on attribue – à nouveau – une obligation morale : celle de contribuer notamment au bien-être de la société.

Si les critiques théoriques à l'encontre de la RSE saisie dans sa dimension fonctionnelle ne manquent pas [31], peut-on pour autant évoquer une mutation des firmes en organisations éthiques ? Le terme de responsabilité lui-même est sujet à équivoque. Il s'agit de répondre de ses actes mais, au final, qui est responsable ? Et quel type de responsabilité est mobilisé ?

Précisons que l'enjeu de cette section ne réside pas dans la formulation d'une typologie *ex nihilo* du concept de responsabilité : nous nous réfèrerons aux conceptions de la responsabilité proposées par certains auteurs de référence en sciences de gestion. C'est à partir de leurs théories, formulées à différentes étapes de la construction de la RSE, que nous pourrons argumenter sur cet usage dit éthique du concept et formuler une interprétation en termes d'éthique culturelle.

2.1 *Définir et donner un contenu à la responsabilité*

Il est très difficile de donner une définition de la responsabilité pour une entreprise en tant que personne morale. D'ailleurs, lorsqu'elle émerge dans les années 1950, la RSE est d'abord assimilée à la responsabilité de l'entrepreneur. Ce n'est qu'à partir des années 1980 que la responsabilité est élargie à l'ensemble des personnes impliquées par l'activité de l'entreprise, au-delà de la nature économique de la firme et de la responsabilité exclusive envers les actionnaires (assurer un profit maximal).

Par ailleurs, malgré une littérature très abondante en management avec plus de 500 articles produits au cours des 30 dernières années selon De Bakker *et al.* (2005), les questions impliquant d'autres dimensions, dont celle de la normativité restent élusives. Les auteurs et éditeurs de l'introduction du *Handbook* (2009) relatif à la RSE en conviennent, pointant le fait (*cf.* introduction p. 6) que sa définition ne relève pas d'un simple exercice technique mais

30. Voir Donaldson et Dunfee (1999).

31. Pour un tour d'horizon complet voir Margolis et Walsh (2003) ; Scherer et Palazzo (2007) ; El Akremi, Dhaoudi, Igalens (2008) ; Cazal (2008) ; Postel, Sobel et Rousseau (2006).

implique une dimension normative voire idéologique afin d'expliciter quelles doivent être les responsabilités des entreprises envers la société ou comment restreindre le pouvoir des firmes (Marens 2004). Selon Lockett *et al.* (2006) nous sommes en présence d'un champ de recherche en constante émergence, loin de faire consensus, « a field without a paradigm » (*Handbook* 2009, p. 133). En ce sens, les discussions pluridisciplinaires dont le concept peut faire l'objet ne peuvent qu'enrichir la théorie.

S'inspirant de la pyramide des besoins de Maslow, Carroll (1979) tente d'englober quatre niveaux de responsabilité en proposant une conception pyramidale des responsabilités de l'organisation. Si la responsabilité de base de l'organisation est de nature économique et consiste à être profitable, la seconde a trait à la responsabilité juridique : il s'agit d'une responsabilité légale. Le troisième niveau de responsabilité est éthique, signifiant que l'entreprise a la responsabilité d'être juste. Enfin, le dernier niveau de responsabilité concerne la philanthropie. Celle-ci renvoie à une responsabilité discrétionnaire, c'est-à-dire dépassant les attentes de la société, comme le mécénat. On est au-delà des responsabilités éthiques qui se réfèrent à des normes sociales implicites, « non codifiées par la loi » et dont le respect est requis par la société (Gond et Igalens 2010).

Dans une approche similaire, Merlin-Brogniart *et al.* (2011, p. 247) relèvent quatre différentes responsabilités de l'entreprise assimilées à des finalités et recensées dans un tableau récapitulatif : responsabilité économique, la responsabilité sociale et environnementale contrainte, la responsabilité sociale et environnementale stratégique, la responsabilité globale. Toutes partagent l'idée que « l'entreprise doit rendre des comptes (sens étymologique du mot responsabilité) à différentes parties prenantes (actionnaires, salariés, syndicats, clients, fournisseurs, États, ONG, médias, communautés locales, etc.) aux objectifs (de performance et d'horizons temporels) partiellement divergents, d'où d'inévitables conflits et comportements opportunistes » neutralisables par des mécanismes de gouvernance appropriés. Reste à connaître les mécanismes à adopter, puisqu'ils divergent selon les approches de la responsabilité retenues.

Pour les partisans de la responsabilité économique, la responsabilité première est de maximiser la performance actionnariale. On retrouve ici l'argument de Friedman faisant de la responsabilité une responsabilité strictement économique et sur du court-terme. Pour d'autres, la responsabilité est d'ordre stratégique de par les capitaux investis par les actionnaires mais également par les connaissances et compétences apportées. La troisième responsabilité repérée serait liée à la responsabilité partenariale entre certaines parties prenantes, élargissant ainsi leur pouvoir par rapport aux seuls actionnaires. La responsabilité ici serait d'ordre économique et social et prendrait en compte les objectifs des parties prenantes les plus influentes. Enfin, une dernière forme de responsabilité de l'entreprise consiste à rechercher une gouvernance globale et de long terme en « remplissant une mission d'animation, de formation, de médiation et de coordination entre les parties »[32]. Néanmoins, les auteurs reconnaissent que la plupart des « pratiques responsables correspondent encore aujourd'hui à celle d'une responsabilité (économique, puis sociale et enfin environnementale) contrainte ou stratégique »[33]. La responsabilité globale n'est donc pas – encore – la plus courante ni la plus mobilisatrice pour les entreprises principalement motivées par la performance économique.

L'enjeu pour les organisations consiste principalement à articuler responsabilité, principalement légale, et rentabilité. Les entreprises dites du *business case* sont largement dominantes, même s'il existe des entreprises engagées, comme Patagonia, produisant des vêtements à partir de produits recyclés, ou Nature et Découvertes très impliquée dans la diffusion des valeurs écologiques (Laville 2009). Le type d'entreprise prédominant reste celui dans lequel la responsabilité est avant tout économique.

Au niveau de la responsabilité des acteurs eux-mêmes et de celle des parties prenantes, on trouve généralement des « codes éthiques » faisant office de règlementation. Mercier (2004) recense dix champs de la responsabilité de l'entreprise en matière de management: le recrutement, la gestion prévisionnelle, l'intégration, la formation, la gestion des carrières et évaluation, la politique de rémunération, la satisfaction des salariés, le bloc « communiquer, écouter, dialoguer », la santé et la sécurité au travail, le licenciement et la dimension citoyenne[34]. À titre d'exemple, dans ce dernier champ, la responsabilité consiste à : « Régler les réductions d'effectifs avec le souci du

32. *Ibid.*, p. 248-249.
33. *Ibid.*, p. 250.
34. *Ibid.*, p. 70.

reclassement des collaborateurs. Contribuer à la régénération du tissu économique et social des régions concernées par les restructurations. Participer à la vie des communautés qui entourent l'entreprise». En matière de satisfaction des employés, la responsabilité de l'entreprise implique de : « Stimuler la participation pour développer créativité et innovation. Favoriser l'initiative et la responsabilisation. Associer les employés aux résultats de l'entreprise grâce à l'intéressement et à la participation ». L'auteur s'intéresse également aux responsabilités de l'entreprise envers ses partenaires (clients, fournisseurs, concurrents, consommateurs, actionnaires, gouvernements) et formule une série de « normes régissant les rapports internes » (relatifs au harcèlement mais aussi à l'offre et réception de cadeaux) et « externes » (conflits d'intérêts, transactions d'initiés)[35].

Dès lors, à travers cette sélection choisie de théories de la responsabilité en science de gestion à partir des années 1980 jusqu'à nos jours, force est de reconnaître que l'enjeu vise prioritairement à donner un contenu concret à la responsabilité sociale de l'entreprise auparavant soumise à la bonne volonté des décideurs et des salariés. Ce contenu concret s'exprime notamment par une série d'injonctions et de règles à respecter souvent associées à des chartes en l'absence de réglementation effective sur la RSE. De notre point de vue, l'éthique est mobilisée ici pour combler une absence de droit. D'ailleurs, il conviendrait sans doute d'évoquer une histoire du droit de la responsabilité, dans le sillage d'Ewald (1997). Ce dernier délimite trois grandes étapes du droit de la responsabilité que l'on pourrait superposer aux trois âges de la RSE : une responsabilité d'abord face à l'acte, puis face au risque et enfin face à l'exigence de sécurité. La première induit une réparation d'un dommage, la deuxième suscite des mesures de prévention des dangers et des accidents, la troisième implique la mise en œuvre du principe de précaution[36].

Toutefois, le sens principal de la définition de la responsabilité retenue reste lié aux exigences économiques et à l'étymologie du terme : « répondre de ses actes ».

35. *Ibid.*, p. 72.

36. Voir aussi Capron *et al.* (2010), p. 21.

D'où la déception de certains philosophes qui ne trouvent pas dans le traitement de la responsabilité une conceptualisation forte[37]. « Entre ceux qui veulent la « capturer » pour la réduire à une seule arme stratégique pour accroître les profits, ceux qui la veulent extrême par des règles intégristes et ceux qui oublient qu'elle incombe à des décideurs en situation, la responsabilité sociale des entreprises s'essouffle. Elle perd son souffle militant et humaniste. Elle se perd en des jeux de lois entre des figures sans visages »[38].

2.2 *« Un marché pour la vertu » ?*

De plus, la RSE arrive à point nommé pour l'entreprise aux prises avec « une grave crise de légitimité » et apparaît donc comme « une tentative de re-légitimation de la fonction sociétale de l'entreprise » (Osty 2009). Il est évident que les entreprises cherchent à se légitimer. Ce fait n'est pas nouveau dans l'histoire du capitalisme et la RSE attise les suspicions les plus fortes de mise en œuvre de nouvelles formes de paternalisme (Boltanski et Chiapello 2011). Quant à la responsabilité éthique de l'entreprise telle que l'évoque Carroll (1979) elle n'a de sens que sur la base d'une responsabilité économique. D'où les critiques contemporaines aussi envers un « marché pour la vertu » selon l'expression de Vogel (2008). En d'autres termes, il n'existe pas de véritables sanctions pour les entreprises qui se montreraient réfractaires à l'instauration de la RSE. La « demande de vertu » reste peu élevée.

En référence aux outils traditionnels de l'éthique, la grille de lecture la plus adaptée pour rendre compte d'une éthique de la RSE serait sans doute téléologique et relevant de l'éthique des conséquences : les résultats priment sur les intentions et les processus. Si les hommes d'affaires cherchent à communiquer sur la responsabilité sociale de leur firme, c'est dans une optique de maximisation du

37. Les travaux récents sur la responsabilité montrent précisément qu'elle ne se réduit pas à la dimension de « reddition des comptes ». Par exemple, Vincent *et al.* (2011) expliquent que la responsabilité admet une variété d'usage. Ils ajoutent eux-mêmes à la responsabilité légale une responsabilité de capacité, de vertu, ou encore de résultat et de "liability". Les auteurs construisent une argumentation théorique autour de problèmes contemporains, dont le changement climatique face auquel se joue une responsabilité collective. Mais il ne s'agit pas *a priori* de travaux directement liés à la RSE et à la mobilisation de l'éthique dans le sens de l'hypothèse que nous avançons: pour combler un vide juridique.

38. Moriceau (2006, p. 52).

profit. Pour Salomon et Hanson (1989), l'éthique est clairement une arme concurrentielle, réduisant ainsi l'éthique à un outil pour pérenniser l'entreprise. Jones (1995) revendique l'aspect concurrentiel du traitement des parties prenantes en créant une confiance réciproque basée sur la coopération. On comprend alors les réticences par rapport au mouvement de l'éthique des affaires qui s'épanouit durant le troisième âge de la RSE [39].

Pourtant, en ouvrant la notion de responsabilité aux parties prenantes, Freeman se réfère à cette forme d'éthique dite déontologique qui s'oppose à l'éthique des conséquences et implique une nouvelle relation entre intention, délibération et action (Dupuy 1999). Ainsi, Freeman développe ultérieurement [40] une recherche de fondement éthique à sa propre théorie des parties prenantes (1984). Au-delà de l'argumentation stratégique, il propose de fonder un contrat moral entre les *stakeholders* et les dirigeants par le recours à la morale kantienne, en particulier l'impératif catégorique. Ce dernier est interprété comme l'exigence pour les décideurs d'inclure les intérêts des parties prenantes dans les systèmes décisionnels. Plutôt que d'invoquer l'argument de rentabilité, Freeman tend plutôt à reformuler la nature de l'entreprise par un concept de « capitalisme kantien » [41] ou également un « capitalisme des parties prenantes » [42] permettant aux agents de se réguler par des contrats moraux. En effet, puisque dotés de la faculté d'agir en conformité avec des valeurs morales et en assumant leurs responsabilités, les individus sont libres de contracter librement. Il y a bien un élargissement par rapport à la perspective de Friedman car Freeman oppose à la seule valeur actionnariale la multiplicité des acteurs ainsi que la dimension morale de l'action économique [43]. Par ailleurs, Freeman (1994) recourt à Rawls pour un traitement équitable des parties prenantes

39. Pour une présentation générale détaillée, voir Mercier (2004) sur l'éthique des entreprises et tout le mouvement de *Business Ethic* très présent dans la littérature académique.

40. Freeman (1994) et Evan et Freeman (1993).

41. Mercier (2006, p. 165).

42. Postel et Sobel (2011, p. 385).

43. Postel et Sobel (2011, p. 387) y voient un enjeu décisif puisque Freeman, loin du seul *homo oeconomicus*, « promeut au contraire une vision d'un acteur qui agirait sous impératif moral, faisant preuve d'une capacité à agir justement. Il fait ainsi signe vers le concept de « raison pratique » contre le concept de « rationalité instrumentale ». Sur ce point Freeman est proche des critiques traditionnellement adressées à l'économisme par des tenants d'une conception plus humaine de l'économie, et moins mécanique de l'action humaine ».

qui délibèreraient sous un voile d'ignorance en vue des principes de contractualisation équitables et représentant les intérêts de tous. Si des inégalités se font, elles le sont dans le sens rawlsien en permettant l'amélioration de la situation des *stakeholders*. On assiste ici à un glissement dans l'interprétation de la RSE perçue dans le champ de la justice sociale. Mais peut-on s'assurer de la justice des procédures en matière d'application de la RSE ?

En effet, la notion de parties prenantes pose problème, loin de représenter des intérêts homogènes. Au contraire, comme nous l'avons précédemment souligné, ils peuvent même s'avérer contradictoires. Comment arbitrer alors entre les différents acteurs ? Pour Mitchell, Agle et Wood (1997), il importe de prendre en compte l'influence potentielle des parties prenantes sur l'entreprise, leur légitimité dans leur rapport à l'entreprise et enfin l'urgence de leurs demandes. Pour Rendtorf (2006, p. 71), « le rapport entre la responsabilité sociale de l'entreprise et le concept de citoyenneté de l'entreprise peut être développé en utilisant le principe de *fairness* (équité) comme base de la conceptualisation de la justice et des rapports justes aux parties prenantes (Rawls 1971). Equité et justice sont des réalisations concrètes de l'idée de responsabilité sociale de l'entreprise par rapport aux parties prenantes [...] Comme idéal de justice organisationnelle, l'équité peut nous aider à choisir entre les autres parties prenantes ». Déjà, Philips (2003) avait tenté de donner un tel soubassement éthique aux organisations en combinant au mieux la théorie des parties prenantes avec les principes de justice de Rawls. Dès lors, un traitement équitable des parties prenantes ne signifie pas pour autant un traitement égal. C'est au niveau du processus de décision par l'entreprise que se situe la justice.

Cependant, n'est-ce pas là un moyen de justifier la décision de donner le primat aux parties prenantes les plus influentes, en l'occurrence les actionnaires ? Dans ce cadre, recourir à la position originelle et au voile d'ignorance comme le suggère Philips (2003) semble d'autant plus illusoire. Car c'est bien de leur situation que parlent les parties prenantes et qu'elles font exprimer leurs différents points de vue. Et ces derniers sont loin d'être consensuels et d'œuvrer pour le bien commun par *fair-play*.

Arrêtons-nous un instant sur la nature des arguments en jeu. L'éthique traditionnelle, à travers les lorgnettes du conséquentialisme et de la déontologie, offre des interprétations possibles en terme d'éthique de la RSE associée dès les années 1980 (comme le confirmera la définition de la Commission européenne en 2001) à une intégration volontaire des parties prenantes. Au-delà d'une interprétation conséquentialiste qui est la plus courante et associée à une responsabilité économique, une approche déontologique fondée sur l'engagement moral (Kant) et sur les contrats peut également être revendiquée. Néanmoins, dans cette approche alternative, peu d'importance est accordée aux institutions qui permettent l'émergence de discussions éthiques ou des conditions de comportements justes[44].

Peut-être est-ce parce que l'entreprise n'est définitivement pas le lieu d'exercice privilégié de la responsabilité individuelle ? Tel est l'argument de Hayek que nous souhaitons mobiliser à ce stade de notre analyse afin de cerner les causes de suspicion relative à la nature de la responsabilité à l'œuvre dans la RSE. L'une des principales sources de méfiance de Hayek vis-à-vis des grandes entreprises réside dans la dilution des responsabilités individuelles. « C'est la dépendance envers une entreprise particulière par laquelle une personne est employée qui donne aux entreprises un pouvoir croissant sur les employés, un pouvoir contre lequel il ne peut y avoir d'autre protection que la facilité qu'a un individu de changer d'employeur » (Hayek, 2007 p. 433). Considérer l'entreprise qui contracte comme la seule responsable risque de faire s'effriter les responsabilités de chacun au profit des personnes au pouvoir. « Si la personnalité légale était conférée aux sociétés, il était naturel de leur conférer tous les pouvoirs que les personnes physiques possèdent. Ceci ne me semble pas être une conséquence naturelle et évidente. Au contraire, cela fait de l'institution de la propriété quelque chose de tout à fait différent de ce qu'elle est normalement censée être »[45]. Quant à « la somme des actifs réunis pour le but spécifique qui consiste à les affecter à l'utilisation », elle ne constitue pas « une source de dépenses reconnue généralement comme socialement désirable »[46].

44. Nous y reviendrons dans la prochaine section.

45. *Ibid.*

46. *Ibid.* D'après Kupper (2011, p. 99), « Au delà de son aspect provoquant, cette affirmation pose subtilement que la meilleure chose à faire pour l'amélioration moyenne d'accès à la richesse au sein d'une société est d'utiliser au mieux chacune et chacun, ses compétences et ses connaissances propres pour les valoriser au mieux en les rendant les plus utiles possible pour la société dans son ensemble. »

Dès lors, soulignons que Hayek ne renie pas un rôle de charité aux entreprises ; au contraire, il serait même selon lui souhaitable de le leur imposer, mais on serait alors dans le cadre du droit, non plus de l'éthique. Clairement, d'un point de vue hayékien, la seule responsabilité légitime est de nature individuelle et ne saurait s'appliquer à l'entreprise incapable de mettre en œuvre une justice sociale autre que celle qui satisfait les intérêts des dirigeants qui détiennent le pouvoir. Nous insistons donc ici sur l'importance de l'argument qui, poussé jusqu'au bout, conduit à un curieux retournement : au nom de la responsabilité individuelle, la charité doit être cantonnée au domaine privé, non à celui de l'entreprise dans laquelle elle se dissout. Si l'entreprise veut agir par charité, celle-ci ne doit pas être livrée à son bon vouloir mais doit être imposée par le droit[47].

2.3 *Une interprétation en termes d'éthique culturelle*

L'un des nœuds du problème dans l'affrontement des conceptions de la RSE et de ses interprétations relève très certainement d'une différence culturelle entre deux approches de l'individu[48] et de la responsabilité, du monde économique et du monde social ou sociétal. La définition de la RSE formulée par la Commission européenne évoque « l'intégration volontaire par les entreprises des relations de préoccupations sociales et environnementales à leurs activités commerciales et leurs relations avec les parties prenantes ». L'accueil par les États n'a pas été le même. Par exemple, le gouvernement britannique soucieux d'éviter un surcroît de réglementations, s'est montré très favorable à l'aspect volontariste de la RSE alors que les gouvernements français et italiens ont pointé le rôle clé de l'État en vue de permettre (en les encadrant) des politiques de RSE. Pour

47. Nous reviendrons sur ce débat dans le cadre de la proposition normative formulée en conclusion.

48. En guise de raccourci et pour mieux surligner les enjeux, disons que ce dernier est perçu comme responsable pour les anglo-saxons. Le bien commun émerge avec l'existence même de la communauté et l'identité des intérêts provient d'un ordre spontané favorisé par les forces du marché. La perception de la RSE s'opère ici dans le cadre de la bienfaisance, renvoyant aux origines religieuses du concept. Pour une approche européenne, en revanche, la RSE appartient en propre à l'entreprise et n'a rien à voir avec de la charité. L'individu est ici défini comme un être social et les responsabilités individuelles cohabitent avec les responsabilités collectives. Le bien commun n'est pas donné spontanément par une régulation automatique mais provient d'une construction politique au cœur de laquelle le débat a sa place. Plutôt que de bienfaisance, on privilégie la précaution et on promeut la cohésion sociale.

les anglo-saxons, c'est la dimension de l'engagement perçu comme volontaire qui prime ; pour les européens, c'est un engagement appréhendé comme une obligation qui s'impose. La nuance entre ces deux conceptions de l'engagement est subtile.

Au point qu'il est sans doute préférable d'évoquer, ce que certains auteurs ont nommé une « RSE explicite » et une « RSE implicite »[49]. Aux États-Unis et au Canada, les entreprises ont été impliquées dans la gestion de problèmes sociaux et environnementaux liés au bien public, les conduisant à mettre en place de manière explicite des politiques discrétionnaires et volontaire de RSE. Dans les pays comme la France ou l'Allemagne, c'est au contraire davantage l'État qui, historiquement, encourage des comportements socialement responsables de la part des entreprises. Ces dernières adoptent donc une RSE implicite et non explicite au sens où les conduites déployées ne sont pas nécessairement nommées politiques de RSE. Mais les entreprises européennes n'en demeurent pas moins responsables que les entreprises américaines qui, en revanche, communiquent davantage sur la formalisation de la RSE[50].

Dans le cadre de cette éthique culturelle, la RSE s'élargit donc à la philanthropie pour les anglo-saxons pour lesquels la RSE peut-être liée au mécénat, et au débat démocratique pour les européens qui revendiquent une séparation claire entre la RSE et le mécénat. La RSE elle-même s'appréhende comme un produit culturel dont le contenu reflète la manière dont s'entrelacent les relations entre la société, les individus et les entreprises, relations largement définies par l'environnement social et institutionnel. En Europe ou aux États-Unis, c'est une conception différente de la responsabilité des entreprises et des individus qui est promue. Il est intéressant de noter que cette interprétation est également retenue par les spécialistes de la RSE qui reconnaissent la divergence culturelle y compris dans la manière d'appréhender les débats. Dans le *Handbook* américain sur la RSE aussi bien que dans l'ouvrage plutôt européen de Postel *et al.*

---

49. D. Matten et J. Moon, « "Implicit" and "Explicit" CSR : A conceptual framework for understanding CSR in Europe », *Academy of Management Review*, vol. 33, n° 2, 2008, p. 404-424. Voir aussi Mercier (2004, p. 53-54) : « Comparés aux Américains, les Européens semblent plus réticents à aborder publiquement les problèmes éthiques par peur d'être exposés à la critique, et utilisent souvent des moyens indirects pour exprimer des responsabilités éthiques (législations, négociations avec les partenaires sociaux) ».

50. Voir Gong et Igalens (2010), p. 54.

(2011), c'est une vision différente de l'individu, de la société et de la responsabilité qui est véhiculée.

Dans cette optique, Donaldson (2009) [51] évoque le « transatlantic paradox ». Les entreprises en Europe seraient ainsi plus profondément ancrées dans la communauté que celles des États-Unis, grâce à des alliances de producteurs, la participation des syndicats, la règlementation du travail et les différents droits de propriété. Le système européen est tellement spécifique que l'on distingue l'économie sociale de marché en Allemagne, de la social-démocratie en France, et de la « concertazione » en Italie. Les différentes institutions américaines et européennes qui définissent la gouvernance de leurs sociétés respectives auraient elles-mêmes été façonnées par différentes traditions de croyances politiques et économiques. Pour Donaldson (2009), la tradition américaine, influencée par Locke, Jefferson, Smith et Mill, serait un peu plus axée sur les questions de liberté individuelle et de liberté économique ; la tradition européenne, davantage inscrite dans le sillage des penseurs tels que Rousseau, Hegel et Marx, serait davantage préoccupée par la question des différences de classe et de la solidarité dans la communauté [52].

Enfin, notons qu'aux divergences culturelles européennes d'ordre politique s'ajoutent des réticences religieuses par rapport à la mise en œuvre d'une RSE, pour la religion catholique par exemple, contrairement à la religion protestante dont on a vu que son Eglise avait contribué à la promotion de la RSE dans les années 1950 par la participation à la publication du livre fondateur de Bowen. Si bien que, paradoxalement, tradition jacobine et héritage catholique se trouveraient au même plan d'obstacle à la RSE [53], en tant qu'héritage culturel européen. À l'opposé, et historiquement, les entreprises américaines formalisent les codes éthiques en grand nombre. Ainsi, 90 % d'entre elles possèdent une politique éthique formelle, dans une logique utilitariste assumée : « ethics is good for business » [54]. C'est une « morale de l'intérêt bien compris » [55]. Et surtout, dans l'optique

51. Donaldson (2009), p. 545-546.

52. *Ibid.*

53. Cette thèse est partagée par certains commentateurs dont Laville (2009), p. 37 : l'influence de la religion catholique rend difficile l'idée de « gagner de l'argent et de faire le bien en même temps, sans être soupçonné de vouloir se racheter une conscience. Une idée qui hérisse le poil de bon nombre de dirigeants et d'entrepreneurs ».

54. Mercier 2004, p. 43.

55. *Ibid.*

qui nous intéresse ici, l'éthique formalisée constitue un moyen de contourner la responsabilité de l'entreprise et de se décharger sur les salariés en cas d'agissement illégal[56].

Au terme de cette partie, nous assistons en arrière-plan à un glissement quant à la conception et aux rôles des acteurs concernés par la RSE : des entreprises aux individus puis aux États en charge de faire appliquer la RSE. Il ne s'agit plus simplement d'une éthique et d'une responsabilité individuelle, ni d'intérêts particuliers de parties prenantes qu'il s'agirait de sommer dans d'incontournables paradoxes, le bien commun ne pouvant se réduire à la somme des intérêts particuliers, mais d'un choix relevant de la philosophie politique : quelle conception de la société est promue ? Jusqu'où s'étend la notion de responsabilité ? Et qui doit alors la supporter, au-delà des organisations et d'un plan micro-économique ? Il semblerait que l'on passe alors dans le domaine des représentations du social et de la vision du bien et de l'intérêt commun qui est défendu. C'est cette ultime facette de la RSE que nous présenterons dans dernière section.

3. LA RSE APPRÉHENDÉE À TRAVERS LA PHILOSOPHIE POLITIQUE

Nous préciserons à nouveau que la référence aux auteurs précédemment évoqués, de Kant à Rawls, ne l'est pas de notre initiative mais de celle des théoriciens qui y recourent, cherchant à asseoir une filiation pour la RSE ou à trouver un fondement philosophique plus explicite pour justifier une interface qualifiée de nouvelle entre l'entreprise et la société. Notre but ici n'est pas de chercher à évaluer le bien-fondé de telles illustres références mais de reconstruire le discours théorique autour des enjeux actuels de la RSE, notamment la question de sa normalisation sur laquelle nous souhaitons aboutir à l'issue de cette section.

3.1 *Une approche institutionnelle de la RSE*

L'une des principales limites de la RSE, saisie à travers la théorie des parties prenantes, provient de l'approche contractuelle de cette théorie. En effet, la théorie des parties prenantes se fonde sur une

56. *Ibid.*, p. 45.

approche par contrat et suppose que les finalités des entreprises et les attentes des différentes parties prenantes peuvent converger grâce à l'élaboration de contrats légitimes. Mais peut-on tout régir par les contrats ? Freeman n'est pas institutionnaliste au sens où, selon lui, il existe un capitalisme des parties prenantes : une autorégulation par le marché en suivant un ensemble de motivations, y compris éthiques, au-delà de l'intérêt bien compris. Postel et Sobel (2011, p. 387) résument ainsi : « Dès lors que les valeurs morales trouveraient à s'équilibrer et se combiner dans le cadre de contrats inter-individuels, nul besoin d'autres formes, coercitives, de régulation… Plus besoin, donc, de régulation publique : le marché est le lieu d'expression politique par excellence ! Le lieu de l'agir communicationnel réalisé ! ».

Il est vrai que la théorie des parties prenantes pose l'égalité des acteurs, qui est loin d'être vérifiée. Aussi, le recours à des normes pour encadrer la RSE semblerait nécessaire. Postel et Sobel (2011, p. 393) se réfèrent à Polanyi (1983) pour justifier théoriquement le recours aux institutions qui manque à la théorie de Freeman : « Contre l'analyse « a institutionnelle » de Freeman, Polanyi nous permet d'affirmer qu'il n'y a véritablement de potentialité éthique dans une négociation marchande que lorsque celle-ci est adossée à des institutions qui rendent possible l'émergence du souci éthique. Sans institution collective, il n'y a tout simplement pas de place pour l'éthique. C'est là une clé importante pour analyser le potentiel régulatoire de la RSE, et pointer la limite du seul appui sur la négociation bilatérale entre des parties prenantes dominées, de fait, par l'impératif d'efficacité ».

On est bien ici dans une interface entreprise et société dont l'articulation, loin d'être nouvelle, se pose sous une forme différente : la séparation privé-public telle qu'on la connaissait jusqu'ici éclate avec le concept de RSE. Ce n'est pas l'État mais l'entreprise que les acteurs de la société civile viennent questionner. Et l'État lui-même apparaît comme une partie prenante. Quant à l'entreprise, elle se pose somme une institution. Bonnafous-Boucher (2006) est explicite : « Cette théorie ébranle le cadre habituel de pensée de la philosophie politique. Parce qu'elle expose l'encastrement entre espace privé et espace public dans ses dimensions contradictoires ; elle dessine des contours politiques et philosophiques en rupture avec le face-à-face public et privé, dualité sur laquelle repose toute la tradition de la philosophie politique (Berns 2006). Au lieu de se présenter comme une théorie destructrice, la théorie des parties prenantes est une théorie constructrice de la porosité entre économie et politique, entre sphère public et sphère privée »[57].

Selon l'auteure, la théorie des parties prenantes « tente d'instituer une relation de pouvoir cherchant à peser sur différents types de souveraineté (publique ou privée). En s'adressant à telle ou telle instance, les parties prenantes identifient l'instance souveraine. Par là, la théorie des parties prenantes démontre que les parties subissant ou influençant l'activité des organisations sont issues en majorité de la société civile, et s'adressent non plus en priorité aux pouvoirs publics mais aux entreprises (TGE). Par conséquent, les règles d'exercice du gouvernement comme rationalité politique du libéralisme s'analysent en premier lieu, au sein du gouvernement d'entreprise (plutôt que dans tout autre instance) car c'est à partir de lui que s'expriment des formes contemporaines de rationalité gouvernementale et de nouvelles pratiques »[58].

Dans cette perspective, la théorie des parties prenantes rend en effet nouvelle la distribution entre État-Nation et société civile. Reste à savoir quelles sont les règles de l'action légitimement édictables par les souverainetés respectives. Car, malgré des correspondances, les parties prenantes ne sont pas identifiables à la société civile perçue comme un ensemble unifié dans des relations pouvant se pacifier à travers le droit positif. Sans que l'on assiste non plus à l'émergence de classe (certains individus pouvant appartenir eux-mêmes à différents groupes), les intérêts internes divergent et cela constitue un problème pour le gouvernement d'entreprise qui choisit un ordre de hiérarchie ou de priorité. Il n'y a donc pas de régulation automatique des parties prenantes : c'est une réelle carence du droit positif, aucune instance ne pouvant se prévaloir de l'ayant droit. Rappelons que la RSE relève d'une démarche volontaire. Il n'est question que d'incitations même si, en 2001, sont apparues les nouvelles régulations économiques (NRE) obligeant les entreprises à fournir un certain nombre d'informations relatives aux domaines du social et de l'environnemental. On reste dans la *soft law*.

Pourtant, l'entreprise n'est pas la société. Pour Rawls, c'est une organisation volontaire. Et c'est bien cet aspect volontariste qui

57. Bonnafous-Boucher (2006), p. 240.

58. *Ibid.*

pose problème dans la définition de la RSE. Si la théorie des parties prenantes est bien sous-tendue par une conception communautaire de la démocratie délibérative (Pesqueux 2006), ne faut-il pas s'intéresser davantage à un espace d'échange et de délibération ? Sous cet angle, l'enjeu consisterait, *via* la RSE, à promouvoir une démocratie participative dans laquelle les personnes se rencontrent en tant que visages assumant leurs responsabilités. Mais cela impliquerait alors de privilégier une coordination non plus par les contrats mais par les normes ; et de poser les bases d'une éthique adéquate.

3.2 *Les bases d'une éthique pour la RSE*

Un véritable questionnement éthique de la RSE semble corrélé à l'élaboration de normes et impliquerait précisément une approche institutionnaliste. Loin de n'être qu'un produit, l'éthique est d'abord un processus. C'est en tant que tel que nous formulons une interprétation éthique de la RSE : dans un processus permettant l'émergence de normes. Comme l'explique Guibet Lafaye et Picavet (2010, p. 291) : « Lorsqu'on les saisit conjointement avec les institutions, les références éthiques sont à examiner sous l'angle du rapport que l'on entretient avec elles, une fois qu'elles sont posées et servent de référence. Ce n'est pas là simplement un à-côté de l'éthique, qui aurait trait à une concrétisation institutionnelle ou à des prolongements par essence séparés d'elle. La vie éthique elle-même est tributaire du débat qui prend forme dans les institutions qui contribuent à la formation des normes servant de référence. »

Définie au sens d'Habermas (1987, p. 87), une norme peut « prétendre à la validité si toutes les personnes concernées sont d'accord (ou pourraient l'être) en tant que participants à une discussion pratique sur la validité de cette norme ». En d'autres termes, c'est la procédure qui légitime la norme en tant que telle. Il y a bien un lien entre justice, norme et procédure. Dans l'élaboration des normes, c'est le degré de participation et de délibération de l'ensemble des citoyens et de la société civile qui dicte le degré de validité – et par là de justice – d'une norme (Castillo 2006) [59]. On retrouve en écho le consensus normatif de Habermas (2003) auquel on parviendrait « dans les conditions libres et inclusives de la discussion pratique ».

59. L'auteur évoque des principes de légitimité participative et de participation proactive pour construire une société civile européenne.

C'est ce consensus normatif « établit une norme valide (ou confirme sa validité). Les normes valides n'existent pas si ce n'est sous le mode que définit le fait pour elles d'être intersubjectivement tenues comme étant valides »[60].

Néanmoins, il ne suffit pas qu'une norme fasse consensus pour être appliquée. Si la délibération publique et la participation politique pourraient être des solutions pour rendre la RSE plus effective, il importe de distinguer le processus de légitimation de la norme de celui de son application. Lenoble et Maesschalck (2009) proposent ainsi de dissocier la question de la légitimité de la norme, c'est-à-dire celle de son « acceptabilité rationnelle »[61], de l'acceptation pratique des normes dans le monde, c'est-à-dire « l'application dans le réel de l'exigence de rationalité qu'elles traduisent », autrement dit « garantir autant que possible l'effectuation des exigences de la raison dans le monde »[62]. Il s'agit donc d'une démarche épistémologique visant « la conception que l'on se fait de l'opération par laquelle un groupe social se régule lui-même, c'est-à-dire par laquelle les membres d'un groupe social agissent sur eux-mêmes » au sens où se réguler ou « produire une norme qui entend régir les comportements des membres d'un groupe, c'est produire une action et donc viser une transformation du contexte »[63]. Au-delà d'une opération mentale de production d'une règle à suivre dans un contexte donné, « il s'agit plutôt de la création concertée d'un type de comportement collectif » grâce au processus d'application des normes[64]. Indéniablement, il y a une opération d'apprentissage social dans le contexte dans lequel les acteurs évoluent, impliquant des transformations identitaires[65].

Si l'entreprise se pose comme une nouvelle forme d'institution, la normaliser avec des processus de labellisation ou de certification, permettrait d'impliquer l'ensemble des parties prenantes dans une visée d'apprentissage, favorisant une meilleure identification et assimilation des enjeux sociétaux et environnementaux. Serait ainsi amorcé progressivement, concrètement et au-delà d'un strict détour réflexif, un processus d'institutionnalisation de la RSE. Telle serait,

60. Habermas (2003), p. 78.

61. *Ibid.*, p. XI.

62. *Ibid.*

63. *Ibid.*, p. 222-225.

64. *Ibid.*, p. 236-238.

65. *Ibid.*, p. 416.

dans notre interprétation, la base d'une éthique délibérative de la RSE qui la rendrait également plus opérante. En effet, les organisations sont contraintes par leur environnement.

Or, l'environnement agit par différents biais : professions, structures réglementaires, organismes gouvernementaux, tribunaux, opinion publique ou groupements d'intérêts (Capron et Lanoizelée 2010). Il peut donc contribuer à une transformation identitaire selon différentes contraintes institutionnelles (coercitives, normatives, ou encore mimétique)[66]. Lorsqu'ils se conforme à une attente sociale, une organisation, mais aussi un salarié ou un manager, contribuent à institutionnaliser le champ organisationnel. De manière consciente ou inconsciente, sont intégrées et adoptées les règles, normes et valeurs de leur environnement. L'une des contraintes institutionnelles les plus discutées est sans aucun doute la contrainte coercitive visant à rendre obligatoire l'application de la norme.

3.3 *Une responsabilité partagée ?*

Notons que la responsabilité incombe à des entreprises mais avant tout à des décideurs et des personnes en action. Parallèlement à une normalisation de l'extérieur, il importerait donc de normaliser la RSE de l'intérieur à travers le processus le plus démocratique possible pour permettre précisément aux individus de s'exprimer et de faire valoir leur responsabilité. Car l'entreprise peut s'appréhender comme « le lieu par excellence de l'intersubjectivité » avec autant de « sujets » que sont les différentes parties prenantes qui s'intègrent à un « projet et tous également responsables »[67]. À l'instar de Mouffe (1994), on peut ajouter à l'éthique de la discussion, le concept de démocratie plurielle afin de « multiplier les espaces où les rapports de pouvoir seront ouverts à la contestation démocratique »[68]. De telles pratiques se rencontreraient déjà chez Lafarge selon une étude menée par Moquet et Pezet (2005) ainsi que dans d'autres entreprises, dans l'industrie chimique (Berland et Loison 2005). Concrètement, Bessire (2006) suggère pour les entreprises la création d'un forum sur lequel pourrait intervenir « tout acteur qui se sentirait impliqué et ouvert à tous » de manière à y lire ensuite

66. Nous renvoyons sur ce point à Capron et Lanoizelée (2010).
67. Bessire (2006), p. 60.
68. Mouffe (1994), p. 19.

« des réactions, des témoignages de tous ceux qui se considèreraient comme parties prenantes, à un titre ou à un autre. Les outils d'analyses textuelles assistées par ordinateur en faciliterait l'exploitation »[69]. Tel est le sens de la notion d'espace public héritée d'Habermas[70].

En plein essor des réseaux sociaux et de la démocratie participative promue par internet, on peut s'interroger également sur la responsabilité des autres parties prenantes, au-delà de la seule entreprise, en l'occurrence celle des consommateurs. Eux ont aussi leur part de responsabilité dans l'achat des produits finis et ont le pouvoir de favoriser des produits pas simplement *made in* France mais « produit démocratiquement » pour faire écho à la suggestion de Fleurbaey (2006) qui évoque à juste titre l'idée d'un « label démocratique ». C'est un projet de société qui est promu : « Une autre forme de transition douce consisterait à promouvoir, par diverses aides gouvernementales et divers soutiens institutionnels et financiers, le développement du secteur coopératif. Si ce secteur atteignait une taille critique le rendant plus visible, et le mettant en concurrence directe avec les entreprises capitalistes, la comparaison entre le sort des travailleurs dans les deux types d'entreprise, ainsi que de la qualité et de la gestion, pourrait créer un mouvement de sympathie en faveur des entreprises ayant le comportement le plus « éthique ». […] Si les travailleurs eux-mêmes cherchaient en priorité à trouver un emploi dans le secteur démocratique et si les consommateurs étaient disposés à donner la préférence aux produits portant le label démocratique, une dynamique pourrait se développer, qui aboutirait à faire des entreprises capitalistes la cible d'une stigmatisation analogue à celle qui frappe le travail des enfants »[71].

Or, compte-tenu de la précédente distinction entre l'élaboration de la norme et sa réalisation en acte, un processus de consommation responsable[72] ne peut qu'être encouragé par la normalisation de la RSE, au-delà de l'argument de la réputation pour l'entreprise. En effet, contrairement aux intentions affichées, selon

69. Bessire (2006), p. 60.

70. Sur la démocratie d'entreprise, nous renvoyons au numéro spécial de la *Revue de philosophie économique* (2008), vol. 9, n° 1.

71. Fleurbaey (2006), p. 205-206.

72. Certains parlent de « consumérisme politique » pouvant prendre différentes formes dont le *culture jamming*, plutôt idéologique à vocation de détournement de la publicité. D'autres comme Maréchal (2011, p. 298) interpellent les citoyens et le pouvoir de boycott : « Un retour de l'homo *politicus* s'impose ».

Quairel (2006, p. 142), « les études [73] montrent que les consommateurs intègrent progressivement les dimensions environnementales et sociales dans leur déclaration d'intention d'achat mais que leur consommation effective est très peu modifiée. Globalement 20 % des personnes interrogées se déclarent sensibles aux critères liés au développement durable et prêts à choisir ces produits ; moins de la moitié traduira ses intentions en actes et le consentement à payer plus cher pour un bien produit dans des conditions socialement correctes n'est exprimé que chez 10 % des personnes interrogées ». Pour l'auteure, le décalage paradoxal entre la faiblesse de la demande effective globale de RSE et l'importante apparition de cette dernière sous la pression des nouveaux mouvements sociaux provient d'un problème de passage et de traduction « entre les attentes fortes de la société civile et les acteurs qui ont effectivement le pouvoir d'agir sur les performances économiques des entreprises. La réputation n'est pas un levier suffisant pour assurer le passage ».

Faut-il vraiment envisager une régulation plus contraignante pour la RSE ? C'est une réponse que nous réservons à la conclusion dans une interprétation normative du concept une fois récapitulé le fil de l'argumentation.

CONCLUSION

Les deux dimensions repérées dans le concept de RSE, la dimension fonctionnelle et celle du fondement, débouchent selon nous sur un même constat : celui d'un vide juridique. Dans sa dimension fonctionnelle, la RSE permet de combler une carence, en l'absence de législation ou du fait d'une législation pas ou peu appliquée, comme en matière de sous-traitance par exemple. Dans la dimension de recherche de fondement, le recours à l'éthique devient un moyen de donner un contenu à la « bonne volonté » des personnes impliquées : en l'absence de droit, chacun doit se soumettre à des règles qu'il se donne, ou à un code de conduite imaginé par un comité d'experts qui se seraient accordés sur le contenu. Le recours à Hayek, Rawls, Habermas ou Polanyi prolonge cette nécessité de donner un cadre à cette « bonne volonté », en tentant de délimiter les conditions

73. L'auteure renvoie à l'enquête Ethicity : « Les français et la consommation durable, quels changements en 2009 ? », www.ethicity.net.

théoriques favorables à son émergence. Il s'agit bien d'expliquer ce que doit être l'intégration volontaire de la RSE telle que mentionnée dans la définition de référence de la Commission Européenne et la manière dont elle intègre les parties prenantes.

Dès lors, dimension fonctionnelle et dimension de recherche de fondement se rejoindraient dans les pratiques des acteurs. On sait aujourd'hui que les entreprises ont intérêt à appliquer la RSE en matière de bonne image et de vente, dans une logique de responsabilité avant tout économique. Les récents scandales de pollution des océans ou de déforestation entraînent un boycott immédiat et les entreprises ont intérêt à s'engager dans des bonnes pratiques de RSE, argumentant sur le rôle éthique qui leur incombe. Mais qui en vérifiera l'application ? Le principal problème recensé concerne le contrôle. Ce problème est lié à celui de l'application de la RSE : comment la rendre plus effective au-delà d'un discours théorique et d'une éthique associée à la seule rationalité économique ?

Nous avançons qu'une régulation plus encadrée de la RSE est nécessaire. Cette régulation est en germe dans le processus d'institutionnalisation qui la fera apparaître comme un outil de survie pour les entreprises au-delà de la seule dimension stratégique. La norme ISO 26000 précise l'intégration des normes de responsabilité sociale, de gouvernance et d'éthique. Cependant, elle n'est pas encore certifiable[74]. La certification est l'activité par laquelle un organisme tiers et indépendant atteste que l'organisation satisfait bien aux exigences d'une norme. Toutefois, une norme, en soi, ne créée aucune obligation. L'ISO 26000 n'est pas une norme certifiée au sens où elle ne donne que des indications relatives au suivi de principes et de pratiques en vue d'obtenir des résultats satisfaisants dans une démarche générale visant à intégrer tous les aspects de la RSE.

En période de crise institutionnelle, promouvoir une RSE favorable à l'exercice de la démocratie nous semble une option à envisager sérieusement. À l'instar de Capron (2011), la RSE que nous cherchons à fonder sur des bases éthiques plus solides n'est pas celle du *business ethics* s'appuyant sur « le bon vouloir de quelques chefs d'entreprises

74. Elle constitue néanmoins une excellente base pour un futur processus de certification à l'instar du modèle AFAQ 1000 NR et de AFAQ 26000 NR. Voir : AFNOR (2010), Junod (2010).

éclairés, guidés par leur éthique personnelle »[75] ni du *business case* ou de « l'utilitarisme stratégique qui voit dans la RSE l'opportunité de trouver des avantages compétitifs », mais il s'agit d'une « RSE de raison » impliquant l'existence de « normes sociales et environnementales universelles » *via* une régulation internationale[76].

De ce point de vue, le processus de certification de la RSE est important, au-delà de sa fonction opérationnelle ou de l'alibi éthique auquel elle est aujourd'hui souvent réduite. Or, pour réellement faire valoir l'éthique, au niveau individuel ou managérial, la RSE devrait être encadrée par le droit et tenir compte du contexte d'évolution des acteurs. À ce titre, nous adjoindrons à l'impératif juridique de réalisation de la RSE, la nécessité de penser et de poser un espace de communication et de participation en interne, au sein même de l'entreprise, pour ne pas limiter la responsabilité à un simple suivi de règles, mais faire qu'elle émerge aussi de la rencontre avec l'autre et reste *notre* responsabilité.

RÉFÉRENCES

ACQUIER, A., GOND, J.P. & IGALENS, J. 2005. « Des fondements religieux de la responsabilité sociale de l'entreprise à la responsabilité sociale de l'entreprise comme religion », Centre de Recherche en Gestion, Toulouse, Cahier de recherche N° 2005 – 166, Mai.

AFNOR. 2010. ISO 26000, *Responsabilité sociétale*, Afnor éditions.

BERLAND, N. et LOISON, M.C. 2005. « *Responsible Care* et management durable : comportement volontaire ou réaction adaptative ? Généalogie et pratiques dans l'industrie chimique », Actes du 26e congrès de l'AFC.

BERNS, E. 2006. « Gouvernance, souveraineté, globalisation », in *Décider avec les parties prenantes*, Bonnafous-Boucher M. et Pesqueux Y. (éd.), Paris : La Découverte.

BESSIRE, D. 2006. « Sortir du face à face entreprise et parties prenantes », in *Décider avec les parties prenantes*, Bonnafous-Boucher M. et Pesqueux Y. (éd.), Paris : La Découverte.

BECK, U. 2001. *La Société du risque : Sur la voie d'une autre modernité*, Paris, Aubier.

BOLTANSKI, L. et CHIAPELLO, E. 2011. *Le nouvel esprit du capitalisme*, Paris : Gallimard.

BONNAFOUS-BOUCHER, M. 2006. « Décision stratégique et vitalité de la philosophie politique des parties prenantes », in *Décider avec les parties prenantes*, Bonnafous-Boucher M. et Pesqueux Y. (éd.), Paris : La Découverte.

BOWEN, H.R. 1953. *Social responsibilities of the businessman*, New-York : Harper and Row.

75. Capron (2011), p. 403 : « Il y a bien longtemps que la recherche d'un capitalisme vertueux relève de la quête du Graal », p. 402.

76. *Ibid.* : « L'avantage compétitif n'a qu'un temps et assez rapidement, la présence des passagers clandestins vient rappeler que les avantages ont aussi des coûts que seuls supportent les défricheurs. Les pionniers doivent alors se tourner vers l'Etat pour mettre de l'ordre ». Nous renvoyons également à Vallaeys (2013).

BRUNTLAND, G. H., 1987, Commission mondiale sur l'environnement et le développement, *Notre avenir à tous, Rapport préparatoire à la conférence de Rio de la Commission mondiale sur l'environnement et le développement de l'ONU.*

CAPRON, M. 2011. « La RSE peut-elle contribuer à la sortie de crise? », in *La Responsabilité Sociale de l'Entreprise, Nouvelle régulation du capitalisme ?*, Postel N., Cazal D., Chavy F., Sobel R., (éd.), Lille : Presses Universitaires du Septendrion.

— & QUAIREL-LANOIZELÉE, F. 2010. *La responsabilité sociale des entreprises* : Paris, La Découverte.

CARROLL, A.B. 1979. "A three dimensional conceptual model of corporate performance", *Academy of Management Review*, vol. 4, n° 4, 497-505.

—. 1989. *Business and Society*, Cincinnati : South Western Publishing.

—. 2009. "A History of Corporate Social Responsibility, Concepts and Practices", in *Handbook*.

CASTILLO, J.-C. 2006. « Vers une notion intégrée de bonne gouvernance publique européenne », in *Décider avec les parties prenantes*, Bonnafous-Boucher M. et Pesqueux Y. (éd.), Paris : La Découverte.

CAZAL, D. 2008 « Parties prenantes et RSE : des enjeux sociopolitiques au-delà des contrats », *Revue de l'Organisation Responsable*, vol. 3, n° 1, 12-23.

CLARKSON, M. 1995. "A stakeholder Framework for analyzing and evaluating corporate social performance", *Academy of Management Review*, vol. 20, n° 1, 92-117.

COMMISSION EUROPÉENNE. 2001. *Promouvoir un cadre européen pour la responsabilité sociale des entreprises. Livre vert.*

COMMITEE FOR ECONOMIC DEVELOPMENT (CED). 1971. *Social Responsibilities of Business Corporations*, New-York : CED.

DAVIS, K. 1973. "The Case for and against Business Assumption of Social Responsibities", *Academy of Management Journal*, 16, 312-322.

DE BAKKER, G. A., GROENWEGEN, P. & DEN HOND, F. 2005. "A Bibliometric Analysis of 30 years of Research and Theory on Corporate Social Responsibility and Corporate Social Performance", *Business and Society*, 44, 3, 283-317.

DONALDSON, T. 2009. "The Transatlantic Paradox, how outdated concepts confuse the american / european debate about corporate governance", in *Handbook*.

— & DUNFEE, T.W. 1999. *Ties That Bind : A Social Contracts Approach to Business Ethics*, Boston : Harvard Business School Press.

DUPUY, J.-P. 1999. *Éthique et philosophie de l'action*, Paris : Ellipses.

EELS, R. 1956. *Corporate Giving in a Free Society*, New-York : Harper.

EL AKREMI, A., DHAOUDI, I. & IGALENS, J. 2008. « La responsabilité sociale de l'entreprise sous l'éclairage des critical management studies : vers un nouveau cadre d'analyse de la relation entreprise-sociéte », *Finance Contrôle Stratégie*, vol. 11, n° 3, 65-94.

ELKINGTON, J. 1997 *Cannibals with Forks: The triple bottom line of 21 st Century Business*, Oxford : Capstone Publishing.

EVAN, W. & FREEMAN, E. 1993. « A stakeholder theory of the modern corporation: Kantian capitalism », *in* Beauchamp T. et Bowie N., *Ethical theory and business*, Englewood Cliffs : Prentice Hall.

EWALD, F. 1997. « L'expérience de la responsabilité », *Qu'est-ce qu'*être responsable ?, Auxerre, Sciences humaines communication, 57-81.

FLEURBAEY, M. 2006. *Capitalisme ou démocratie ?*, Paris : Grasset.

FREDERICK, W. 1960. "The Growing Concern over Business Responsability", *California Management Review*, 2, 54-61.

—. 2006. *Corporation Be Good : The Story of Corporate Social Responsability*, Indianapolis : Dog Ear Publishing.

FREEMAN, R. E. 1984. *Strategic management. A Stakeholder Approach*, Boston : Pitman.

—. 1994, « The politics of stakeholder theory », *Business Ethics Quarterly*, vol. 4, n° 4, p. 409-421.

FRIEDMAN, M. 1970. « The responsability of business is to increase its profits », *New York Times Magazine*, vol. 33, 122-126.

GOND, J.-P. & IGALENS, J. 2010. *La responsabilité sociale des entreprises*, Paris : « Que Sais-Je ? », P.U.F.

GUIBET LAFAYE, C. & PICAVET, E. 2010. « Présentation », *Revue de métaphysique et de morale*, 3, n° 67, p291-292.

HABERMAS, J., 1987, *Morale et communication*, Paris : Cerf.

– 2003, *L'éthique de la discussion et la question de la vérité*, Paris : Grasset.

HAYEK, F. 2007 (1967). *Essais de philosophie, de science politique et d'économie*, Paris : Les Belles Lettres.

HANDBOOK OF CORPORATE SOCIAL RESPONSIBILITY. 2009. CRANE, A., MC WILLIAMS, A., MATTEN, D., MOON, J., SIEGEL, D. (eds.), New York : Oxford University Press.

HEALD, M. 1957. « Management's Responsibility to Society : The Growth of an idea », *Business History Review*, 31, 375-384.

—. 1970, *The Social Responsibilities of Business : Compagny and Community, 1900-1960*, Cleveland : The Press of Case Western Reserve University.

JONES, T.M. 1995. « Instrumental Stakeholder Theory : a Synthesis of Ethics and Economics », *Academy of management Review*, avril 20/2, 404-437.

JOUNOT, A. 2010. *RSE et Développement durable*, Afnor.

KLONOSKI, R. J. 1991. "Foundational Considerations in the Corporate Social Responsability Debate", *Business Horizons*, 34 (4), 9-18.

KUPPER, F. 2011. « La RSE dans l'œil de la théorie hayékienne », in *La Responsabilité Sociale de l'Entreprise, Nouvelle régulation du capitalisme ?*, Postel N., Cazal D., Chavy F., Sobel R., (éd.), Lille : Presses Universitaires du Septendrion.

LAVILLE, E. 2009. *L'entreprise verte*, Paris : Pearson Education France.

LENOBLE, J. & MAESSCHALCK, M. 2009. *L'Action des normes, Eléments pour une théorie de la gouvernance*, Sherbrooke : Les Éditions de la Revue de Droit de l'Université de Sherbrooke.

LÉPINEUX, F. 2006. « Théorie normative des parties prenantes et cohésion sociale », in *Décider avec les parties prenantes*, Bonnafous-Boucher M. et Pesqueux Y. (éd.), Paris : La Découverte.

LEVITT, T. 1958. "The dangers of social responsability", *Harvard Business Review*, 41- 50.

LOCKETT, A., MOON, J. & VISSER, W. 2006. "Corporate Social Responsability in Management Research : Focus, Nature, Salience and Sources of Influence", *Journal of Management Studies*, 43, 1, 115-136.

MARÉCHAL, J.-P. 2011. « RSE : Les illusions dangereuses », in *La Responsabilité Sociale de l'Entreprise, Nouvelle régulation du capitalisme ?*, Postel N., Cazal D., Chavy F., Sobel R., (éd.), Lille : Presses Universitaires du Septendrion.

MARGOLIS, J. D. & WALSH, J. P. 2003. "Misery Loves Companies: Rethinking Social Initiatives by Business", *Administrative Science Quarterly*, 48: 268-305.

MARENS, R. 2004. "Wobbling on a One – Legged Stool : The Decline of American Pluralism and the Academic Treatment of Corporate Social Responsability", *Journal of Academic Ethics*, 2, 63-87.

MELÉ, D. 2009. "Corporate Social Responsibilies Theories", in *Handbook*.

MERCIER, S. 2004. *L'éthique dans les entreprises*, Paris : La Découverte.

—. 2006, « La théorie des parties prenantes : une synthèse de la littérature » in *Décider avec les parties prenantes*, Bonnafous-Boucher M. et Pesqueux Y. (éd.), Paris : La Découverte.

MERLIN-BROGNIART, C. & DEPRET, M.-H. 2011. « La responsabilité globale des entreprises du service public marchand: Vers un élargissement de la notion de responsabilité sociale et environnementale », in *La Responsabilité Sociale de l'Entreprise, Nouvelle régulation du capitalisme ?*, Postel N., Cazal D., Chavy F., Sobel R. (éd.), Lille : Presses Universitaires du Septendrion.

MITCHELL, R. K, AGLE, B. R & WOOD, J.D. 1997. "Toward a Theory of Stakeholder Identification and Salience: Defining the Principle of Who and What Really Counts", *The Academy of Management Review*, Vol. 22, No. 4 (Oct. 1997), 853-886.

MOQUET, A. C. & PEZET, A. 2005. « Les technologies de la responsabilité sociétale ou le mythe fait réalité – le cas Lafarge », Congrès de l'Association francophone de comptabilité, Lille, 11-13 mai.

MORICEAU, J.-L. 2006. « Théorie des parties prenantes et figures dans visages » in *Décider avec les parties prenantes*, Bonnafous-Boucher M. et Pesqueux Y. (éd.), Paris : La Découverte.

MOUFFE, C. 1994. *Le politique et ses enjeux. Pour une démocratie plurielle*, Paris : La Découverte/ Mauss.

MUIRHEAD, S. 1999. *Corporate Contributions : The View from 50 Years*, New-York : McGraw-Hill.

MURPHY, P. E. 1978. "An evolution : Corporate Social Responsiveness", *University of Michigan Business Review*, nov.

OSTY, F. 2009. « Une tentative de re-légitimation de l'entreprise », *Sociologie Pratiques*, Paris : P.U.F., n°18, 31-38.

PESQUEUX, Y. 2006. « Pour une évaluation critique de la théorie des parties prenantes », in *Décider avec les parties prenantes*, Bonnafous-Boucher M. et Pesqueux Y. (éd.), Paris : La Découverte.

PHILIPS, R. A. 2003. *Stakeholder Theory and Organizational Ethics*, San Francisco : Berret-Koehler Publishers Onc.

POLANYI, K. 1983. *La Grande Transformation, Aux origines politiques et économiques de notre temps*, Paris : Gallimard.

POSTEL, N. & SOBEL, R. 2001. « Le capitalisme n'est pas soluble dans les parties prenantes », in *La Responsabilité Sociale de l'Entreprise, Nouvelle régulation du capitalisme ?*, Postel N., Cazal D., Chavy F., Sobel R. (éd.), Lille : Presses Universitaires du Septendrion.

— & ROUSSEAU, S. 2006. « La responsabilité sociale et environnementale des entreprises : une reconfiguration du rapport salarial fordiste ? », *Économie appliquée*, LIX, n° 4, 77-104.

QUAIREL, F. 2006. « L'influence des parties prenantes sur les dispositifs de notation sociale », in *Décider avec les parties prenantes*, Bonnafous-Boucher M. et Pesqueux Y. (éd.), Paris : La Découverte.

RAWLS, J. 1971. *Théorie de la justice*, trad. fr. C. Audard, Paris : Seuil, 1987.

RENDTORF, J. D. 2006. « Des principes de justice pour les parties prenantes », in *Décider avec les parties prenantes*, Bonnafous-Boucher M. et Pesqueux Y. (éd.), Paris : La Découverte.

REYNAUD, E. 2011. *Le développement durable au cœur de l'entreprise*, Paris : Dunod.

SAMUELSON, P. A. 1971. "Love that Corporation", *Mountain Bell Magazine*, spring.

SCHERER, A.G. & PALAZZO, G. 2007. "Toward a Political Conception of Corporate Responsibility: Business and Society Seen from a Habermasian Perspective", *Academy of Management Review*, 32(4), 1096-1120.

REVUE DE PHILOSOPHIE ÉCONOMIQUE. Juin 2008. Vol. 9, n° 1, *La démocratie d'entreprise*, numéro coordonné par Gosseries A. et Ponthière G.

SELEKMAN, B. 1959. *A Moral Philosophy for Business*, New-York : McGraw-Hill.

SOLOMON, R. & HANSON, K. R. 1989 *La Morale en affaires, clé de la réussite*, Paris, Éditions d'organisation.

SWATON, S. 2011. *Une entreprise peut-elle être sociale dans une économie de marché ?*, De l'Hèbe, La Question, n° 72.

VALLAEYS, F. 2013. *Pour une vraie responsabilité sociale. Clarifications, propositions*, Paris : P.U.F.

VINCENT, N., VAN DE POEL & VAN DEN HOVEN (eds.). 2011. *Moral Responsibility: Beyond Free Will and Determinism*, Dordrecht : Springer.

VOGEL, D. 2008. *Le marché de la vertu*, Paris : Economica.

WALTON, C. C. 1967. *Corporate Social Responsibilities*, Belmont, Caif. : Wadsworth Publishing Co, Inc.

WREN, D. A. 2005. *The History of Management Thought*, 5th ed, Hoboken, NJ : John Wiley & Sons, Inc.

ESSAI SUR LA DÉFINITION DE LA PHILOSOPHIE ÉCONOMIQUE

GUILLAUME QUIQUEREZ*

Résumé
Nous proposons dans ce texte une définition ouverte de la « philosophie économique » comme « champ postural des idées rationalisées de l'économie ». Notre argumentation comprend deux étapes. La première permet de répondre à cette question : pourquoi la philosophie économique ? Nous y soutenons que celle-ci doit être entendue comme une réaction à un doute concernant la représentation dominante de l'économie comme science, elle-même causée par trois problèmes que nous analysons. Nous explicitons notre définition dans une deuxième étape, en clarifiant d'abord les notions de « champ postural » et d' « idées de l'économie ». Cette discussion nous conduit ensuite à clarification des liens entre idée, concept, théorie et jugement. Finalement, nous rapprochons la conception stipulative proposée ici de celle, extensionnelle, promue par A. Leroux depuis 1995.
Mots-clés : philosophie, épistémologie, idées, économie

Abstract
We propose in this text an open definition of 'economic philosophy' as 'postural field of rationalized ideas of economics (and economy)'. Our argumentation includes two parts. The first one allows us to answer this question : why 'economic philosophy'? We argue that it should be understood as a reaction to a doubt about the representation of economics as a science, itself caused by three problems that we analyse. We clarify our definition in the second part, by explaning first the notions of 'postural field' and of 'ideas of economics (economy)'. This discussion lead us then to a clarification of the links between idea, concept, theory and judgment. Finally, we

* École Centrale de Marseille ; email : guillaume.quiquerez@centrale-marseille.fr.

move closer our stitulative definition by that promoted by A. Leroux since 1995.

Keywords: philosophy, methodology, ideas, economics

Classification JEL. : A1, B3, B4

INTRODUCTION

Après quelques apparitions sporadiques mais non anecdotiques [1], les références à la « philosophie économique » se sont multipliées depuis une quinzaine d'années. Cet usage croissant a d'abord été suscité par une série de travaux [2] de langue française [3] qui la conçoivent comme « un champ de problématiques communes à l'économiste et au philosophe » (Leroux et Marciano 1998, p. 124). Mais il s'est progressivement accompagné d'acceptions différenciées, parfois incompatibles, dont la caractéristique commune est de restreindre l'ouverture du champ initialement balisé. À rebours de cette propension réductrice, l'enjeu de cette contribution est de

1. Nous n'ignorons pas que l'expression a été usitée auparavant par quelques auteurs, notamment Villey (1959), Blanchard (1968), ni que l'on en trouve des occurrences dès le XVIIIe siècle chez Baudeau ou encore Mably (*cf.* par exemple Faccarello et Steiner (2008))

2. Les principales actions éditoriales impulsées par Alain Leroux concernent d'abord la rédaction d'un *Que Sais-je ?* intitulé *La Philosophie Économique* (avec Alain Marciano) (1998), celle d'un *Traité de philosophie économique* (avec Alain Marciano) (1999), la création de la *Revue de Philosophie Économique* (2000) et l'organisation de 4 écoles thématiques dont les travaux seront publiés sous la forme de *Leçons de philosophie économique* (avec Pierre Livet) (2005, 2006, 2007, 2009). Ces publications ont été précédées par la création d'un DEA (Master 2) de philosophie économique (1995).

3. Cette référence à la langue française peut surprendre. Si l'expression anglaise « Economic Philosophy » a souvent été utilisée, singulièrement depuis Robinson (1962), à notre connaissance elle n'a pas fait l'objet d'une série de travaux systématiques visant, comme en français, à son institutionnalisation symbolique : ouvrages collectifs, colloques, revue, (*cf.* partie II). Nous tenons ceci pour un simple fait, dont ne chercherons pas à rendre compte ici. C'est ce fait, et lui seul, qui justifie les nombreuses références dans ce texte à des auteurs français ou de langue française. En revanche, il n'implique évidemment de notre part aucun nationalisme méthodologique qui cantonnerait la philosophie économique dans des frontières territoriales ou linguistiques. En effet, cet article fait un usage abondant de références anglo-saxonnes, qui procèdent largement de la philosophie économique telle que nous la définissons ici, et que l'on retrouve sous diverses appellations telles que « Philosophy of Economics », « Economics and Philosophy » (voir aussi la revue éponyme), « Economic Methodology » (voir aussi le *Journal of Economic Methodology*). Bien que ces dénominations ne soient pas strictement synonymes, quelques références importantes (sans souci d'exhaustivité) sont intégrées en bibliographie.

refonder un argumentaire en faveur d'une conception large de la philosophie économique que nous définirons comme *champ postural des idées rationalisées de l'économie.*

La discussion sera engagée en deux temps. Le premier, primordial quoique souvent négligé, concerne sa motivation. Nous l'envisagerons en ces termes : la philosophie économique est certes la réponse, mais quelle était la question ? À la lumière de la réponse avancée, nous examinerons dans un deuxième temps notre proposition de définition, en explicitant ses termes et en spécifiant ses enjeux.

1. POURQUOI LA PHILOSOPHIE ÉCONOMIQUE ?

La philosophie économique n'est pas une chose, une donnée de la nature : c'est une réponse à une question qui prend la forme, nous le dirons plus loin, d'une stratégie d'organisation de la connaissance. Inévitablement, donc, la façon même de poser la question guide la construction de la réponse. Autrement dit, toute conception de la philosophie économique est solidaire d'un regard préalable sur ses enjeux. Il s'agit par conséquent de caractériser sans attendre celui que nous portons ici. La thèse de cette première partie est que la philosophie économique a émergé en réaction à l'effet conjugué de trois problèmes qui ont soulevé un doute sur la pertinence de la représentation dominante de l'économie, qui l'assimile à la seule science économique (I.2). Avant de développer notre argument, une rapide mise en perspective historique du rôle des idées de l'économie et de ce que nous interprétons comme leur fausse disparition nous permettra de camper notre propos (I.1).

1.1 *La fausse disparition des idées de l'économie*

1.1.1 *Les idées de l'économie : une première approche*

> [...] les idées, justes ou fausses, des philosophes de l'économie et de la politique ont plus d'importance qu'on ne le pense en général. À vrai dire le monde est presque exclusivement mené par elles. Les hommes d'action qui se croient parfaitement affranchis des influences doctrinales sont d'ordinaire les esclaves de quelque économiste passé. Les illuminés du pouvoir qui se prétendent inspirés par des voies

célestes distillent en fait des utopies nées quelques années plus tôt dans le cerveau de quelque écrivailleur de Faculté (Keynes 1936)

Par cet hommage rendu aux philosophes de l'économie, fussent-ils d'obscurs contributeurs, Keynes entendait souligner la force des *idées*. Des *idées* qui, selon lui, loin de demeurer cloîtrées dans des cénacles hermétiques de spécialistes, finissaient par diffuser dans tout l'espace social et même, pour certaines d'entre elles, par illuminer l'homme d'action. C'était en 1936. L'économie avait commencé depuis un siècle environ à vouloir se constituer en science, mais elle restait encore et simultanément une économie politique.

Des idées, Keynes n'en manquait pas. Une première idée de Keynes, sur les économistes eux-mêmes, était qu'ils devaient aspirer à devenir de bons dentistes : ne pas trop prétendre, ne pas viser des vérités universelles de long terme, mais se préoccuper de la résolution à courte échéance des problèmes économiques et sociaux de leur temps. Pour ce faire, une grande idée, avancée dès le début de la *Théorie Générale*, était de poser que le chômage était de nature involontaire. Restait à traduire cette idée simple, qui se fondait sur l'appréciation psychologique du vouloir humain, en un système théorique dans lequel elle devait trouver sa place. Le chômage de Pigou, contre lequel Keynes ferraillait, n'était pas volontaire au sens où, dans l'absolu, les travailleurs refusaient tout emploi ; il l'était dans la mesure où, compte tenu du salaire proposé, et de la préférence supposée pour le loisir, les travailleurs refusaient de louer leurs services au prix du marché. L'idée de Pigou était que le travail est assimilable à une marchandise qui doit se soumettre au traitement de l'économie classique de l'analyse du marché, lequel, s'il n'est pas entravé, se régule mécaniquement. Cette régulation mécanique du marché est aussi une idée de l'économie, parmi les plus fameuses. Keynes renversait l'analyse, en avançant qu'au prix du marché, les travailleurs accepteraient de travailler mais ne le pouvaient pas. Pourquoi ? Du fait de l'insuffisance de la demande effective. Ainsi devait se développer une autre idée de l'économie, celle d'anticipation. Elle est solidaire d'une nouvelle idée, encore, celle de convention, métaphorisée par le fameux concours de beauté. Des kyrielles d'autres idées, articulées les unes aux autres, enchâssées, emboîtées ou autonomes, étaient ainsi en jeu dans le débat primitif entre Keynes et les auteurs classiques.

Nous examinerons cette notion d'idée plus loin, au moment d'expliciter notre définition de la philosophie économique. Mais plantons rapidement le décor, à l'aide de ces premières indications : ce que nous qualifions d'idée de l'économie est fondamentalement une représentation, un regard porté *a priori*, une préconception d'un objet ayant trait à l'économie. L'idée de cet objet préside à la fois à sa lecture, à sa compréhension et à son investigation. Elle précède l'acte cognitif – elle lui préexiste – et l'accompagne du même élan – elle conduit son déploiement. L'idée, lorsqu'elle est enrôlée dans un processus de rationalisation savant, peut alors se prêter à deux types de développements : soit elle nourrit le concept, qui est la marque de la philosophie, soit elle alimente la théorie, qui est la pratique de l'économie [4]. En ce sens, l'idée de l'économie est la ressource partagée où puisent de concert l'économiste et le philosophe. Il en va ainsi, pour reprendre les exemples cités, de la volonté, du travail comme non-loisir, de la force de travail comme marchandise, de l'autorégulation mécanique de l'ordre social, de la suspension de l'avenir à la représentation que l'on s'en fait, de la convention comme mode de coordination des anticipations : autant d'idées susceptibles à la fois de conceptualisation et de théorisation. Tout cela que nous subsumons sous l'expression « d'idées rationalisées de l'économie » relève donc de problématiques à la fois philosophiques et économiques.

1.1.2 *La fin supposée des idées*

Au XVIIIe et au XIXe siècle, d'ailleurs, point n'était besoin d'insister sur la congruence entre les deux formes de discours : les économistes étaient philosophes, et beaucoup de philosophes se faisaient économistes. Mais il fallut progressivement, particulièrement tout au long du XXe siècle, devenir plus précis, plus rigoureux, plus exhaustif, plus spécialisé. L'économie était devenue une chose fort sérieuse depuis que le monde s'était désenchanté (Weber). En tant que science, il lui fallait se dégager de sa gangue métaphysique et faire sa mue – à l'instar d'une science physique qui, lorsqu'on la questionnait sur la place de Dieu dans « L'exposition du système du monde », pouvait sans complexe répondre à Napoléon : « Sire, je n'ai pas eu besoin de cette hypothèse » (Laplace). La tripartition des tâches entre science positive, science normative et art, tracée en 1890 par John Neville

4. Nous reviendrons au II.3 sur la distinction entre concept et théorie.

Keynes, fut une étape importante (au-delà des intentions de l'auteur), en ceci qu'elle permit de penser après lui à une science économique positive sans *idée*, pure, apolitique, normativement neutre.

Le recours généralisé aux mathématiques, au cours du XXe siècle, allait y contribuer. Il s'agirait dorénavant de mettre au jour des lois, immuables et incontestables, et de faire advenir une science économique mûre, exacte et prédictive. D'un côté se développait une économie mathématique logico-formelle, dont la démonstration d'existence de l'équilibre dans le modèle de concurrence parfaite (Arrow & Debreu 1954) allait faire figure de paradigme. De l'autre s'élaborait une science économique empirique, empruntant sa forme au modèle nomologique-déductif promu par Hempel. La popularité des thèses falsificationnistes de Popper, telles du moins qu'elles étaient importées, adaptées et prescrites en économie par Blaug[5] (1980) comme épistémologie référentielle et *vade-mecum* professionnel, semblait devoir parachever le processus. Exit l'examen des *idées* en plein jour, qui se trouvaient figurer du mauvais côté du couperet : ce ne serait plus que dans la poubelle toute métaphysique de l'épistémologie poppérienne qu'on les trouverait désormais. Tout juste une anthropologie *à la Lévy-Bruhl* serait-elle encore tolérée, anthropologie de la préscience morte de l'économie, qui décrirait cliniquement la participation mystique de l'économiste primitif aux archétypes caractéristiques de la pensée prélogique. L'enchevêtrement originel de l'économique et du métaphysique, défini par Popper comme non testable empiriquement, aurait donc vécu. Certes, il subsisterait bien à l'origine de toute réflexion quelques idées et nul ne songerait à le nier : mais celles-ci ne sauraient être considérées en tant que telles dans le cadre d'une activité scientifique, puisque le domaine propre de la scientificité serait celui, non pas du contexte de la découverte, mais du contexte de la justification (selon la distinction de Reichenbach). Dès lors, la relation de la philosophie à la science économique ne pourrait plus s'envisager que sur le mode exclusif d'une soumission aux préceptes d'une philosophie des sciences surplombante et législatrice. Thèse dont les effets psychologiques et épistémologiques seront de la confirmer, du moins pour une grande partie des économistes et tous

5. Hutchison (1938) défendait déjà l'idée d'une science empirique soumise à la falsification.

ceux qu'ils auront convaincus, en tant que science à part entière de l'économie.

1.1.3 *Retour aux idées ?*

Depuis la parution de l'ouvrage de Blaug, pourtant, de nombreux économistes et philosophes réinterrogent cette séparation entre philosophie et économie, rejoignant en cela quelques irréductibles qui ne l'avaient jamais admise. À l'appui de leur reconsidération, divers motifs, parfois contradictoires, sont évoqués. Sur le plan épistémologique, d'abord, des débats réguliers et consistants se sont fait jour, critiquant souvent les positions poppériennes et insistant sur les spécificités de l'économie, en tant que science entièrement à part. Ces débats portent sur la testabilité, mais aussi sur la distinction entre économie positive et économie normative, sur le rôle des hypothèses, sur le statut de la concurrence théorique et le pluralisme, sur les diverses stratégies de connaissance, sur l'individualisme et le holisme méthodologique, sur l'examen de l'hypothèse de rationalité, ou encore sur l'ontologie économique. Ils donnent lieu depuis à de nombreux colloques, à de multiples publications dans des revues de haut niveau académique, dont certaines sont entièrement dédiées à ces problématiques. Ce faisant, les contributeurs économistes et philosophes ont principalement été amenés à mobiliser non seulement la philosophie des sciences de tradition anglo-saxonne et continentale mais aussi, plus récemment, à recourir à la philosophie de la connaissance et à la philosophie du langage. Certains autres, cheminant au-delà du strict cadre épistémologique, travaillent leur référentiel analytique à partir d'un patrimoine philosophique encore plus large. Ils empruntent les sentiers de la philosophie morale, de la philosophie politique, de la philosophie de l'histoire, ou adressent des questions ontologiques. Leurs problématiques conduisent par exemple à réinterroger frontalement la pensée économique de l'ordre social, la question du juste et du bien, la nature des phénomènes économiques et sociaux, le statut de la consommation ou la place de l'économie dans la société... Parallèlement, ce mouvement a mené à la redécouverte, à l'examen et à la réinterprétation contemporaine des positions philosophiques de nombreux maîtres de la discipline, celles par exemple de Hume, Smith, Mill, Marx, Menger, Walras, Schumpeter, Mises, Hayek ou Keynes. De nombreux économistes et philosophes ont donc commencé à renouer le dialogue entre les disciplines. Ainsi, il semblerait que les *idées de l'économie* renaissent aujourd'hui de leurs cendres, signe sans doute qu'elles n'étaient pas totalement consumées, que des flammes inextinguibles mais discrètes attendaient un coup de soufflet pour repartir de plus belle et réapparaître au grand jour.

Pareille analyse métaphorique pourrait évidemment nous être contestée. Car cet engouement récent, peu contestable quant à lui, pourrait être lu autrement : pour une part, comme un gage de maturité, signe de l'organisation maîtrisée d'une discipline économique soucieuse de l'accompagnement critique de ses accomplissements ; et pour une autre part, comme le dernier soubresaut d'une hétérodoxie venant trouver dans la spéculation métaphysique un ultime refuge, que ses approches strictement disciplinaires, du côté économique comme du côté philosophique, ne garantissaient plus. De fait, cette deuxième lecture est courante, y compris chez les protagonistes de ce mouvement. Puisqu'il ne s'agit là que d'interprétations divergentes, toute aspiration à démontrer serait évidemment vaine. Par défaut, nous ne chercherons qu'à argumenter, en avançant cette thèse : le coup de soufflet, qui ravive la discussion sur les *idées* de l'économie, vient d'un doute profond relatif à la représentation que l'économie s'est donnée d'elle-même.

1.2. *Les problèmes de la science économique*

Plus loin, nous articulerons cette thèse avec notre objectif principal, en faisant de la philosophie économique, en tant que champ postural des idées rationalisées de l'économie, la stratégie d'institution symbolique d'un lieu d'expression et de traitement du doute signalé. Mais à ce stade, pour se convaincre de tout cela, venons-en aux faits – aux faits économiques, s'entend.

1.2.1 *Tests empiriques et faits économiques*

Les promesses concrètes d'une science économique[6] capable de répondre à ses propres projections, celle d'une scientificité

6. Faire de la science économique un sujet collectif est évidemment un raccourci et nombreux ont été les économistes plus prudents ou plus sceptiques. L'évocation plus haut de la métaphore de Keynes sur les dentistes en est une bonne illustration. Pour autant, il ne nous semble pas non plus que nous forcions le trait en caractérisant ainsi ce qui a longtemps fait office d'idéal régulateur.

accomplie et performante, n'ont certainement pas été toutes tenues. Il est cependant inutile de noircir le tableau pour le caractériser, et il serait même inepte de nier que de grandes avancées ont marqué le mouvement de la discipline. Pour autant, la conception d'une science économique établissant des lois spécifiées dans un champ précis, hermétique à toute considération politique et normative, semble bel et bien en crise. Crise qui tient selon nous à l'articulation de trois problèmes : un *problème de législation*, qui procède d'une remise en cause de la capacité à découvrir des lois en économie ; un *problème de séparation*, qui interroge le découpage entre l'économie et les autres sciences sociales ; un *problème d'étanchéité* en tant que les théories économiques diffusent dans la société et y soulèvent des enjeux moraux et politiques importants. À leur tour, ces trois problèmes sont solidaires d'une analyse du rôle joué par les tests empiriques et d'une caractérisation de la factualité économique. C'est cela qu'il nous faut donc à présent considérer.

Quelles qu'en soient les conceptions, la science économique, en tant que science empirique, doit rendre compte de faits et construire des dispositifs qui permettent d'évaluer la pertinence relative des propositions candidates. C'est également le lot de toutes les sciences empiriques. Pour autant, et contrairement au moins à la physique, la concurrence des systèmes théoriques aux fondements opposés ne faiblit guère. Non pas seulement en période révolutionnaire (Kuhn), à l'instant de la rupture épistémologique (Bachelard), ou dans le moment incertain de la tension entre un programme de recherche « progressif » et un autre « dégénérescent » (Lakatos). Cet état de fait nous semble permanent. Certes, aujourd'hui, la science économique est marquée par la prédominance d'une conception sur les autres. Mais, d'une part, celle-ci n'est pas toujours facilement identifiable, en ce sens qu'elle est très loin de reposer sur un bloc méthodologique en tout point homogène. D'autre part, que l'on doive cette supériorité symbolique à la seule supériorité empirique de ses théories est très douteux. D'autres hypothèses ont été avancées, en particulier de nature rhétorique (Mc Closkey). Le test empirique n'est certainement pas, en économie, le juge de paix que certains présupposent. Il y a de nombreuses raisons à cela, très longuement analysées dans la littérature. Nous nous contenterons de revenir ici sur trois séries d'arguments.

1) *Toutes les propositions de la science économique, loin s'en faut, n'ont pas une portée explicitement empirique.* Ce n'est certes pas une spécificité de nature, mais il y a certainement là une singularité de degré. Les économistes font un usage large de modèles, selon la terminologie de Hausman (1992), qui ne sont, par construction, ni vrais ni faux. Ces derniers visent l'exploration d'un monde conceptuellement défini, *a priori* sans prétention explicative du monde réel. Ceci n'empêche pas d'en tirer parfois argument pour pouvoir entraîner, à partir des interprétations qu'ils permettent de susciter, des politiques économiques dont la visée à rebours peut être alors de conformer la réalité à son modèle. Le rapport aux faits est ici indirect, il n'est pas intrinsèque au modèle en tant que tel, mais aux lectures que l'on veut bien en donner.

2) *Toutes les propositions explicitement empiriques de l'économie ne sont pas testables.* Les théories, toujours au sens de Hausman (1992), que l'on peut aussi regarder comme des propositions synthétiques, ne peuvent pas systématiquement faire l'objet d'un test empirique. Klappholz et Agassi ont fait remarquer que des propositions de type « toutes choses égales d'ailleurs, l'augmentation de l'impôt sur les tabacs n'augmente pas le prix des cigarettes » et « toutes choses égales d'ailleurs, l'augmentation de l'impôt sur les tabacs augmente le prix des cigarettes », s'excluent mutuellement et relèvent de la classe des énoncés synthétiques non testables. Ce point est complété par Mongin (2006) qui relève deux autres classes de propositions synthétiques non testables : (i) les propositions « métaphysiques », de type « toute action humaine est rationnelle » ou encore « les actions d'équilibre statique prédominent dans le long terme » ; (ii) les « propositions qui conditionnent le test des autres sans être elles-mêmes testables », comme les hypothèses de stationnarité ou de normalité.

3) *Les propositions testables en économie donnent souvent lieu à des résultats ambigus.* Premièrement, parce que plusieurs théories opposées peuvent être corroborées par des tests empiriques, qui ne parviennent donc pas à les départager. Par exemple, malgré les développements de l'économie expérimentale, il n'est pas sûr que nous sachions choisir avec beaucoup d'assurance entre les différentes familles explicatives du comportement humain. Deuxièmement, et à l'inverse, une théorie qui n'aurait pas passé avec succès les tests empiriques peut ne pas être abandonnée pour autant. L'on sait en effet depuis longtemps que l'on ne teste que des systèmes théoriques (thèse de Duhem-Quine), ce

qui permet facilement d'incriminer les hypothèses auxiliaires (Lakatos 1994). Troisièmement, une proposition synthétique qui aurait du mal à passer l'épreuve d'un test empirique dans un contexte donné, peut rester valide en tant que proposition analytique, et s'avérer performante dans un autre contexte. Dégagée du rapport au monde, elle vient alors prendre place dans la boite à outils de l'économiste en tant que réserviste, prête à être appelée sur d'autres fronts.

Clairement, la plupart des difficultés soulevées ici ne sont pas propres à la science économique. Mais elles deviennent sensiblement plus gênantes en ce domaine à cause de la nature propre des faits économiques. Ce que nous disons ici vaut d'ailleurs pour l'ensemble des faits sociaux et, par conséquent, pour l'ensemble des sciences sociales. Quatre caractéristiques des faits économiques ont été soulevées dans la littérature, qui exacerbent les problèmes relevés plus haut :

1) *Les faits économiques sont intrinsèquement complexes*, tissés ensemble : cet argument, qui a pu conduire Comte à rejeter l'idée même d'une science économique autonome, jugée impossible à édifier, a été repris par Mill[7] pour justifier au contraire de sa construction, à condition de payer sa séparation au prix de son inexactitude (Hausman 1992).

2) *Les faits économiques sont historiques* : ce problème classique pose la question redoutable de la continuité de l'identité d'un phénomène dans le temps, ce qui affecte en particulier l'analyse des séries temporelles. L'existence de parfaites régularités transhistoriques, à maints égards, apparaît douteuse.

3) *Les faits économiques sont culturels*, voire institutionnels : ils sont tributaires du contexte social et juridique dans lequel ils se produisent, notamment national (Robinson 1962). À ce titre, ils ne se soumettent que difficilement à une définition unanime, stable, et partagée (le cas du chômage est symptomatique).

4) *Les faits économiques, contrairement aux atomes, sont sensibles à ce qu'on dit d'eux* : il n'y a donc pas d'étanchéité entre la théorie économique et les faits économiques, les représentations de ces derniers pouvant être affectées par la première. Ainsi l'économie peut-elle même changer les faits qu'elle théorise : c'est le phénomène bien connu des prophéties auto-réalisatrices et des prophéties auto-destructrices soulevé par Merton et commenté depuis. Karl Popper (1988, p. 18) parle notamment à ce propos d' « effet Œdipe ». Une théorie économique

7. Nous avons analysé la stratégie de Mill dans Quiquerez (1998).

peut donc devenir inexacte du fait même de sa pertinence et, à l'inverse, elle peut devenir pertinente du simple fait d'avoir été énoncée. Il y a donc là une difficulté très singulière liée à la performativité du langage de l'économiste (Callon et Muniesa 2008).

Pour résumer : les tests empiriques ne sont pas toujours praticables et, quand ils le sont, compte tenu de la factualité spécifique des sciences sociales, ils sont souvent structurellement ambigus. De là surgissent les trois difficultés annoncées, rencontrées par la représentation dominante de l'économie : les problèmes de législation, de séparation et d'étanchéité conduisent à l'interroger. L'examen de ces problèmes, c'est notre argument, justifie l'avènement de la philosophie économique.

1.2.2 *Le problème de législation*[8]

La recherche de lois en économie, qui s'approcheraient des lois « naturelles » de la science physique ou de la biologie, a longtemps été un objectif affiché de la discipline. Or la mise au jour de telles lois suppose de mobiliser au moins l'une des deux stratégies suivantes. La première ambitionne de fonder le savoir sur des prémisses vraies, et d'en inférer logiquement des conclusions elles-mêmes vraies en vertu de l'application d'une règle logique (*modus ponens*). Cette stratégie suppose donc d'établir une collection de prémisses vraies, que la plupart des auteurs concernés sont allés quêter dans le comportement humain. Une telle entreprise exigerait, en fait, soit de tenir pour rigoureusement vrais les enseignements de l'éthologie humaine – que Mill se proposait de fonder avant de renoncer devant la difficulté[9] –, soit d'y parvenir par introspection – les postulats sous-jacents, celui d'un universel jaillissant du particulier (problème de l'induction de Hume) et d'un particulier transparent à lui-même (critique des « maîtres du soupçon ») sont toutefois fort sujets à caution. Que les *aprioristes*[10] aient pu trouver, après de longues décennies d'effort, des vérités universelles de ce type est fort douteux.

8. Nous parlons ici de « législation », faute d'expression meilleure, pour discuter des « lois » économiques.

9. L'économie comportementale, en surface, et l'économie neuronale, en profondeur, ont certes repris le flambeau. Mais il y a loin de leurs travaux actuels à l'édiction prochaine de lois comportementales vraies.

10. En particulier l'apriorisme explicite de l'école marginaliste autrichienne, notamment celle de Menger, Von Mises ou encore de Rothbard.

À l'autre bout de la chaîne, nous l'avons déjà dit, la seconde stratégie consiste à faire peser l'essentiel du poids démonstratif sur les tests empiriques, que l'on a d'abord supposés capables de vérifications, puis, suite aux lourdes critiques de Popper, de falsification. Les développements précédents concernant les tests empiriques auront cependant permis d'asseoir le jugement selon lequel la science économique n'a pas accédé à ses prétentions initiales. Les tests empiriques éclairent, illustrent, orientent ; mais ils ne tranchent que rarement et toujours provisoirement. Edmond Malinvaud (1996) a ainsi soutenu que les économistes ne font pas de découverte empirique. En dépit de quelques certitudes provisoires, malgré la sophistication impressionnante des modèles formalisés et la standardisation des procédures de travail, le projet d'exhiber des régularités systématiques, indépendantes du contexte, bat sérieusement de l'aile. L'économie reste aujourd'hui encore un lieu de controverses, partagé par quelques options méthodologiques inconciliables, et miné par des conflits théoriques durables. Cette diversité persistante des expressions théoriques et méthodologiques devrait, à elle seule, jeter un doute sérieux sur l'opportunité de refuser plus longtemps l'examen du rôle joué par les idées[11]. Car, lorsque les prémisses ne sont pas sûres et que les tests ne sont pas décisifs, les *idées* prennent toute leur place. Multiples, parfois contradictoires, elles se présentent sous différents agencements, dictent les options théoriques, et offrent à la discipline économique, comme le souligne encore Malinvaud, son visage pluraliste :

> Les conditions difficiles qui entravent les avancées scientifiques en économie expliquent aussi pourquoi plusieurs paradigmes peuvent longtemps coexister dans notre discipline et pourquoi les changements dans les préférences de la profession entre paradigmes tiennent souvent plus aux déplacements des modes dans la communauté académique qu'à des preuves établissant l'adéquation aux phénomènes économiques réels et aux problèmes économiques réels (Malinvaud 1996, p. 9).

11. Les prises de positions des économistes lors de la campagne présidentielle française de 2012 illustrent à l'envi ce doute. Le journal Le Monde (notamment) a accueilli leurs expressions, toutes présentées comme neutres, mais aux conclusions très divergentes : voir notamment « Économistes sans parti pris idéologique, nous soutenons Nicolas Sarkozy » (2 mai 2012), « Nous économistes, soutenons François Hollande » (17 avril 2012), « Battre Sarkozy et briser la spirale austérité-inflation » (2 mai 2012), « Les économistes en campagne » (7 mai 2012).

1.2.3 *Le problème de séparation*

La deuxième série de difficultés relève d'un *problème de séparation*. Elle concerne la place de l'économie parmi l'ensemble des sciences sociales, et soulève la question de la délimitation. Tandis que de nombreux sociologues, psychologues et historiens contestent la visée hégémonique de la version orthodoxe de la science économique, qui consiste à rendre compte d'un problème dans son ensemble à partir de l'hypothèse d'un agent rationnel prenant ses décisions dans un contexte donné (informationnel, légal...), d'autres, à rebours, s'interrogent sur l'opportunité d'emprunter à l'économiste quelques-unes de ses méthodes [12].

Ce *problème de séparation* est solidaire d'une évolution de la définition de l'économie, sur laquelle l'accord est loin d'être parfait. On peut dégager, un peu rapidement, trois définitions canoniques de l'économie [13]. La première est celle de l'économie comme étude systémique des richesses (*des nations*). Elle repose fondamentalement sur un objet, la richesse (la pauvreté, donc) qu'elle se propose d'étudier dans son ensemble. À ce titre, elle mobilise des ressources intellectuelles multiples. La deuxième vision, assez sophistiquée, consiste à combiner une méthode et un objet. Avancée par Mill et largement exhumée depuis [14], celle-ci vise à délimiter un champ épistémologiquement séparé du tout social, au sein duquel l'on pourrait étudier les actions rationnelles d'un agent en tant qu'il préfère plus de richesse à moins, sous réserve d'une aversion au travail. Le champ en question est délimité par le fait que le mobile conduisant l'action de l'*homo œconomicus* n'est pas contrarié de manière significative par d'autres facteurs externes. Cette définition, nous l'avons déjà évoqué, c'est contre Auguste Comte que Mill entendait l'imposer. Les deux auteurs partent bien du même constat, celui d'une effroyable complexité de la vie sociale. Mais alors que Comte en tirait argument, précisément, pour refuser toute approche analytique, Mill plaidait pour la construction de sciences séparées, qui permettraient d'éclairer des pans de réalité autonomes, quitte à laisser à la Sociologie le soin de réaliser la synthèse finale de ces savoirs approximatifs et éclatés. La troisième définition de l'économie, avancée en 1932

12. Pour ne citer que deux noms célèbres, le débat déjà ancien entre Bourdieu et Boudon sur l'égalité des chances a permis l'expression archétypique de ces positions respectives.

13. Pour une analyse plus fouillée, voir Backhouse et Medema (2009).

14. Notamment par Hausman (1992).

par Robbins (1947), marque une rupture fondamentale en ceci qu'elle opère une déconnection avec une conception centrée sur l'objet. Avec Robbins, l'économie devient la science qui étudie le comportement humain comme une relation entre des finalités et des moyens rares à usages alternatifs. Cette dernière vision s'est imposée progressivement. En découplant la définition de la science économique d'une empirie extérieure à la logique du choix, Robbins ouvre la porte à des perspectives qu'il n'avait sans doute ni prévues, ni souhaitées. Car, en radicalisant le geste, l'économiste a désormais toute légitimité d'explorer, depuis le postulat de rationalité du choix des agents, l'ensemble des problématiques sociales, du mariage au crime, en passant par le vote ou l'accouchement des jeunes femmes. De fait, la posture unificatrice que Mill réservait jadis à la Sociologie a été accaparée par les principaux représentants de l'école de Chicago, Gary Becker en tête. Délestée de son point de fixation primitif, la richesse, une partie de la science économique s'est ainsi érigée comme grammaire universelle de l'action humaine.

Une telle évolution soulève au moins deux séries de questionnements. Le premier est lié au *problème de législation.* Il est pour le moins problématique d'observer qu'au moment même où la capacité de l'économie à établir des connaissances stables et régulières est mise en cause dans son champ d'origine, celle-ci aspire à étendre sa législation sur l'ensemble de la vie de l'homme en société. Le deuxième est directement lié à cette évolution : en changeant de définition, une large part de la science économique « *post-Robbins* » a changé d'objectif, en se métamorphosant en une théorie de l'action rationnelle à visage empirique. Or ce virage importe en ceci que toute définition charrie avec elle une part normative[15]. Ainsi, il est peu probable que l'évolution mentionnée soit neutre, non seulement sur le plan épistémologique, mais encore et surtout sur les plans éthique et politique. À ce titre, elle mérite d'être débattue. Mais ce deuxième questionnement ne prend véritablement toute sa profondeur qu'en abordant sa contiguïté avec le dernier problème signalé.

1.2.4 *Le problème d'étanchéité*

Le troisième axe de la mise en cause de la représentation de l'économie, avons-nous dit, réside dans le *problème d'étanchéité.* L'on

15. Pour Robbins (1932), elle était explicite.

connaît la fameuse distinction de Max Weber entre le savant et le politique, compatible avec celle de John Neville Keynes : au savant le rôle d'étudier des hypothèses, des scénarios, sans se prononcer sur les finalités. Au politique le soin de choisir, relativement à des finalités données, entre ces diverses hypothèses. Les sciences sociales, et l'économie en particulier, seraient donc axiologiquement neutres en tant que telles, seule leur interprétation morale et politique étant en mesure d'impacter la société. Il ne s'agit pas, pour Weber, de contester que des points de vue spéciaux participent à la détermination de l'objet de la recherche, ce qui ne pose aucun problème particulier, pas plus en économie qu'ailleurs. Mais à le suivre, il n'y a aucune raison que ces premiers jugements, qui caractérisent légitimement la valeur, en impliquent d'autres, qui apprécient la valeur [16]. La thèse wéberienne sous-tend donc que la boîte à outils et les résultats de l'économiste peuvent être neutres en eux-mêmes. C'est donc la rigueur formelle des énoncés, d'une part, et la force des tests empiriques, d'autre part, qui sont ici considérés comme les leviers permettant d'accéder à cette *Wertfreiheit* [17] (Hutchison, Blaug). Cette approche, qui forge la thèse de l'étanchéité du discours scientifique en économie, a été très tôt contestée sur un plan strictement épistémologique, notamment par Myrdal (1944). Nous choisirons ici un autre angle d'attaque, en portant notre regard sur la porosité entre la théorie économique et la réalité sociale et en affirmant ceci : la déconnection heuristique wébérienne entre savant et politique ne saurait être tenue pour une coupure ontologique.

Il nous semble en effet patent que les hypothèses et les conclusions de l'économie, en particulier de l'économie standard, ont largement diffusé dans la vie sociale, donnant en retour aux économistes de bonnes raisons de s'en préoccuper. Ceci tient évidemment, comme nous l'avons déjà signalé, à ce que les hommes, contrairement aux atomes, sont sensibles à ce que l'on dit d'eux. Il semblerait ainsi que le comportement de l'homme réel se soit tendanciellement rapproché de celui de sa construction épistémologique, l'*homo œconomicus*. Non pas spontanément, bien entendu, mais du fait d'une évolution des structures institutionnelles, organisationnelles et symboliques, elle-même en lien avec la théorie économique. Il apparaît, en effet, que la régulation

16. La distinction est due à Nagel.

17. Que l'on peut traduire par « non imposition des valeurs » ou « neutralité axiologique ».

marchande et l'âpreté au gain ont contaminé systémiquement la vie sociale, s'infiltrant jusque dans les domaines les plus intimes et les plus politiques de l'activité humaine. S'il serait abusif de prétendre que le sens de la contagion est univoque, de la science économique vers ses objets [18], il serait encore plus étonnant d'imaginer que cette dernière n'a joué aucun rôle dans cet état de la société. Tant et si bien qu'avec un peu d'ironie, l'on pourrait aussi dire de certains économistes qu'ils ont été de remarquables philosophes marxiens : ne se contentant pas d'interpréter le monde, ils l'ont transformé.

Cette coévolution de la discipline et de ses faits s'est accompagnée d'une diversification disciplinaire, avec l'apparition des sciences de gestion, des techniques financières, du marketing, et d'autres savoirs aux orientations applicatives. Aux côtés de l'économie à proprement parler, qui continue d'opérer dans le champ théorique, se sont ainsi installés des savoirs opérationnels à l'efficacité sociale incontestable. Ces nouvelles disciplines reposent sur des *technê* aux dispositifs variés, mais à l'horizon unique : l'économicité structurelle de la vie sociale, fondée sur la primauté de l'intérêt calculatoire, la solvabilité généralisée des services, la régulation marchande des relations sociales, et la structuration du comportement social autour de l'acte de consommation. Ce fait historique, en un certain sens anthropologique, porte en lui-même une ambivalence certaine et il ne saurait être question ici d'y porter un jugement trop simple, par ailleurs inutile à notre propos [19]. À tout le moins remet-il sévèrement en cause l'hermétisme supposé de la science économique à son environnement, et donc la neutralité axiologique et politique de ses constructions théoriques. En cela, nous retrouvons la remarque de John-Maynard Keynes par laquelle nous débutions notre réflexion : il y a bien un chemin qui mène des idées des « écrivailleurs de Faculté » au monde politique et social (et réciproquement).

Dire que ces trois fondements épistémologiques de la science économique – qui en structurent la représentation dominante – sont progressivement devenus ses problèmes n'équivaut pas à prétendre qu'il faille tout balancer par-dessus bord. Il ne s'agit pas, à nos yeux, de

18. Une approche matérialiste inviterait à envisager l'effet contraire, de l'infrastructure vers la superstructure.

19. Les examens critiques ne manquent cependant pas. Dans deux perspectives philosophiques différentes, les philosophes Bernard Stiegler (2009) et Jean-Pierre Dupuy (2012) analysent et contestent cette emprise de l'économie dans la vie sociale.

refuser de mettre au jour des régularités en économie, pas davantage de contester l'importance du concept de rationalité pour définir la discipline, ni de tenir pour inepte la distinction entre les contextes positifs, normatifs et instrumentaux. Ce que nous affirmons, en revanche, c'est que cette représentation dominante est fortement questionnée ; que c'est ce questionnement qui a conduit certains économistes à renouer avec la pensée philosophique tandis que, symétriquement, elle a focalisé l'attention de certains philosophes ; que c'est lui qui justifie donc que les idées refassent surface, à la fois celles qui sourdent de la théorisation en économie et celles qui portent sur l'économie elle-même, dans sa double dimension factuelle et disciplinaire ; que c'est dans ce contexte, finalement, que se justifie l'avènement d'une philosophie économique organisée autour des idées de l'économie, en tant qu'elle est de nature à autoriser la refondation de la représentation de l'économie et la réorganisation de ses productions.

2. DÉFINIR LA PHILOSOPHIE ÉCONOMIQUE

La philosophie économique n'est pas, avant tout, un type de discours, un champ ou un mode de pensée : elle est primordialement la stratégie qui les institutionnalise symboliquement. En tant que tels, le type de discours, le champ ou le mode de pensée conjuguant économie et philosophie existaient dès l'origine de l'économie politique et ils n'eurent manifestement aucun besoin de cette dénomination pour prospérer. La philosophie économique doit donc se regarder comme un dessein nouveau, celui de faire revivre pleinement aujourd'hui en économie le débat des idées. Elle vise à favoriser l'expression des économistes, des philosophes, mais aussi des chercheurs en sciences sociales, sur les enjeux associés à l'économie comme objet et comme discours. Avant d'en préciser les contours et d'en expliciter les termes, il nous faut insister sur quelques aspects concernant l'acte de définir, en tant que tel.

2.1 *Une proposition de définition*

2.1.1 *Une approche stipulative et ouverte*

En invitant à la penser à partir de la notion d'*idée rationalisée de l'économie*, en fixant son dessein, nous engageons explicitement une approche stipulative de la philosophie économique. Ce premier point, essentiel, mérite d'être clarifié. Par opposition à la définition descriptive, taxinomique ou classificatoire, dont l'objet est de consigner la signification de mots déjà en usage[20], on qualifie de stipulative toute définition qui prend la liberté de créer son objet *a priori*, indépendamment de ses occurrences empiriques. Si bien qu'un écart, même conséquent, est possible entre le sens ainsi créé d'un terme ou d'une expression et celui que charrie son usage plus courant : mais dans ce cas, par principe, c'est la définition qui prévaut[21].

Il nous semble en effet que le risque de la définition descriptive serait de peiner à dégager, à partir d'un paysage touffu, éclaté, une définition claire et relativement homogène. *De facto*, depuis deux décennies environ, l'expression « philosophie économique » a fait florès, mais ses usages, s'ils se recoupent souvent, ne dessinent pas un paysage facilement lisible[22]. Symétriquement, pourrait-on objecter, le risque d'une approche reposant sur une définition *a priori* serait d'en camper une conception qui ne coïnciderait pas avec les pratiques en vigueur et de ne susciter aucune adhésion. Ce risque existe bel et bien. Mais, d'une part, il est absolument inévitable du fait même de l'hétérogénéité des usages : c'est même lui qui renforce en retour le besoin d'affirmer clairement une position. D'autre part, nous le minimiserons par le raccordement de notre démarche à celle développée depuis la fin des années quatre-vingt dix par Leroux et ses co-auteurs, laquelle a joué un rôle décisif dans l'avènement de ce qu'est aujourd'hui la philosophie économique. Nous y reviendrons en conclusion[23].

---

20. C'est le cas du dictionnaire.

21. Selon Robert Nadeau (1999, p. 154) : « Par opposition à la définition descriptive », la définition stipulative vise « à attribuer par stipulation une signification particulière à un terme ou à une expression. [...] Elle permet d'utiliser le terme ou l'expression dans un sens technique bien déterminé, éventuellement différent de ceux habituellement évoqués ».

22. L'appel à communication du premier colloque « Philosophie Économique » à Science Po Lille (juin 2012) fixait précisément les termes de cet embarras.

23. Signaler dès ce stade ce raccordement, ce n'est pas faire jouer un rôle de « juge de paix » à cette démarche, mais annoncer qu'au moins un ensemble de travaux significatifs (*cf.* n. 2) coïncide avec notre définition stipulative.

Puisque, donc, nous assumons cette démarche stipulative, allons plus loin en fixant ce principe conducteur : la philosophie économique ne saurait exclure de son sein aucun positionnement particulier en économie ou en philosophie ; réciproquement, elle ne saurait être assimilée à l'un d'eux. En particulier, la philosophie économique nous semble devoir se prémunir d'au moins trois travers. D'abord, elle ne doit pas se constituer en nouveau campement pour hétérodoxes : le *mainstream* économique et philosophique y a toute sa place. Symétriquement, elle ne doit pas, non plus, être le supplément d'âme d'une orthodoxie qui en fixerait le terrain, les auteurs légitimes, les débats admissibles, les philosophies autorisées. La diversité des questionnements, des formations intellectuelles et des positionnements conditionne la richesse et la portée de ses débats. Enfin, elle ne saurait être circonscrite à des regards transcendantaux de philosophes qui, jouissant de l'insigne privilège de l'extraterritorialité, seraient les seuls en posture de délivrer leurs analyses et sentences. Ce qui est valable pour la philosophie des sciences l'est aussi pour toute tentative d'édifier la philosophie économique comme cinquième branche de la philosophie pratique, après la philosophie politique et la philosophie morale (Aristote), la philosophie du droit (Kant) et, sans doute, la philosophie sociale [24].

Ces trois conceptions restrictives, largement exclusives les unes des autres, nous paraissent pourtant exister d'une manière plus ou moins affirmée. Pour les courants hétérodoxes, souvent actifs dans l'investissement de l'histoire de la pensée, la philosophie économique offre un lieu d'expression complémentaire [25]. S'abreuvant aux sources de la philosophie continentale ou herméneutique, elle consiste alors souvent en une approche qui vise à réinterroger chez des auteurs anciens passés à la postérité les liens entre l'éthique, le politique et

24. Encore une fois, notre analyse n'est pas circonscrite à un espace national ou linguistique : on retrouve à l'identique ces trois formes de restriction du champ, en anglais, tant dans les travaux développés sous la bannière de l'Economic Philosophy que dans ceux qui s'inscrivent sous d'autres dénominations telles que *Philosophical Economics*, *Philosophy of Economics* ou *Philosophy and Economics*, et *Economics and Philosophy*.

25. De fait, philosophie économique et histoire de la pensée économique sont à la fois clairement distinctes, irréductibles l'une à l'autre, et parfaitement complémentaires. C'est dans cet esprit que nous avons mobilisé l'histoire de la pensée économique dans la première partie. Le point que nous faisons valoir ici est ailleurs : encore une fois dans le risque de réduction de la philosophie économique à l'une de ses composantes légitimes.

l'économique [26]. À l'opposé, pour l'économie standard, la philosophie économique ressortit peu ou prou à la tradition anglo-saxonne en philosophie des sciences, mâtinée de *linguistic turn* et de logique, et agrémentée d'analyses formelles relevant de la philosophie morale. Quant à certains philosophes, ils n'hésitent pas à considérer la philosophie économique comme une philosophie de l'économie, qui asservirait l'économie à la philosophie [27], en excluant du champ la contribution propre de l'économie à l'émergence de problématiques philosophiques.

Entendons-nous bien : ces trois séries de positionnements génèrent des travaux parfaitement légitimes, souvent utiles et parfois passionnants, *au sein* même de la philosophie économique ; c'est même pour ce motif que nous considérons qu'il n'en faut exclure aucun. Cependant, il apparaît que les restrictions des champs respectifs sur lesquels ils prospèrent les disqualifient au moment d'engager la définition de la philosophie économique elle-même.

2.1.2 *Le champ postural de la philosophie économique*

Où construire la philosophie économique ? La rencontre entre philosophes et économistes doit-elle avoir lieu sur terrain neutre ? Et d'abord : faut-il un terrain ? La philosophie économique n'est-elle pas d'abord une forme de pensée ? Examiner ces questions est essentiel, en ce sens qu'elles font apparaître une tension entre deux aspirations de la philosophie économique : d'une part, en visant une légitimité académique, tendre vers une participation à un jeu institutionnalisé de productions et d'expressions de savoirs ; d'autre part, revendiquer une démarche et une attitude intellectuelle dégagées des canevas disciplinaires trop étroits. L'expression « champ postural » entend rendre compte de cette double aspiration. Expliquons-nous.

26. Elle peut alors se faire philosophie économique d'un auteur en particulier (Platon, Aristote, Hobbes, Smith, Marx, Hayek…), qui travaillerait cette question du lien entre éthique, politique et économique. L'essai important de Berthoud (2002), pour qui « le thème de toute philosophie économique est l'essence de l'économie » (p. 10), est caractéristique de cette conception.

27. Egidius Berns (2000) fait remarquer qu'il existe deux lectures possibles du génitif. Le génitif subjectif, « qui soumettrait la philosophie à l'autorité de l'économie » (p. 9), et le génitif objectif « qui dirait l'appartenance de l'économie à la philosophie » (*ibid.*). C'est en ce dernier sens que nous évoquons ici la philosophie de l'économie.

La philosophie économique, avons-nous dit, est primordialement une stratégie consistant à institutionnaliser des discours ou des modes de pensée. Or tout ce qui se pense dans un contexte collectif se met à plat, s'étale, se range, occupe donc un espace, lequel s'inscrit dans un territoire plus ou moins circonscrit. Cette propension à la spatialisation de la pensée[28] charrie avec elle une sémantique institutionnelle qui la renforce en retour : ainsi parle-t-on ordinairement de *champs*, de *sections*, de *frontières* disciplinaires, et encore de *domaines* et de *départements* de recherche. En tant qu'elle se présente comme une forme d'organisation de la pensée, la philosophie économique n'a donc guère d'autre choix que celui de désigner un *topos*, un lieu savant dessiné pour favoriser le développement des *idées* de l'économie. Ce lieu, nous le nommons *champ*, reprenant en cela la terminologie classique.

Il se trouve cependant que ces structures de spatialisation sont éminemment sociales, en ceci qu'elles ont pour fonction de régler les opérations de production, de rejet, de classification et d'enregistrement des savoirs par des opérations normatives qui leur sont propres. Or le tropisme naturel de cette activité sociale est de conduire à un contrôle de la liste des enjeux et des méthodologies légitimes. Et ramener la philosophie économique à un champ disciplinaire fixe, réglé, serait contraire aux ambitions dessinées ici pour elle, en ceci que cette restriction délimiterait artificiellement ses possibilités de problématisation. Le risque serait alors de la voir au mieux réduite à l'une des trois conceptions restrictives visées plus haut, au pire enfermée par l'une de leurs sous-composantes. Au moment où la représentation que la discipline économique se donne d'elle-même fait problème, ce rétrécissement d'espace constituerait un contre-sens stratégique. Face à cela, et en contrepoint de cette tendance à la spatialisation, il importe de rappeler que la brique de base de la philosophie économique est l'*idée* de l'économie. Or l'idée, en tant que telle, n'est pas fille de la discipline : l'idée de monnaie, l'idée de travail ou l'idée de numérique en tant que telles ne sauraient être circonscrites à un champ disciplinaire. De ce deuxième point de vue, complémentaire avec la notion de champ, la priorité doit être donnée à la libre attitude d'une pensée critique et créatrice, non déterminée *a priori* par des canons quelconques.

28. En reprenant ce thème bergsonien par excellence, nous en faisons un usage plus proche des problématiques relevant de la sociologie des sciences.

La référence à l'idée rappelle ainsi que les enjeux de la philosophie économique, ses méthodes, ses questionnements et ses propositions, ne sauraient forger un ensemble compact régulé au sein d'un champ disciplinaire fixe et clos. Pas de borne donc, mais une attitude ou encore un regard guidés par un intérêt, un enjeu, une question : une posture. Synthétisant ces deux aspirations, l'une à la spatialisation, l'autre à l'affranchissement de normes disciplinaires inopérantes, nous proposons donc d'associer la philosophie économique à un champ non-disciplinaire, que nous baptisons *champ postural*, et que nous définirons ainsi : *un champ postural est espace académique pluraliste, mouvant, ouvert à différents langages disciplinaires, favorisant le débat critique et l'émergence de nouveaux savoirs, construit autour d'un objet ou d'une famille d'objets.*

Vue comme champ postural des idées de l'économie, la philosophie économique répond bien à cette caractérisation en combinant un objet partagé, les idées de l'économie, et la mobilisation de différentes familles d'approches, tant au sein de l'économie que de la philosophie, mais aussi de la psychologie, de la sociologie, ou encore de l'histoire. Irréductible aux logiques normatives des champs disciplinaires, l'espace vivant de la philosophie économique se dessine ainsi, chemin faisant, en même temps que s'élaborent, se déplacent et se transforment les diverses réflexions organisées autour des *idées* de l'économie.

Mais est-ce si singulier ? À bien y regarder, la situation de la philosophie économique est loin d'être inédite. Car ce que nous désignons ici par « champ postural » correspond en effet à ce qui se dénomme en français *études* – et *Studies* dans le monde anglo-saxon, où cette approche est plus développée[29]. En effet, si le champ postural, pluriel et mouvant, combine un élément de convergence, l'intérêt porté à un ou plusieurs objets, et des éléments de différenciation associés à la diversité des cultures disciplinaires engagées, tel est aussi exactement le marqueur identitaire des différentes *Studies*. Parmi ces innombrables *études*, on peut citer par exemple, presque au hasard, les *Science Studies*[30], les *Turkish Studies*, les *Cultural Studies*, les *Digital Studies*, sans parler des fameuses *Gender Studies*. Toutes fournissent d'excellentes illustrations de ce que champ postural veut dire. À la fois

29. Tant et si bien que l'on aurait pu définir la philosophie économique comme l' « étude » des idées rationalisées de l'économie. La référence à une nécessaire institutionnalisation de la philosophie économique, à quoi renvoie la notion de « champ », nous a conduit à préférer cette approche en termes de « champ postural ».

30. Voir par exemple : Pestre (2006).

protéiformes, ouvertes, marquées par la pluralité des acteurs et des compétences disciplinaires mobilisées, ces *études* ont aussi souvent fait la démonstration de leur efficacité, en ce sens qu'elles ont permis le développement d'expressions savantes nouvelles, stimulantes, dûment repérées, discutées, et diffusées. Telle est déjà l'actualité et – on ne peut que le souhaiter – l'avenir de la philosophie économique.

2.2 *Quelques précisions sur les idées de l'économie*

Si l'expression « idées de l'économie » semble de prime abord poser la question de savoir ce que le terme polysémique d'« économie » signifie, pour deux raisons déjà évoquées, il nous paraît contreproductif de trop borner sa signification. D'abord parce que les idées de l'économie concernent tant l'économie comme discours que l'économie comme objet [31], le *problème d'étanchéité* souligné plus haut conduisant d'ailleurs à ne pas tenir ces deux sphères pour hermétiques. Ensuite, parce qu'au sein de l'économie comme discours, les idées de l'économie, pour peu qu'elles soient rationalisées, concernent aussi bien les approches relevant de l'économie politique que celles relevant de la science économique, de même que les systèmes d'énoncés émanant d'autres corpus des sciences sociales. Si une plus grande précision sur le terme d'économie est en définitive inutile, en revanche, celui d'idée – au cœur de notre définition de la philosophie économique – doit retenir notre attention. Tel est l'objet de ces deux derniers paragraphes.

2.2.1 *L'idée, le jugement, le concept et la théorie*

Exhumer l'histoire des systèmes philosophiques [32] en vue de fixer la notion d'idée relèverait cependant d'une ambition aussi démesurée que vaine. Car il n'existe pas de conception stabilisée recueillant l'assentiment général : de l'Idée de Platon aux idées claires et distinctes de Descartes, de l'idée simple de Locke à l'idée à valeur instrumentale de James, en passant par les conceptions de Kant, Hegel ou encore Wittgenstein, la philosophie entière peut être relue comme une longue interrogation sur l'origine, la nature et le rôle des idées. En particulier, les deux questions de savoir comment naissent

31. Nous faisons évidemment référence à la fameuse distinction entre *Economics* et *Economy*.

32. On doit à Jules Vuillemin [1986] le mérite d'avoir conceptualisé la notion de système philosophique.

les idées[33] (c'est-à-dire : de Dieu, des sens, de l'entendement pur, d'un agencement sociotechnique, du langage ?) et quel rapport elles entretiennent avec le monde (c'est-à-dire : dans quelles conditions et sous quelles formes ?) ont donné cours à quelques-unes des pages les plus controversées. Sous peine cependant de vider notre définition de la philosophie économique de tout sens, quelques éléments minimaux de caractérisation doivent être avancés.

Le principal, nous l'avons déjà signalé, est que l'*idée* est d'abord une représentation. Tant et si bien que nous aurions pu parler, plutôt que des *idées* de l'économie, des représentations de l'économie. À vrai dire, si le premier vocable a été préféré, c'est parce que sa mobilisation en économie a le mérite de reposer sur une ancestralité notoire, dont la manifestation la plus emblématique concerne l'histoire des idées économiques (*economic ideas*). Le projet de la philosophie économique, dans son prolongement, est d'affirmer que les idées, comme représentations de l'économie, ont non seulement une histoire, mais encore une actualité et un devenir. Un de leurs traits caractéristiques est qu'elles ne présupposent pas de contrepartie systématique dans le monde réel. Ainsi l'*idée* du beau excède-t-elle, de loin, l'ensemble des tableaux à forte valeur esthétique. Mais prétendre cela, ce n'est pas dire assez : à ce stade, la compréhension de cette notion d'idée comme représentation décollée du réel reste encore trop fragile. Elle sera facilitée par une comparaison avec trois types d'instances auxquelles l'idée est régulièrement associée : le jugement, le concept et la théorie[34].

Pour commencer, l'idée comme représentation n'est pas assimilable à un jugement, même si les deux vocables s'appellent respectivement. Pour reprendre l'exemple précédent, l'idée du beau peut conduire, et conduit généralement, à porter un jugement esthétique sur un objet particulier. Mais les termes ne sauraient cependant être confondus : parce qu'il existe des représentations sans jugement, parce qu'un jugement peut être compatible avec plusieurs représentations, enfin parce que l'acte de juger nécessite, à partir d'une situation particulière,

33. Nous nous préoccuperons d'autant moins de l'origine de cette représentation que cette question est loin d'être tranchée, non seulement en philosophie, mais aussi en sciences cognitives, neurologie, sociologie, ou encore en psychanalyse.

34. En toute rigueur, nous ne saurions pratiquer cette comparaison sans spécifier longuement notre rapport au langage et à la pensée. Cependant notre propos n'est que de camper des repères permettant de clarifier nos intentions quant à l'usage de ces termes.

une interprétation permettant de lier un événement localisé à une représentation générale. Pour ces raisons, cette acception de l'idée nous distancie donc un peu de son usage commun, pour lequel la distinction entre les deux termes reste flottante.

En second lieu, l'idée se différencie aussi du concept, en ceci que le concept est une forme de surdétermination rationnelle de l'idée. Pour reprendre notre exemple, l'idée du beau est à la fois plus large et plus floue que ses conceptualisations multiples, telles qu'elles ont été produites, par exemple, par Kant, Hegel, Jaspers ou Adorno. Sans faire nôtre la définition de Deleuze et Guattari (1991) selon laquelle la philosophie est l'art de créer des concepts, il apparaît du moins que le concept est caractéristique de l'activité philosophique. Or tel n'est manifestement pas le cas de l'idée, en ce sens que l'on peut dire de l'écrivain, de l'artiste, du bricoleur, ou du créateur d'entreprise qu'ils mobilisent aussi des idées, sans que leur action ne relève, de près ou de loin, de la réflexion philosophique. C'est par une opération spécifique de rationalisation de l'idée qu'advient le concept, qui est donc toujours une conceptualisation de l'idée. Cette opération de conceptualisation, qui engage une démarche nécessairement critique, vise à opérer à la fois une clarification et une systématisation de l'idée, autorisant alors son usage rigoureux et systémique.

L'idée se distingue enfin de la théorie en cela que la première est représentative quand la seconde est explicative : tandis que l'idée de beau consiste à figurer une représentation de la beauté, la théorie du beau a pour but, à partir de l'idée, de rendre compte du beau, quel que soit le champ disciplinaire concerné : sociologique (par exemple : Bourdieu 1979), économique (par exemple : Keynes 1936), et bien sûr philosophique. Une conséquence de cela est que la théorie implique une opération discursive, longue et articulée, visant à rendre compte d'un objet, quand l'idée n'implique qu'une représentation immédiate. Cette discursivité de la théorie, doublée de sa visée explicative, consiste en une deuxième modalité de rationalisation de l'idée, distincte de celle opérée par le concept. Cet examen nous permet alors de conclure provisoirement que la rationalisation de l'idée recouvre deux modalités possibles : conceptualisation et théorisation.

2.2.2 *La rationalisation des idées de l'économie*

Appliquée au domaine qui nous concerne, la clarification précédente permet de mieux cerner la nature des idées de l'économie et leur lien avec la philosophie économique. Conformément à ce qui vient d'être énoncé, les idées de l'économie ne constituent le substrat nourricier de la philosophie économique que dans la mesure où elles sont susceptibles d'être rationalisées, c'est-à-dire intégrées dans un raisonnement rigoureux. La restriction importe, car la philosophie économique ne saurait être constituée par toutes sortes d'idées de l'économie, bien qu'elle puisse évidemment les considérer toutes comme ses objets.

L'idée que se fait le *quidam* d'un taux d'intérêt à long terme n'appartient donc pas au champ postural des idées rationalisées de l'économie, quoiqu'il puisse être considéré comme un fait par l'une de ses productions. Une opération de rationalisation est ainsi requise, qui relève au moins de l'une des deux démarches signalées, la conceptualisation et la théorisation. Nous avons dit que la conceptualisation est l'opération structurante de la philosophie – même s'il existe évidemment des théories en philosophie. Il est temps d'ajouter que la théorisation, en tant qu'elle aspire à rendre compte du réel, est l'opération caractéristique des sciences empiriques en général, des sciences sociales en particulier, et de l'économie spécifiquement – même s'il existe évidemment des concepts en économie.

Pour illustrer ce double traitement rationalisant des idées de l'économie, prenons l'exemple du travail. Cette idée de travail, idée générale, commune, a donné lieu par surdétermination à au moins deux idées affinées : le travail comme marchandise et le travail comme activité. D'un côté, chacune de ces deux idées du travail été constituée en concepts philosophiques particulièrement célèbres – notamment : aliénation, exploitation, praxis, *homo faber*, autoréalisation par le travail, fin du travail, émancipation par le travail. D'un autre côté, sur ces deux idées repose aussi l'approche du marché du travail par la théorie économique, y compris dans ses clivages entre sa version standard (travail comme marchandise) et sa version élargie (travail comme activité) : préférence pour le loisir, valeur travail, division du travail, théories de l'incitation au travail, chômage. Ainsi, le double traitement de ces deux idées du travail s'accroche aux mêmes points de départ pour élaborer des rationalisations fort différenciées. Remarquons à ce stade que c'est la conjonction du concept et de la théorie qui a permis l'appréhension de l'idée de travail en économie politique, particulièrement chez Smith et Marx. *A contrario*, leur disjonction complète a conduit à des lectures séparées, oublieuses de leurs origines, laissant penser que l'on peut, par exemple, développer une théorie du fonctionnement du marché du travail sans questionner frontalement l'idée de travail sur laquelle elle repose, présumée neutre, objective ou factuelle. Le projet de la philosophie économique, si l'on s'appuie sur cette courte évocation, pourrait dès lors se relire comme une aspiration à refonder, à propos du travail comme à propos de toutes les autres idées de l'économie, les liens entre ces deux formes de rationalisation.

En tant que représentations, les idées de l'économie sont également liées au jugement, même si elles ne se confondent pas avec lui. Partant, elles sont aussi associées avec l'action politique que le jugement appelle. Ainsi, définir la philosophie économique comme le champ postural des idées rationalisées de l'économie, c'est bien d'abord construire le lieu de leur discussion, acte qui concerne leur exhibition et leur rationalisation[35], mais c'est encore ouvrir la porte à leur appréciation et à l'examen de leur effectivité politique. On retrouve là la position de Keynes, selon qui les idées des « philosophes de l'économie » produisent des effets – sous certaines conditions. Pour revenir une dernière fois à l'idée de travail, il est clair que les représentations rationalisées qui en ont été données, sous forme conceptuelle ou théorique, ont pu donner lieu à la fois à des jugements congruents avec elles (le travail fatigue, le travail enrichit ou émancipe) et avec des recommandations morales et politiques subséquentes. Caricaturalement, et selon un seul axe : soit militer pour un droit à la paresse, soit travailler plus pour gagner plus.

CONCLUSION

Pour finir, une ultime question subsiste : quelles formes de questionnements philosophiques et économiques les idées de l'économie engagent-elles ? Nous contreviendrions au principe du champ postural, par principe ouvert, si nous envisagions, en guise de

35. Pour un plaidoyer en faveur de l'exhibition des idées comprises comme *a priori* cognitif en économie, nous nous permettons de renvoyer à Quiquerez (1999, 2000, 2001).

réponse, de dresser une liste exhaustive de représentations candidates. Néanmoins, force est de constater que des lignes de forces ont été dégagées en France depuis le milieu des années 1990 et que celles-ci, aujourd'hui encore, semblent particulièrement robustes. C'est à ce stade ultime que nous raccrocherons notre définition stipulative à la conception extensionnelle de la philosophie économique développée par Leroux et ses co-auteurs. Celle-ci est marquée par le repérage de trois zones d'interactions fructueuses où sont discutées les idées de l'économie. Pour en rendre compte, revenons à notre hypothèse initiale, faisant de la philosophie économique une réaction au doute porté sur la pertinence de la représentation de l'économie restreinte à la science.

Envisageant de rompre avec son passé d'économie politique, l'économie, en particulier réduite à une hypothèse de rationalité des agents dans un univers de rareté relative, a longtemps visé à se constituer en science positive, et même prédictive, des faits économiques. Ce faisant, la science économique entendait évacuer de son fonctionnement toute considération relative aux idées. Trois problèmes ont cependant contribué à ébranler cette représentation dominante, que nous avons qualifiés de problème de législation, problème de séparation et problème d'étanchéité. Tenus ensemble, ils plaident pour un réexamen de la nature et du rôle des idées de l'économie ainsi que pour leur mise en débat. En effet, puisque les idées sont inexpugnables de la pensée économique, et puisque l'économie joue un rôle considérable dans la vie sociale, il est indispensable, plutôt que de les occulter, de leur porter une attention renouvelée : tel est le *credo* de la philosophie économique.

Du même élan, cette défiance vis-à-vis de la représentation dominante et ce renouveau subséquent des idées de l'économie contribuent à la réémergence d'une conception élargie de l'économie comme discipline à expressions multiples (interprétatives, logico-formelles, empiriques) renouant avec la vieille question politique de la richesse (Leroux, Quiquerez et Tosi 2001). L'objet final de l'économie comme discipline ouverte, dans ce contexte, n'est plus d'établir des lois, mais de renouer avec une ambition à la fois plus modeste et plus large : viser une action sur le monde, selon des normes éthiques, à partir d'un savoir positif constitué. Précisément, c'est en ces trois lieux politiques, normatifs et positifs, et dans leurs multiples profondeurs et transversalités, que les idées de l'économie se condensent le plus volontiers. Et c'est autour d'eux, à juste titre, que Leroux et ses co-auteurs ont campé le terrain de jeu de la philosophie économique.

La première problématique, qui redevient explicitement primordiale, est celle d'une action sur le monde : elle rouvre la question un temps délaissée des représentations multiples de l'ordre social, partagée à la fois par l'économie, en tant qu'elle se réassume comme politique, et par la philosophie sociale et politique. La deuxième problématique, de type éthique, conduit à aborder les représentations du juste et du bien : elle concerne tout aussi bien l'entreprise de l'économie dite normative que celle de la philosophie morale. Quant à la dernière, sans surprise, elle met en jeu la science économique et la philosophie des sciences et du langage.

C'est donc dans un dialogue renouvelé entre le concept et la théorie que se déploie la philosophie économique comme champ postural des idées rationalisées de l'économie. Le leitmotiv de la philosophie économique est que l'acte théorique et l'acte conceptuel s'appellent réciproquement et s'informent mutuellement. En tant que l'un et l'autre sont noués à l'idée de l'économie, le concept sans théorie est vide quand la théorie sans concept est aveugle[36].

La tâche consistant à renouveler leur dialogue, après une si longue période d'exclusion mutuelle, n'est certes pas mince. Mais est elle aussi indispensable. Alors que les mutations économiques sont considérables, que des évolutions technologiques adressent des questions inédites appelant des réponses urgentes, il devient crucial de refonder le débat sur les représentations de l'économie. Dans la mesure où la discipline économique recouvre son référent politique par le truchement du retour aux idées, ce débat recèle un véritable enjeu démocratique. La philosophie économique est simultanément le marqueur identitaire et l'opérateur constitutif du pluralisme de la pensée de l'économie.

RÉFÉRENCES

Arrow, K. J. & Debreu, G. 1954. "Existence of an equilibrium for a competitive economy", *Econometrica*, 22, 265-290

Backhouse, R. & Medema, S. 2009. "Retrospectives On the Definition of Economics", *Journal of Economic Perspectives*, vol. 23, n° 1, Winter, 221-233.

36. Pour paraphraser librement la célèbre formule de Kant.

BERNS, E. 2000. « Philosophie *de* l'économie », *Rue Descartes*, Paris : P.U.F., 9-20.

BERTHOUD, A. 2002. *Essais de philosophie économique Platon, Aristote, Hobbes, A. Smith, Marx*, Arras-Lille : Presses Universitaires du Septentrion.

BLANCHARD, Y. 1968. *Humanisme et philosophie économique*, Montréal : Les Presses de l'Université de Montréal.

BLAUG, M. 1980. *La Méthodologie Économique*, Paris : Économica.

BOURDIEU, P. 1979. *La distinction – critique sociale du jugement*, Paris : Éditions de Minuit.

CALLON, M. & MUNIESA, F. 2008. « La performativité des sciences économiques », papiers de recherche du CSI, n° 010

DELEUZE, G. & GUATTARI, F. 1991. *Qu'est-ce que la philosophie ?*, Paris : Éditions de Minuit.

DUPUY, J.-P. 2012. *L'avenir de l'économie – Sortir de l'économystification*, Paris : Flammarion.

FACCARELLO, G. & STEINER, P. 2008. "Interest, sensationism and the science of the legislator: French 'philosophie écononomique', 1695-1830", *European Journal of the History of Economic Thought, Taylor and Francis Journals*, vol. 15/1, 1-23.

HAUSMAN, D. 1992. *The Inexact and Separate Science of Economics*, Cambridge : CUP.

KEYNES, J. M. 1968 [1936]. *Théorie générale de l'emploi, de l'intérêt et de la monnaie*, Paris : Payot.

KINCAID, H. & ROSS, D. (eds). 2009. *The Oxford Handbook of Philosophy of Economics*, Oxford : Oxford University Press.

KOLM, S.-C. 1986. *Philosophie de l'économie*, Paris : Seuil.

KUHN, T. 1983 [1962]. *La structure des révolutions scientifiques*, Paris : Flammarion.

LAKATOS, I. 1994. *Histoire et Méthodologie des sciences*, Paris : P.U.F.

LEROUX, A. & MARCIANO, A. 1998. *La philosophie économique*, Paris : P.U.F.

—. 1999. *Traité de philosophie économique*, Bruxelles : De Boeck.

LEROUX, A. & LIVET, P. 2005, 2006, 2007, 2009. *Leçons de Philosophie Économique*, 4 tomes, Paris : Economica.

LEROUX, A., QUIQUEREZ, G. & TOSI, G. 2001. *Idéologies et Doctrines en économie*, Paris : Économica.

MÄKI, U. (ed.). 2012. *Handbook of the Philosophy of Economics* : Elsevier.

MALINVAUD, E. 1996. « Pourquoi les économistes ne font-ils pas de découvertes ? », *Revue d'Économie Politique*, 106, 6, 929-941.

MARCIANO, A., DAVIS, J. & RUNDE, J. (eds.). 2004. *The Elgar Companion to Economics and Philosophy*: Elgar Publishing.

MC CLOSKEY, D. 1983. « The rhetoric of economics », *Journal of Economic Literature*, 31, 481-517.

MILL, J. S. 1988. *Système de logique déductive et inductive. Exposé des principes de la preuve et des méthodes de recherche scientifique*, Paris : Pierre Mardaga.

MONGIN, P. 2006. « L'analytique et le synthétique en économie », *Recherches Économiques de Louvain*, vol. 72/4, n° 4, 349-383.

MYRDAL, G. 1944. *An American Dilemma. The Negro Problem and Modern Democraty*, New-York : Harper and Brothers.

PESTRE, D. 2006. *Introduction aux Science studies*, Paris : La Découverte.

POPPER, K. 1990. *La logique des découvertes scientifiques*, Paris : Payot.

—. 1988. *Misère de l'historicisme*, Paris : Plon.

QUINE, W. V. 1999. *Le mot et la chose*, Paris, Flammarion.

QUIQUEREZ, G. 1998. « La science économique selon John Stuart Mill : un produit épistémologique de la complexité du social » – DT GREQAM 98C09

—. 1999. « Le contexte de la découverte », *in* Leroux A. et Marciano A. (1999). *Traité de philosophie économique*, Bruxelles : De Boeck, 353-378.

—. 2000. « L'hystérésis du taux de chômage : une analyse épistémologique », *Revue de Philosophie Économique*, n° 1, 51-74.

—. 2001. « Joan Robinson et l'idéologie : une analyse critique », *in* Harcourt (Geoffrey) (éd.), *L'économie rebelle de Joan Robinson*, Paris : L'Harmattan, 125-140.

Reiss, J. 2013. *Philosophy of economics, A Contemporary Introduction*, New York, Routledge.

Ross, D. 2014. *Philosophy of economics*, New York: Palgrave Macmillan.

Robbins, L. 1947. *Essais sur la nature et la signification de la science économique*, Paris : Librairie de Médicis.

Robinson, J. 1962. *Economic Philosophy*, Chicago : Adline Publishing Company.

Stiegler, B. 2009. *Pour une nouvelle critique de l'économie politique*, Paris : Galilée.

Villey, D. 1959. « Prolégomènes à l'enseignement de la philosophie économique », *Revue d'Économie Politique*, Sirey.

Vuillemin, J. 1986. *What are Philosophical Systems ?* Cambrige : CUP.

Weber, M. 1995. *Le savant et politique*, Paris : Plon.

FROM UTILITARIANISM TO PATERNALISM: WHEN BEHAVIORAL ECONOMICS MEETS MORAL PHILOSOPHY

CYRIL HÉDOIN *

Résumé

La plupart des économistes comportementaux considèrent que leurs résultats expérimentaux ont des implications normatives de nature *paternalistes*. Ces derniers tendent en effet à défendre l'idée que les résultats de l'économie comportementale impliquent logiquement l'extension du champ d'intervention de l'État dans le fonctionnement de l'économie de marché. Cet article montre que cette conclusion dépend d'un raisonnement normatif implicite difficilement défendable en raison de l'adhésion de l'économie comportementale à l'économie du bien-être standard. On propose une reconstruction de la défense du paternalisme par les économistes comportementaux en termes de fonction de bien-être social comportementale à maximiser et tenant compte du fait que les individus font des choix incohérents. Cependant, cette défense nécessite une théorie des préférences rationnelles dont l'économie comportementale est dépourvue. Il est de plus montré que la défense du paternalisme dans un cadre welfariste amène à ignorer la dimension de la personne en tant qu'agent. D'autres défenses du paternalisme sont envisageables mais elles impliquent en toute probabilité l'abandon par l'économie comportementale normative du welfarisme.

Mots-clés : économie comportementale, paternalisme « *soft* », philosophie morale, personnalités multiples, économie du bien-être

* University of Reims Champagne-Ardenne, REGARDS research center in economics and management. Contact: cyril.hedoin@univ-reims.fr

A previous version of this paper has been presented at the AFEP conference at the University of Bordeaux in July 2013. The author thanks the two anonymous reviewers for their useful comments that have helped to enhance the quality of the article. The author is responsible for all errors and omissions that may remain.

Abstract
Most behavioral economists take the normative implications of their experimental findings to be broadly *paternalistic*. They tend to suggest that the results of behavioral economics logically entail the extension of the set of public interventions on the market. In this article, I show that this conclusion follows from an implicit normative reasoning that is unsustainable because behavioral economists remain committed to standard welfare economics. I suggest that the behavioral economists' defense of paternalism can be understood as an attempt to maximize a social welfare function taking into account the fact that individuals make incoherent choices. But this defense depends on a theory of rational preferences that behavioral economists do not have. Moreover, a defense of paternalism in a welfarist framework leads to downplay the agency dimension of persons. Alternative defenses of soft paternalism may exist but likely require that normative behavioral economics gives up welfarism.

Keywords: behavioral economics, soft paternalism, moral philosophy, multiple selves, welfare economics

Classification JEL : A13, B41, D03, D60

1. INTRODUCTION

Among the small group of recent research programs that has appeared in economics during the last thirty years, behavioral economics is undoubtedly the most debated and the most influential one. Through laboratory experiments essentially, behavioral economists demonstrated that the behavior of human agents reveals systematic deviations from the predictions of standard rational choice theory in economics. Though the external validity of the experimental results (*i.e.* whether or not results are due to the artificial experimental setup) and their true economic significance are still under debate, it is now widely acknowledged that individuals are not fully rational in the technical sense assumed by mainstream economics. Initially moved by an exclusively descriptive and positive scientific endeavor, behavioral economics has taken recently a normative turn with behavioral economists inquiring into the normative implications of their findings. Since individuals are not rational in a meaningful sense, these behavioral "anomalies" must have consequences in terms of efficiency, wealth and happiness. Richard Thaler and Cass

Sunstein's defense of "libertarian paternalism" [(Sunstein & Thaler 2003); (Thaler & Sunstein 2009)] and Colin Camerer *et al.*'s notion of "asymmetric paternalism" (Camerer *et al.* 2003) are two significant examples of normative statements building from the experimental findings of behavioral economics. Similarly, in a more theoretical perspective, some authors have started to build the foundations for a "behavioral welfare economics" whose purpose is to extend welfare analysis to cases where agents make inconsistent choices [(Bernheim & Rangel 2007); (Bernheim & Rangel 2009)].

Most behavioral economists take the normative implications of their experimental findings to be broadly *paternalistic*. They tend to suggest that the results of behavioral economics logically entail the extension of the set of public interventions on the market. Traditionally, public intervention has been considered as justified (though not necessarily) in cases of market failures (externalities, public goods). Behavioral economists defending some form or another of paternalism claim that public intervention may be justified even without market failures since we know that people make choices that are suboptimal *for themselves*: either they regret their choices (in particular when they must make intertemporal decisions) or they do not simply realize that the choices they have made are bad for them. Various forms of paternalistic policies are proposed by behavioral economists but they mostly fall into what is sometimes called "light" or "soft" paternalism (Loewenstein & Haisley 2008), *i.e.* policies that are not directly coercive in that they do not restrain the choice set of the choosing individuals nor force them to act in a particular way. Lightly paternalistic policies only steer people's choices by no coercive means toward what is considered to be the best options for them. Soft paternalism's "hardest" policies take the form of taxes, such as for instance the "sin taxes" aiming to reduce the consumption of unhealthy products such as alcohol or cigarettes [(O'Donoghue & Rabin 2003); (O'Donoghue & Rabin 2006)]. But softer policies merely consist in modifying the frame under which people make choice, taking advantages of the various "behavioral biases" that make one's choices a function of the way the decision problem is framed (framing effect, loss aversion, endowment effect, reference-dependent preferences, ...). This is the essence of Thaler & Sunstein's libertarian paternalism and Camerer *et al.*'s asymmetric paternalism. According to the proponents of these kinds of paternalism, public policies should be "nudging" or "de-biasing" people's choices without the recourse of any form of coercion. Broadly, it is argued that it is possible and desirable to help those persons who make mistakes without significantly impeding everyone's freedom to choose, including the freedom of those who are not subject to behavioral biases.

Such normative extensions of behavioral economics give rise to important difficulties regarding the standard theoretical framework of normative (welfare) economics. Indeed, standard welfare economics has been from its very beginning grounded on the postulate identifying welfare or well-being with the satisfaction of people's preferences. However, by demonstrating that individuals' choices are significantly incoherent [1], behavioral economics casts serious doubts on the relevance of this normative criterion for judging welfare. Basically, the preference-satisfaction criterion states that if an agent prefers the state of affairs where x obtains over the state of affairs where y obtains, then she will be better off if x obtains rather than y. This criterion has generally been given two non-exclusive normative interpretations (McQuillin & Sugden 2012b, p. 555) [2]: the well-being interpretation and the freedom interpretation. The former rests on the assumption that individuals generally know and prefer what is good for them. Hence, "it is good for them that their preferences are satisfied" (McQuillin & Sugden 2012b, p. 555). The latter follows directly from the fact of granting freedom of choice ("consumer sovereignty") a normative value. Given that choices reveal preferences, then preference-satisfaction as a normative criterion follows from freedom of choice. Combined with the empirical findings of behavioral economics, both interpretations seem to lead to a reformulation of the preference-satisfaction criterion. If persons' choices fail to reveal coherent preferences, then it is no longer possible to identify their choices with their "true" preferences, thus undermining the foundations of both the well-being and the freedom of choice interpretation.

1. Throughout the paper, I define incoherency or inconsistency of choices in the technical sense where individuals' choices fail to reveal a complete and transitive set of preferences for a sufficiently and significantly large set of choice situations. The causes for such inconsistency may be plural: hyperbolic discounting, framing effect, endowment effect, and so on.

2. Actually, McQuillin & Sugden distinguish a third normative interpretation of the preference-satisfaction criterion, the happiness interpretation. However, it may be better seen as a distinctive welfare criterion. I briefly return on it below.

Acknowledging this last point, the purpose of this paper is to make more transparent and to critically evaluate the relationship between the positive results of behavioral economics and the normative claims made by several behavioral economists regarding the implementation of soft paternalistic policies. The point is not only to emphasize the fact that in general the behavioral economists' defense of paternalism lacks an explicit normative reasoning making clear what are the values and ethical assumptions lurking behind it. More significantly, I argue that the fact that behavioral economists remain committed to standard welfare economics makes such a normative reasoning hardly sustainable. The paper presents two arguments to defend this claim. Therefore, I will proceed in two general steps by first proposing a reconstruction of the normative reasoning that leads behavioral economists to defend paternalistic policies, and then by showing that this normative reasoning is unsuccessful because it suffers from problems inherited from standard welfare economics. More precisely, I argue that the behavioral economists' defense of soft paternalism lacks an account of rational preferences that rational choice theory and standard welfare economics cannot offer. I also argue that an alternative way to sustain this normative reasoning based on a reductive theory of personhood and a multiple selves framework, though compatible with welfarism, does not work because it downplays the agency dimension of persons. Thus, I suggest that proponents of paternalism cannot avoid to ground their normative extension of behavioral economics on an explicit moral doctrine (*i.e.* a systematic philosophical account of what is good or right), which here should take the form of a substantive theory of the good, presumably giving up welfarism. Whether or not such a theory is conceivable and relevant is an issue that I left others to take up with[3].

Before advancing, I shall note that my argument has some more or less strong connections with several recent writings on the topic of behavioral economics and paternalism. The rise of paternalism

3. My argument should not be understood as an attempt to dismiss all kinds of paternalistic policies. I only intend to claim that even if one accepts the empirical findings of behavioral economics while retaining the standard framework of welfare economics, it does not follow that paternalism is automatically justified. There may be good philosophical and moral reasons to recommend paternalism, but they are generally not addressed by behavioral economists.

resulting from the results of behavioral economics has been addressed by Saint-Paul (2011) in a somewhat dramatic fashion. Saint-Paul urges economists to give up the consequentialism constitutive of normative economics because of the threat "post-utilitarianism" (a modified utilitarianism acknowledging the results of behavioral economics) poses on individual freedom. As a remedy, Saint-Paul argues for the necessity to give to freedom and individual responsibility a lexicographic priority: "individual freedom and responsibility must be recognized as central social values rather than as derived instruments for implementing the calculus of happiness" (Saint-Paul 2011, p. 4). Glen Whitman (2006) expresses concerns similar to Saint-Paul's but opposes an economic argument to paternalistic policies. Whitman rightly notes that, through the multiple selves framework, the behavioral economists' argument for paternalism relies on a concept of "internalities" that is formally identical to the externalities concept. However, while they have focused on the Pigouvian solution to internalities (in particular through the implementation of sin taxes), behavioral economists have totally ignored the Coasean solution which consists in letting the agent's various selves to (intrapersonally) bargain over the internalities. In other words, Whitman suggests that in many cases, paternalistic policies are not needed to address behavioral biases because individuals may voluntarily adopt personal rules successfully managing most of their behavioral inconsistencies. Whitman's argument is ingenious and is partially supported by psychological and social evidences that people are sometimes able to enforce psychological intrapersonal commitments. But I think that actually it takes the multiple selves framework too literally. Moreover, it is a fact that many persons procrastinate, regret choices made in the past or are unable to honor their commitments. One reason for this is that "intrapersonal contracts" are hard to enforce, meaning that transaction costs are likely to be too high in many cases for the Coasean solution to be workable. The most convincing case against soft paternalism has been made by Robert Sugden in a set of recent writings. Sugden's arguments range from technical demonstrations that incoherent preferences do not impede the efficiency of the market process under plausible assumptions [(Sugden 2004); (Sugden 2008); (McQuillin & Sugden 2012a)] to a sophisticated critique of the philosophical underpinnings of welfare economics which are kept by behavioral economists [(Sugden 2011); (McQuillin & Sugden 2012b)]. Regarding the latter, Sugden argues that standard welfare economics and light paternalism share an inadequate approach regarding the viewpoint of the welfare assessment, the "view from nowhere" to use a term coined by Thomas Nagel (1986). Sugden proposes an alternative approach to reconcile behavioral and normative economics, using the normative criterion of opportunity instead of preference satisfaction. Though I am sympathetic to Sugden's contractarian perspective, my argument will follow a different path – even if ultimately it will reach the same end. Rather than denying the relevance of the "view from nowhere" shared by behavioral and welfare economics, I will argue that even from this viewpoint paternalism does not logically follow from behavioral economics [4].

Following this introduction, the rest of the article is made of five sections. In the next section, I briefly return on the notion of paternalism and more particularly of light (or soft) paternalism. In the third section, I propose a reconstruction of the normative reasoning of proponents of soft paternalism. I present a formal statement of what I call the "behavioral social welfare function" that the paternalistic and impartial benevolent dictator of welfare economics is deemed to maximize, following the descriptive results of behavioral economics. The fourth and fifth sections single out respectively two key arguments against this normative reasoning on the basis of the preceding reconstruction: one the one hand, behavioral economists lack a theory of rational preferences that neither utility theory nor welfare economics can offer; on the other hand, though a defense of paternalism in a welfarist framework is available through a reductionist theory of personhood, this leads to downplay the agency dimension of persons. The sixth section briefly concludes the article and highlights two ways for normative behavioral economics to account for the inadequacy of its argument for paternalism: the first keeps the informed desire or preference view of welfare but substitutes an objective list theory for the current subjectivist approach; the second gives up the informed desire view as a whole and possibly welfarism

4. I am not interested here in the issue of whether paternalism is actually respectful of liberal or libertarian principles. Nor will I discuss the nature and the content of the freedom concept that is implicit in the writings of proponents of soft paternalism. For interesting discussions on these two topics, see respectively Grüne-Yanoff (2013) and Ferey (2011).

in general. However it is not clear how behavioral economics can support paternalistic policies in these alternative moral frameworks.

2. THE LOGICAL ARGUMENT FOR SOFT PATERNALISM

I present in this section a reconstruction of the argument developed by behavioral economists to defend soft paternalism. This argument relies on several key definitions and on an important moral premise. A good place to start is Gerald Dworkin's definition of paternalism (Dworkin 2010): "Paternalism is the interference of a state or an individual with another person, against their will, and defended and motivated by a claim that the person interfered with will be better off or protected from harm". According to Dworkin, three conditions are necessary and sufficient to consider that *X* acts paternalistically toward *Y* by doing (or omitting) *Z*:

1) *Z* (or its omission) interferes with the liberty/autonomy of *Y*.

2) *X* do *Z* without the consent of *Y*.

3) *X* interferes because *Z* will improve the welfare of *Y*, including preventing his welfare from diminishing, or in some way promote the interests, values or good of [5].

As Dworkin points out, these conditions are far from being free from any ambiguity. Condition 2 has the somewhat odd consequence that one cannot explicitly consent to paternalistic policies. In a democratic society where paternalism takes the form of public policies designed and implemented by elected officials, it has to be weakened in the following way:

2*) *Y* is unable to do *Z* by herself and may (tacitly) consent or not that *X* do *Z* at her place.

The third condition is the key one. Obviously, it necessitates to distinguishing between the various reasons why someone may want to interfere with another person. Moreover, this condition implies that paternalism rests on a concept of welfare or, more generally, of *goodness*.

5. Accordingly, it is not necessary that *Z* *actually* improves the welfare of *Y* for *Z* to be identified as paternalistic. The fact that *X* *believes* (even wrongly) that *Z* will improve the welfare of *Y* is sufficient.

In short, one cannot justify (or criticize) paternalism without a well-defined concept of the good. At this point, behavioral economists interested in normative matters separate into two groups: a first group of behavioral economists, following the lead of Daniel Kahneman *et al.* (1997) and Richard Layard (2006), are trying to get "back to Bentham" by defining a substantive criterion of welfare, happiness, measured by what they call "experience utility". This interpretation of the preference satisfaction welfare criterion clearly departs from the common understanding entertained by most economists, and so I will not have much to say about it. I shall only note that beyond the practical difficulties associated with any measure of "happiness", the "Back to Bentham" approach rests on a philosophical doctrine ("hedonic utilitarianism") far from being consensual[6]. The second group keeps with the traditional preference satisfaction criterion of welfare economics, interpreted following either the well-being or the consumer sovereignty interpretations: welfare is defined as the degree to which individuals' preferences are satisfied. This approach is explicitly endorsed by Bernheim & Rangel's "behavioral welfare economics" [(Bernheim & Rangel 2007); (Bernheim & Rangel 2008); (Bernheim & Rangel 2009)] or by O'Donoghue & Rabin's discussion of "optimal paternalism" and sin taxes [(O'Donoghue & Rabin 2003); (O'Donoghue & Rabin 2006)][7]. Though less explicit, this is also the approach endorsed by proponents of "libertarian" or "asymmetric" paternalism. This appears clearly through statements such as the following one: "Drawing on some well-established findings in behavioral economics and cognitive psychology, we emphasize the possibility that in some cases individuals make inferior decisions *in terms of their own welfare* – decisions that they would change *if they had*

6. Note moreover that even if one accepts hedonic utilitarianism and takes happiness as the good to be maximized, it remains to be shown that the persons who do not behave according to the axioms of utility theory suffer from a happiness deficit. Evidence is lacking, to say the least (Berg & Gigerenzer, 2010), and it would be very surprising to find any relationship between one's level of rationality and one's level of happiness. From this point of view, the critique I develop below regarding the lack of justification to give any normative credence to the axioms of utility theory is also relevant here.

7. Actually, in Bernheim & Rangel's behavioral welfare economics, the primitive is not preference but choice. This is unproblematic though since in a revealed preference framework such as Berhneim & Rangel's one choices and preferences are synonymous. Their aim is precisely to extend this framework to the cases where agents make "anomalous" choices that may not reflect their true preferences.

complete information, unlimited cognitive abilities, and no lack of self-control" (Sunstein & Thaler 2003, p. 1162, my emphasis).

Sunstein & Thaler obviously identify one's welfare with one's well-informed choices, *i.e.* choices that reveal "rational" or "true" preferences that one should have provided she would not be the subject of behavioral biases [(Qizilbash 2012); (Sugden 2008)]. The idea that it is necessary to distinguish actual choices and preferences from ideal or informed choices and preferences obviously follows from the results of behavioral economics. This is precisely the source of the tension between behavioral and welfare economics I have singled out above. But it should be noted that it is far from being new and that it has been defended by many philosophers under the name of "informed-desire theory". Even economists firmly opposed to paternalistic policies have pointed out the relevance of distinguishing actual and informed preferences when doing welfare analysis (*e.g.* Harsanyi 1996).

I shall return below on the idea that welfare should be identified to the degree of satisfaction of "rational" or "informed" preferences since it is the key argument in the defense of soft paternalism by behavioral economists. For the moment, it is sufficient to modify the third condition in Dworkin's definition of paternalism to accommodate the specific welfare conception of light paternalism:

3*) *X* interferes through *Z* because *Y*'s informed or rational preferences will be more satisfied with *Z* than without.

A main concern with paternalistic policies is that they are threatening to undermine individual freedom and autonomy. By the way, this is constitutive of Dworkin's definition of paternalism. Behavioral economists argue for a form of paternalism the most respectful of freedom and autonomy that is possible to have. In particular, with the exception of sin taxes, they recommend policies that make use of minimal or of no coercion. Most of the time, paternalistic policies should operate through the design of the decision problem by taking advantage of the propensity of individuals to be the subject of behavioral bias such as framing effects or reference-dependent preferences. For instance, to increase their employees' participations in 401(k), employers may simply change the default rule by making enrollment automatic unless employees choose specifically otherwise. Or to prevent consumers from taking impulsive and ill-considered decisions, the legislator may impose "cooling-off" periods allowing consumers to freely change their mind[8]. In both cases, no coercion is employed (except toward sellers who have the obligation to return the money to consumers who have changed their mind and returned the products), with only a marginal interference with autonomy and freedom. Thus, we reformulate condition 1 in Dworkin's definition as follow:

1*) *Z* interferes minimally with the freedom/autonomy of *Y*

Since it is clear that behavioral economists intend to legitimate this specific form of paternalism, it should be normatively understood: a paternalistic policy is good (desirable, legitimate) because it permits to enhance people's welfare, with the proviso that it does not undermine too significantly individual freedom and autonomy. More precisely, I contend that behavioral economists implicitly make use of what I call the Logical Argument for Soft Paternalism:

The Logical Argument for Soft Paternalism:

a) A policy *P* is softly paternalistic if it responds to the conditions (1*), (2*) and (3*).

b) If individuals were fully rational and were choosing according to their informed preferences, they would do *X*.

c) Because individuals are not fully rational and do not choose according to their informed preferences, they actually do *Y*.

d) If *P* is implemented, individuals will do *X* and will improve their welfare over the state of affairs where they do *Y*, while undermining only minimally individual liberty and autonomy [by (a), (b) and (c)].

e) It is morally warranted to interfere such as to improve individuals' welfare when it undermines only minimally individual liberty and autonomy (*moral premise*).

f) *P* is morally warranted [by (d) and (e)].

Obviously, the moral premise is crucial in this logical argument. I will be concerned with the relevance of the concept of "rational" or "informed" preferences constitutive of the definition of welfare entering into it and with the meaning of the notion of autonomy. Sections 4 and 5 argue that this moral premise is hard to defend for

8. See Thaler & Sunstein (2009) for numerous other examples.

behavioral economists as long as they remain committed to standard welfare economics.

3. CONSTRUCTING THE BEHAVIORAL SOCIAL WELFARE FUNCTION

Normative economics as a whole can be classified as "welfarist". Theories of welfare are generally either formal or substantive (Hausman & McPherson 2006, 135). A substantive theory indicates the things or states of affairs that are intrinsically good. A formal theory of welfare specifies how to find what things or states of affairs are good for people, but do not take position on their nature or identity. Hedonic utilitarianism with its emphasis on happiness is a great example of the former. Welfare economics and its preference satisfaction criterion is an instance of the latter. As a formal theory of welfare, welfare economics then states that it is good to satisfy people's preferences the most.

As this is well-known, Pareto-optimality is the main criterion used in welfare economics to judge the desirability of a state of affairs. A state of affairs S is optimal or efficient according to the Pareto criterion if it is not possible to increase the welfare of at least one person without reducing the welfare of at least another person. As a corollary, a state S' is a Pareto-improvement over S if the welfare of at least one person increases when moving from S to S' while other persons are at least as well off. The Pareto criterion is particularly appealing because it is a unanimity criterion. Moreover, it does not rest on the assumption that the welfare of two persons is comparable. Indeed, interpersonal comparisons of utility or of welfare remain controversial within economics. Still, a significant part of normative economics is explicitly grounded on the assumption that interpersonal comparisons of welfare are possible and meaningful. In this case, normative economics is not only welfarist but can also be said to be *utilitarian*: "Utilitarianism states that "society" should be organized so as to yield the greatest possible level of welfare, *where it is assumed that there is some way of comparing and adding welfare across individuals*" (Saint-Paul 2011, p. 2, I emphasize). To refer to utilitarianism then "means that some social planner tries to maximize such an aggregate [of the persons' welfare], regardless of the specifics of how the aggregate is constructed" (Saint-Paul 2011, p. 26).

As I note above, normative behavioral economics is clearly welfarist. Bernhein & Rangel's (2007) behavioral welfare economics does not rely on interpersonal comparisons of welfare and uses the Pareto criterion as its sole normative criterion. But some works on soft paternalism are explicitly utilitarian since they rely on interpersonal comparisons of welfare. O'Donoghue & Rabin's work on optimal paternalism and sin taxes is an example of such a combination of behavioral economics with utilitarianism. However, the question of whether interpersonal comparisons of welfare are warranted is only secondary here. Rather, the main issue is how to determine one's welfare given the fact that one is subjected to various behavioral anomalies. Since most individuals are prone to make mistakes and to regret their choices, this must mean that at least some of the preferences revealed by one's actual choices do not enhance one's welfare. In the preceding section, I noted that most behavioral economics sidestep the problem by identifying welfare with the satisfaction of "rational" or "informed" preferences. Moreover, normative behavioral economics follows standard welfare economics by adopting the "view from nowhere" viewpoint. This is pretty clear in the behavioral economists' normative writings which regularly speak of a "planner" or a "choice architect" that should make the decision the individuals would make if they had perfect foresight, no weakness of will and more generally if they had chosen according to well-informed preferences[9]. The decision problem of the benevolent dictator of behavioral welfare economics is thus the following: to choose the state of affairs (a social situation or alternative, the frame for a specific decision problem) that satisfies as much as possible people's rational preferences.

I will now give a precise and formal expression of the choice that a benevolent dictator would make, knowing and taking into account the behavioral biases that affect the members of the relevant population. As it is traditional in normative economics, we assume a purely disinterested planner whose sole aim is to maximize the sum

9. Literally, a planner will make choices on behalf of individuals, while a choice architect will only frame the decision problem such as to steer people's choices in a given direction. Formally however, there is not much difference: the point is to identify welfare only with choices revealing well-informed preferences.

of the welfare of the members of the population. Since it takes into account the result of behavioral economics, let call him a "behavioral benevolent dictator". A famous representation theorem demonstrated by John Harsanyi [(Harsanyi 1955); (Harsanyi 1977)] states that if i) the preferences of the n members of the population satisfy the rationality postulates of expected utility theory, ii) if the preferences of the planner satisfy the rationality postulates of expected utility theory and iii) if at least one person prefers the state of affairs x over the state of affairs y and none of the other person prefers y over x, the planner will prefer x over y, then the planner must reveal preferences corresponding to the following social welfare function over all states of affairs x:

$$W(x) = \sum_{i=1}^{n} \alpha_i U_i(x) \text{ with } \alpha_i \geq 0 \text{ for } i = 1,\ldots,n. \quad (1)$$

Harsanyi's aggregation theorem thus states that if the members of the population and the benevolent dictator are rational in the sense of expected utility theory, and if one accepts the Pareto principle, then the preferences of the benevolent dictator can be represented by a social welfare function defined as the weighted sum of the utilities of the n members of the population [10]. It should be noted that this theorem does not assume interpersonal comparisons of utility; that implies that the weighing coefficients α_i may vary across the population. If interpersonal comparisons of utility are allowed, then we must have $\alpha_1 = \ldots = \alpha_n$ with the utility function of each agent rescaled such as to make them comparable. As I argued above, this issue is only secondary here.

If one accepts the empirical results of behavioral economics, then one can hardly assume that the first assumption of the above theorem is satisfied. A significant part of behavioral economics (in particular the writings on the so-called "prospect theory") is devoted to show that

10. Harsanyi argued that his aggregation theorem was a vindication of utilitarianism. Actually, this is not the case because the fact that an agent's preferences satisfy the axioms of expected utility theory does not make necessary to represent them through an expectational utility function. As it has been widely documented [*e.g.* (Sen 1986); (Weymark 1991)], if one represents the agent's preferences with a non-expectational utility function, then Harsanyi's theorem no longer holds. As a consequence, what Harsanyi has established is a formal statement to *represent* the aggregated preferences of the members of a population. Still, the fact that social welfare is additively separable is an ethically significant result, particularly in the present context.

real persons fail to behave as predicted by expected utility theory. In particular, if agents have incoherent preferences, then their behavior cannot be meaningfully represented by a utility function, even less an expectational one. However, following the multiple selves framework, I assume that behavioral inconsistencies across time or across decision frames are due to the coexistence in one person i of several selves k, each endowed with coherent preferences satisfying the expected utility axioms. For each person i and each selves k, it is thus possible to define a utility function u_{ik}. Behavioral inconsistencies follows from the fact that depending on the time one makes a decision, or depending on the framing of the decision problem (*e.g.* the reference point), or depending on the choice menu, all the actual choices of person i will not necessarily reflect the preferences of the same self k. If the selves' preferences are not the same, then it is possible that the same person makes two incoherent choices under two different frames (which I will assume is the case here). For each person i, which self k is active depend on an "ancillary condition", denoted d. Following Berhneim & Rangel (2008, p. 159), I define an ancillary condition as "a feature of the choice environment that may affect behavior, but that is not taken to be a welfare-relevant characteristic of the chosen object". Ancillary conditions thus capture every characteristics of a decision problem that are beyond the control of the chooser, but that cannot be considered as affecting her welfare[11]. A rational agent with coherent preferences must make coherent decisions across all ancillary conditions d; but agents defined by multiples selves and endowed with inconsistent preferences will not make the same choices in two identical decision problems that vary only regarding the ancillary condition.

As an illustration, suppose that an agent i is presented with a decision problem D characterized by a set of alternatives X and an ancillary condition d, $D = (X, d)$. Denote $C(D) \subseteq X$ the non-empty set of chosen items in X given D. For two ancillary conditions d' and d'' and for two alternatives $x, y \in X$, it is quite possible that we observe $C(X, d') = x$ and $C(X, d'') = y$. However, in the multiple selves framework, it will be considered that the two choices

11. Ancillary conditions must be therefore distinguished from the "states of nature" in standard decision theory. This definition also implies that the behavioral benevolent dictator cannot choose among a set of ancillary conditions.

$C(X, d') = x$ and $C(X, d'') = y$ are not made by the same self with the same preferences. As a consequence, despite the fact that the behavior of agent i is globally incoherent (and thus not amenable to be represented as one form or another of maximization), coherency can be assumed at the level of the selves. I denote $u_{ik}(x;d)$ the utility function of the self k of an agent i when the state of affairs x obtains, given ancillary condition d in the background[12]. The function u_{ik} is assumed to be expectational and is a representation of the self k's preferences. Both preferences and choices are only defined for the set of alternatives $x \in X$ but not for the ancillary condition. In other word, I assume that one cannot choose the frame under which she makes her choice. I extend this assumption to the benevolent dictator. It is now possible to make use of Harsanyi's aggregation theorem; we only need to modify the first assumption. Without loss of generality, assume that each agent has two selves k' and k''[13], and that each of the $2n$ selves' preferences in the population satisfies the axioms of expected utility theory. Then, by Harsanyi's aggregation theorem, it follows that the choice of the *behavioral benevolent dictator* will reveal the following behavioral social welfare function:

$$W(x) = \sum_{k=1}^{2}\sum_{i=1}^{n} \alpha_{ik} u_{ik}(x;d) \text{ with } \alpha_{ik} \geq 0 \text{ for } i = 1,\ldots,n \text{ and } k = 1, 2. \quad (2)$$

The behavioral social welfare function corresponding to expression (2) indicates that a planner taking into account the empirical findings of behavioral economics will choose the state of affairs x that maximizes the weighed sum of the *selves' utilities* in the population. As with the original version of Harsanyi' social welfare function, the value of the coefficients α_{ik} is undetermined and may vary across the population if the planner does not make "interpersonnal" comparisons of utility. In this case, the value the planner chooses to give to each coefficient reflects her value judgment regarding the relative importance of each

12. As indicated above, it is important to acknowledge that an agent's welfare is not a function of the ancillary condition d. To use the important distinction made by Broome (1993), an ancillary condition is a *cause* of preference but not an object of preference. This explains the semicolon in $(x;d)$. Since a self k is activated by an ancillary condition d, to make explicit the ancillary condition is not actually required.

13. For instance, we may imagine that k' is the present-oriented self and k'' the future-oriented self in a case where agents reveal intertemporal inconsistencies.

self. But allowing such comparisons would necessitate rescaling the utility functions which would embody similar value judgments [14].

As noted above, I have assumed that the planner do not choose under which ancillary condition the agents actually make their choices. But in fact, by choosing the weight she gives to the different selves, she is actually expressing a judgment regarding the rationality of preferences revealed under different ancillary conditions. In Sunstein & Thaler's (2003) famous cafeteria example, the cafeteria's director may judge that the customer's preferences revealed by their choices when the less dietetic items are presented early in the line are not rational or well-informed (*i.e.* fail to reflect their welfare) while this is the contrary when the most dietetic items are presented first. In this case, the director will choose to give no weight to the preferences expressed in the former case. Indirectly, the director is thus choosing which ancillary conditions are relevant in terms of welfare. Of course, how to determine the weight given to the different selves is the very problem that soft paternalism is facing. In the rest of the paper, I show that behavioral economists and proponents of paternalism *do not have* an adequate moral doctrine to justify the weighing paternalism is assuming in the behavioral social welfare function.

4. RATIONAL PREFERENCES AND THE WEIGHING OF THE SELVES

The differential weighing of the selves in the behavioral social welfare function necessitates making a value judgment regarding the relevance of the selves' preferences. The key issue is whether this value judgment can be grounded on a scientific assessment that follows logically from a set of acceptable premises. It is important to note that this issue is not an artifact of my peculiar formalization of soft paternalism in terms of a social welfare function. In their elaboration of a behavioral welfare economics, Berhneim & Rangel (2007) establishes a normative criterion of individual welfare optima related to the concept of "multi-self Pareto optima". They note that if for an agent, the same alternative x is not chosen from the same set of alternatives X across a set of ancillary conditions d, then a

14. In Harsanyi's utilitarianism, such value judgments are expressed through what he called "extended preferences".

strict welfare optima does not exist. As they admit, it follows that their normative criterion is not very discerning since the set of (weakly) welfare optima maybe fairly large. They propose a refinement strategy consisting to use nonchoice evidence to discriminate between the selves whose choices are more or less relevant for the planner:

> for example, if someone chooses x from X under condition d', where he is likely to be distracted, and chooses y from X under condition d'', where he is likely to be focused, we would delete the data associated with (X, d') before constructing the welfare relations. In effect, we take the position that (X, d'') is a better guide for the planner than (X, d') (Bernheim & Rangel 2007, p. 469).

Thus, Bernheim & Rangel are clearly suggesting that the choices of some selves should not be taken into account in the welfare analysis. In my approach in the preceding section, this simply consists to give no weight to these selves in the behavioral social welfare function. My concern here is not the authors' proposal to use nonchoice evidence to adjudicate between the conflicting selves, even though this is somewhat unorthodox in standard welfare analysis [15]. Rather, what is problematical is the lack of a solid philosophical and logical basis for inferring from the (choice and nonchoice) empirical evidence a set of value judgments setting the unequal weighing of the selves.

Rangel & Bernheim's suggestion is formally identical to Sunstein & Thaler's (2003, p. 1162) claim that welfare analysis should only take into account choices that individuals would make "if they had complete information, unlimited cognitive abilities, and no lack of self-control". This argument relies on a counterfactual reasoning that I have already highlighted in the Logical Argument for Soft Paternalism (claim b): "If individuals were fully rational and were choosing according to their informed preferences, they would do *X*". Surely, one may wonder what is it to be "fully rational" and to have "informed preferences"? Similarly, how can one know (or even make sense of) what choice someone endowed with "unlimited

15. Berhneim & Rangel (2007, p. 470) propose in particular to use evidence from neurosciences regarding the functioning of various cognitive processes. The use of nonchoice data in welfare analysis has been sharply criticized by Gul & Pesendorfer (2008). I tend to think that the practical and philosophical arguments for restraining the empirical basis of welfare economics to choice data are pretty weak (see Dietrich & List (2012) for a great argument on this point). But whatever one's position on this problem, it does not concern the issue at stake here.

cognitive abilities" will make? There is here a subtle difficulty: since welfare is assumed to be reflected only by choices revealing informed preferences, we must be able to determine what are those preferences and to what choices they would lead to. I am not interested here with the epistemic and practical difficulty of determining the relevant method to know the choice an ideally rational agent would make, but rather with the normative significance of associating welfare with the satisfaction of these so-called rational preferences.

To know what a fully rational agent choosing according to informed preferences would do, it is clearly necessary to determine the form and the content of these informed preferences. At this point, normative and positive behavioral economics are deeply intertwined. As Berg & Gigerenzer (2010) document, at its beginning the research program of behavioral economics was devoid of any normative content. Referring in particular to the work of Amos Tversky and Daniel Kahneman during the 1970s and the early 1980s, Berg & Gigerenzer (2010, 18) note that

> for some reason, early behavioral economists argued that behavioral economics is purely descriptive and does not in any way threaten the normative or prescriptive authority of the neoclassical model. These authors argued that, when one thinks about how he or she ought to behave, we should all agree that the neoclassical axioms ought to be satisfied.

Even one of the most prominent proponent of soft paternalism asserted twenty years ago that normative inferences should not be drawn from the work of behavioral economists:

> A demonstration that human choices often violate the axioms of rationality does not necessarily imply any criticism of the axioms of rational choice as a normative idea. Rather, the research is simply intended to show that for descriptive purposes, alternative models are sometimes necessary (Thaler 1991, p. 138, quoted in Berg & Gigerenzer 2010, p. 18).

As it appears clearly in these quotations, already in its earliest developments, behavioral economics attached a peculiar epistemic value to the axioms of utility theory. *However*, since at this time the research program did not have a normative agenda, the descriptive results of behavioral economics did not lead to normative conclusions. The behavioral departures from the predictions of utility theory were interpreted as "anomalies", to use Thaler's wording (Thaler 1987), but behavioral economists were not inclined to infer prescriptions in terms of welfare analysis or policies. To characterize behavioral deviations from the axioms of utility theory as "anomalies" or as "mistakes" is of course debatable because it implies to grant to a particular model of human decision an epistemic priority that is far from being self-evident. But as long as normative conclusions were not inferred from this epistemic postulate, it did not weaken behavioral economics as a positive research program.

However, the sustained growth of the literature on soft paternalism during the last ten or fifteen years clearly demonstrate that behavioral economics has now developed a fully normative extension. As the result, what was an epistemic assumption is now becoming a normative commitment that the agents' behavior *ought* to respect the axioms of utility theory. From a potentially fruitful descriptive theory of the human behavior, utility theory and its concept of rationality have became an exclusive normative theory of what is it to be rational and to act in one's own interest [16]. Provided that one is willing to make the last step by claiming that it is legitimate to interfere with people's decisions to help them to pursue their own interest (soft paternalists' moral premise), then behavioral economics as a positive enterprise transforms into a moral philosophy promoting various forms of paternalism. Once this normative turn is taken, not only we know that real agents do not make consistent choices across time, that their preferences and choices are a function of contextual elements that are secondary regarding the decision problem at stake, that they do not understand probabilities and Bayesian reasoning, and so on. Now, it is claimed that these "mistakes" are detrimental to the agents' welfare and that they ought to be corrected.

Berg & Gigerenzer (2010, p. 22) sarcastically remark: "It is a great irony that most voices in behavioral economics, purveyors of a self-described opening up of economic analysis to psychology, hang on to the idea of the singular and universal supremacy of rational choice axioms as the proper normative benchmarks against which virtually

16. Actually, from its very beginning ordinal and expected utility theory has been a normative enterprise. The very nature of the rationality concept that is constituted by the various axioms of the theory is evaluative and thus potentially prescriptive. However, as long as one assumes that people's actual behavior at least approximate the axioms of utility theory, no normative inference regarding how people ought to behave are needed.

all forms of behavior are to be measured". In particular, the axioms of utility theory now become the normative benchmark against which the behavioral benevolent dictator will be able to determine the weight she has to give to the selves in the behavioral social welfare function. I see at least three kinds of arguments to doubt that utility theory and its axioms constitute a relevant benchmark in a welfare analysis: *cognitive/logical*, *evolutionary* and *factual*. The cognitive/logical argument builds on the soft paternalists' (and more particularly, Thaler and Sustein's) twofold commitment on a version of the informed-desire view of welfare and on the normative significance of the utility theory axioms. As noted in section 2, Sunstein and Thaler (2003, p. 1162) track welfare on the basis of the preferences that a rational decision maker endowed with "complete information, unlimited cognitive abilities, and no lack of self-control" would reveal. According to Qizilbash (2012, 652), the fact that Thaler and Sunstein explicitly refuse to take position on some objective or substantive list of values on which hypothetical rational decision makers would agree, make their account a close relative to a ideal adviser account such as developed by Railton (1986). According to the latter, an ideal adviser must have "unqualified cognitive and imaginative powers, and full factual and nomological information about his physical and psychological constitution capacities, circumstances, history, and so on" (Railton 1986, p. 173). The benevolent behavioral dictator of the preceding section can then be understood either as the ideal adviser at the population level, or as someone who aggregates the preferences of all ideal advisers in the population.

In the context of behavioral economics, this account faces an obvious difficulty: such an ideal adviser cannot cognitively exist and this leads to great practical difficulties regarding the implementation of paternalistic policies (Qizilbash 2012). This could be partially answered by the claim that this account merely intends to provide approximate guidance for public policies. However, beyond the fact that this has the consequence to significantly downplay the scope and scale of soft paternalistic policies, I shall argue that the soft paternalists' commitment to the normative significance of utility theory forbids even this half-concession. Indeed, what soft paternalists are assuming is that the ideal adviser must make consistent choices in the sense of utility theory: these choices must be coherent, which implies that they also must be 'frame-invariable', do not be subject of 'anchoring' or do result from the application of Bayes' law. There are strong arguments for being skeptical about the ideal adviser approach of the informed-desire view of welfare; but there are even stronger arguments against this restrictive characterization of the ideal adviser. Actually, there are many instances where a seemingly inconsistent (*i.e.* not amenable to a representation through a consistent preference ordering or a utility function) behavior seems nevertheless to be reasonable or even 'rational' [(Sugden, 1985); (Sen 1997)] [17]. Basically, to assume that a rational behavior should conform to the axioms of utility theory is arbitrary and does not rely on cognitive or logical foundations.

One may ask whether a definition of rationality as some kind of 'efficiency' could not grant utility theory a normative significance. Actually, this is far to be the case. Not only it has been suggested many times that it might be rational (in this 'efficiency' meaning) to be irrational (in the 'consistency' meaning) (Parfit 1984). This argument is also doubtful from an evolutionary point of view. Presumably, contemporary human agents' cognitive faculties and behavioral tendencies are the product of their evolutionary history, shaped by the force of natural selection. Even though this does not guarantee that humans' abilities and capacities are optimal (evolution may be locked in suboptimal pathways), it is certain that they have evolved for their fitness enhancing properties. Several studies suggest that this may be particularly significant in the case of intertemporal "inconsistencies" where hyperbolic discounting has been shown to be an evolutionary efficient cognitive device under uncertainty [(Dasgupta & Maskin 2005); (Robson 2001); (Robson & Samuelson 2007); (Ross *et al.* 2008)]. Other behavioral "biases" such as the endowment effect or loss aversion may be very likely the result of evolutionary forces that have shaped the cognitive and behavioral dispositions of humans. At a more general level, it can be argued that the use of "fast and frugal heuristics" satisfies a criterion of "ecological rationality" [(Gigerenzer

17. I must cite another significant problem which concerns positive economics: it is virtually always possible to describe a decision problem such that a behavioral pattern satisfies some consistency condition. This leads to an underdetermination issue: given a seemingly inconsistent behavior, it is impossible to determine whether the inconsistency results from a mistaken specification of the decision problem or is due to authentic non-rationality. See Bhatarrachya *et al.* (2011). Obviously, this reinforces the claim that utility theory cannot serve as a normative benchmark for evaluating the adequacy of people's behavior.

& Selten 2002); (Smith 2009)]: in a complex and uncertain world, it may be preferable and welfare-enhancing to have a small set of "one-size-fits-all" heuristics than to be programmed to behave systematically according to a coherent set of preferences. It could be argued (as some evolutionary psychologists would be inclined to do) that contemporary humans' cognitive and behavioral dispositions were quite adapted 10,000 years ago, but that natural selection has not been able to keep with the fast rate of cultural evolution. As a result, these dispositions are now detrimental to their owners. Though plausible, this hypothesis is not factually confirmed. As Berg & Gigerenzer (2010, p. 23) point out, no study have been able to demonstrate that the individuals deviating from the axioms of utility theory suffer any economic losses or live less longer lives. To be more specific, one can seriously doubt that someone behaving assiduously according to the axioms of expected utility theory in a complex and uncertain world as ours would be more successful than someone using, for instance, a case-based mode of reasoning (Gilboa & Schmeidler 2001), as many people do when taking difficult decisions.

Berg and Gigerenzer's (2010) point about the unjustified normative value of the axioms of utility theory is however only half of the story. Inconsistency of choice is a persistent theme in behavioral economics, both positive and normative. However, it is not so clear that the insistence on consistency is only or essentially due to the fact that behavioral economists give a normative credence to the axioms of utility theory. I would suggest that it is also the result of their commitment toward welfarism and the welfare-as-preference-satisfaction definition of welfare. Let me explain why.

The main objective of welfare economics is to assess and to compare states of affairs in terms of welfare on the basis of some metric or criterion (Pareto criterion, Kaldor-Hicks compensation test, ...). This depends on some assumptions regarding how to aggregate individual's welfare (*e.g.* whether to allow interpersonal comparisons or not). As soon as welfare is defined as preference-satisfaction, it is necessary to assume that the agents' preferences are minimally consistent; otherwise, the very notion of welfare would be ill-defined. This is explicitly the problem tackled by Bernheim and Rangel's behavioral welfare economics: how to preserve a meaningful definition of welfare in spite of the fact that individuals reveal inconsistent preferences?

As I have noted above, their strategy essentially consists in seeing the choices made under different ancillary conditions as if they were made by different agents. The point is that choice or preference consistency is not preserved because of the normative force of the axioms of utility theory. Rather, the fact is that consistency is *required* for a welfarist framework to make sense at all.

Another point indicates that Berg and Gigerenzer's critique is only partial. It is clear that the consistency requirement of utility theory is only a *formal* requirement for rationality. Utility theory (and rational choice theory more generally) does not provide any indication about the preferences that one *ought* to have. It only states that one's preferences should be consistent in some well-defined sense. But this is insufficient given the normative project of some behavioral economists. Indeed, many of Thaler and Sunstein's examples of nudges (for instance the well-known cafeteria and 401(k) examples) suggest that choice inconsistency is not the real problem at stakes. The problem rather lies in the fact that in these particular cases, it seems that people routinely make bad choices for themselves (to eat too much fat food, to not save enough money). Inconsistency is revealed by the twofold fact that sometimes people will regret their past choices (which presumably indicates that their preferences have changed) and that it is actually possible to make them change their behavior simply by changing the decision frame. But then, it is interesting to note that choice inconsistency is no longer the real problem but rather a part of the solution: many nudges discussed by Thaler and Sunstein ostensibly take advantage of the fact that persons make inconsistent choices across ancillary conditions.

This tends to indicate that beyond choice inconsistency, the worry of some behavioral economists is that individuals do not have the "right" preferences. The reasoning in terms of a behavioral social welfare function developed in the preceding section allows to clearly seeing this point: by definition, each self is rational in the sense of utility theory since we have divided a person's selves such as to make sure that each self has consistent preferences. It follows that the weighing of selves cannot depend on whether or not selves satisfy the axioms of utility theory. Rather, it will depend on the *content* of the selves' preferences. Now, of course, a difficulty appears: neither Thaler and Sunstein nor other behavioral economists have an explicit substantive theory of rational preferences that could back up the weighing of selves. Intuition or common sense may help here but the point is that some theory of the good is ultimately required. Scientific results may also give indications regarding what is the right thing to do (*e.g.* the fact that the regular consumption of fat food increases the risk of fatality due to cardiovascular problems). But this only indicates that positive and normative considerations are deeply entangled. In any case, the definition of welfare as preference-satisfaction retained by behavioral economists is ill-conceived to make the moral premise in the *Logical Argument for Soft Paternalism* meaningful.

5. DECONSTRUCTING THE INDIVIDUAL: A SELF IS NOT AN AGENT

The preceding section has shown that the positive results of behavioral economics fail to establish a rationale for (soft) paternalism due to the lack of a convincing theory of rational preferences. There is however a second way through which behavioral economics could possibly support paternalistic policies. Once again, the use of a multiple selves framework and the reasoning in terms of a behavioral social welfare function help to make this point clearer: by establishing that people's make inconsistent choices, behavioral economics shows that a person's different selves may make choices which are harmful in a way or another to each other. On the ground of a reductionist theory of personhood, this could provide a moral support to paternalistic interventions. This section discusses and rejects this argument.

As I have already suggested, the defense of one form or another of paternalism consists in granting priority to one self over another. In the case of intertemporal inconsistencies, a paternalistic policy will generally grant priority to the future-oriented self over the present-oriented self. In the case of the various forms of the status-quo bias, the self who will be granted priority is the one whose preferences are the more likely to be endorsed by the unbiased individual. Obviously, the multiple selves framework has some important implications regarding the issues of personal identity and of individuality [(Davis 2011); (Ross 2005)]. By dividing the individual agent into several parts, behavioral economists (with the support of modern neurosciences) are putting into question what was a pillar of the Enlightenment, *i.e.* the figure of the unitary individual. Some thinkers such as Derek Parfit (1984) have indeed argued that personal identity and the unity of individual "are not what matter". Beyond mental and physical connectedness and continuity, there is nothing more to the fact of being "the same person". As Parfit himself suggests, as soon as one endorses such a reductionist account of personal identity, invasive forms of social control seem to be straightforwardly justified. From this perspective, behavioral inconsistencies are even secondary: as soon as one assumes that an individual's selves are agents in their own rights, and that the duty of society is to protect each agent from transgressions of their "rights", then interference with an individual's freedom (assuming that it is meaningful to associate such an adjective to something that is no longer a person) is morally permissible. Behavioral economists promoting soft paternalism only push this logic a step farther, by providing evidence that such transgressions are empirically significant.

The very fact of reasoning in terms of multiple selves is a significant step toward the conclusion that personal identity is no longer relevant in moral matters[18]. As Parfit convincingly shows, reductionism regarding personal identity leads to enlarge the scope of morality to the intra-personal realm. However, while a theoretical reasoning grounded on the multiple selves approach may be quite insightful and enhance our understanding of behavioral issues, I shall argue that this is not a *normatively appropriate point of view*, even if Parfit's metaphysical reductionism on personal identity is right[19]. Consider the following definition of what an agent is:

18. This is not a necessity, though. As long as the multiple selves framework is used as a heuristic device to formalize behavioral biases, it should not lead its user to necessarily endorse paternalistic policies. Some economists have even used the multiple selves approach to defend a conception of the individual as a single being, *e.g.* Bénabou & Tirole (2002) and the strategies employed in its pursuit. Confidence in one's abilities generally enhances motivation, making it a valuable asset for individuals with imperfect willpower. This demand for self-serving beliefs (which can also arise from hedonic or signaling motives.

19. Parfit's arguments are particularly strong regarding temporal selves: there seems to be no deep reason to consider that the connection between a person's two selves located at two different times is stronger than between two persons living at the same time. However, the multiple selves framework of behavioral economists is not limited to temporal selves. A same person may be meaningfully said to have multiple selves at one time. Here, the case for reductionism is far less convincing.

A is an agent if and only if:

i) *Boundary condition*: *A* can be relatively easily identified as being *A* through her agency, including intertemporal agency.

ii) *Narrative condition*: *A* thinks of herself as a unit of agency and can make sense of the continuity of her decisions made in the past and the decisions she is thinking to make in the future.

The narrative condition implies that an agent views herself as someone "who chooses and lives a particular life [...] as things stand, it is *qua* the occupant of this particular body that [she] lives a life, [has] ongoing relationships, realizes ambitions, and carries out plans" (Korsgaard 1989, p. 122). As a unit of agency, an agent is responsible for all her actions and is interested in the consequences not only of her present action but also in the consequences of the future ones. As an agent, I *do* have a reason to care for my future or for whatever may happen to me. Quite sensibly, the narrative condition may be seen as the result of a practical necessity: the unity of agency results from the indisputable fact that an agent's various selves share the same body. Even split-brain persons must (and generally, succeed in) satisfy the narrative condition by integrating their possibly conflicting conscious neuronal activities into a unique agency (Korsgaard 1989). The boundary condition states that the unity of agency constitutive of personality must be recognized not only by the agent herself, but also by those with whom she interacts. This is particularly important in the case of intertemporal relationships: I am incline to trust someone making a promise because I recognize her as agent, liable on her past decisions and endowed with a form of continuity in her agency[20].

On the basis of this definition, I claim that we have solid reasons to accept the following proposition:

Moral Significance of Agency (MSA): The scope of morality is restricted to agents. Since selves are not agents, relations between selves are outside the scope of morality.

I will argue that the rejection of proposition MSA entails implausible moral and practical conclusions. First, should we accept the above definition of agency and should we deny to selves the agent label?

20. Note that this definition of agency applies not only to human agent but also to some groups of human agents, such as a corporation. Below, I refer to the latter as "groups of agents" even though they are agents in their own rights.

An argument made by Glen Weyl (2009) on the basis of some results in neurosciences indicates a positive answer. If we took seriously the idea of multiple selves, then to grant priority to one of them would be analogous to accept the possibility of dictatorship in something akin to Arrow's impossibility theorem regarding collective decision making. Dictatorship is generally not considered an acceptable condition in the context of group decision. It is not obvious why we should accept the contrary in the case of intrapersonal bargaining between selves. There is one difference though: in the case of collective decision making, the very notion of dictatorship has a well-defined meaning. Even if it can be ethically or epistemologically argued against, to make a group decision the function of a unique member's decision is possible and makes sense. Here, the analogy breaks when considering intrapersonal decision making. Indeed, some works in neurosciences tend to suggest that conflicting selves are required for optimal decision making or even for decision making *tout court*. For instance, Adi Livnat & Nicholas Pippenger (2006) argue that conflicting selves can be understood as the product of evolutionary pressures working at the level of the individual: given physiological and computational limitations, an optimal decision-making system may involve "selfish" selves in conflict with one another. In this sense, dictatorship seems to be an evolutionary non-sense. The multiplicity of selves can then be understood as a functional property required for optimal decision-making. To annihilate (or to weight) some selves seems to run contrary to this functional necessity.

More importantly, as Weyl (2009, p. 146) notes, Livnat & Pippenger's result has also another possible implication: "We need not see potentially conflicting preferences as separate agents or selves within an individual. Instead [...] they might represent independent, distinct criteria for evaluating actions that are not commensurable with one another". Because an individual's various and conflicting selves form a coherent whole at a systemic level, it is not clear that one can identify a rational individual with only her "rational" selves. For instance, a striking result in neurosciences is that reason and emotions cannot be meaningfully separated in the decision-making process (Damasio 1994). A rational agent devoid of any emotion is unable to make simple choices because the act of choice implies both reason and emotions. I take this kind of results to imply that, even if we accept to consider selves as real cognitive or neuronal processes, it is meaningless to take them separately both to explain and to evaluate decision making. In other words, even if one day neurosciences allow us to clearly identify which specific brain region is activated when one is making a particular decision in a particular context (thus somehow satisfying the boundary condition), it would not follow that selves are agents. The functional role of the selves can only be understood when set against the other selves that constitute an agent (the narrative condition). A self cannot reasonably be considered as an agent and thus, according to proposition MSA, moral relations and conceptions should not apply to it.

Acknowledging this definition of what an agent is, proposition MSA seems difficult to reject. Indeed, the argument presented above suggests that contrary to Parfit's claim, psychological connectedness and continuity are *axiologically significant*. A rejection of MSA would lead to morally and practically odd conclusions. For instance, assume that selves have deontic powers (a natural implication of the claim that the scope of morality extends to selves). This may lead to the following simple conundrum: an agent's "emotional-self" A^E causes harm to another agent's "rational-self" B^R. B^R, whose rights have not been respected, is asking for reparation. But if we take seriously the idea that deontic powers apply to selves, then B^R should be asking reparation only to A^E but not to A's rational-self, A^R. This is simply non-sense: if we accept the claim made above that an individual's decision is often (or always) the result of the systemic interaction of several selves, one cannot meaningfully attribute deontic powers to a self but not to the others. Moreover, if selves were to be understood as agents endowed with deontic powers, then deontic relationships should apply not only between the selves of a single individual (as it is mostly the case in soft paternalism), but also between the selves of different individuals as in my example. At the time of writing, this is science-fiction. I conclude that the multiple selves framework does not offer a normatively appropriate point of view.

Even if this defense of paternalism was successful, it would not be available to the behavioral economists like Thaler and Sunstein who emphasize the "libertarian" or autonomy dimension of their normative position, as Ferey (2011) rightly points out[21]. Freedom and autonomy are values that pertain to persons as agents, not to selves. Any reductionist account of personhood is problematical from this point of view: it is unclear how and why values related to the agency dimension of persons (rather than their welfare dimension) should remain normatively significant if persons are no longer the locus of the normative analysis. Once again, this suggests that behavioral economists create problems for themselves by remaining committed to welfarism. Virtually all the normative discussion in behavioral economics is concerned with the welfare or well-being aspect of the person. Despite occasional (and mostly rhetorical) appeals to freedom or autonomy, the agency aspect is almost never seriously taken into consideration[22]. This is not surprising given the fact that standard welfare economics has essentially ignored this latter aspect. This clearly militates for a broadening of the normative views of behavioral economists, whether or not to defend paternalistic policies.

6. CONCLUSION

Relying on a "common sense moral philosophy", several behavioral economists defend the implementation of softly paternalistic policies on the ground that individuals significantly fail to be consistent in their choices. I have shown however that this argument for soft paternalism fails because it relies on a dubious moral premise. More exactly, this moral premise depends on an ill-defined concept of welfare which lacks a convincing account of rational preferences. Moreover, I have argued that an alternative defense of paternalism based on a reductionist account of personhood is neither convincing nor available to behavioral economists.

21. Ferey (2011) suggests that John Rawls' discussion of paternalism in *Theory of Justice* provides more solid moral foundations to libertarian paternalism. In particular, Rawls emphasizes the moral continuity of the person and argues that rational persons may plausibly agree to paternalistic policies behind the veil of ignorance. This is indeed an interesting possibility but it immediately leads to the issue of *consent* of people. This is a crucial issue given the fact that the effectiveness of many nudges proposed by Thaler and Sunstein seems to depend on some form or another of manipulation. I cannot discuss this point here as it would take us far beyond the problem tackled by this paper.

22. See Sen (1987, chap. II) for an insightful discussion of the duality between the well-being aspect and the agency aspect of the person.

The argument developed in this paper can be usefully – though a little imprecisely – summarized as the claim that soft paternalism has not solved adequately the reconciliation problem identified by McQuilin & Sugden (2012b). This may lead to two views regarding the way the 'logical argument for soft paternalism' can be changed. These views are related but of unequal strength. The weaker view is that normative behavioral economics should abandon its commitment to a "subjectivist" version of the informed-desire view of welfare. Other versions of the informed-desire view rely on a 'prudential value' account or an 'objective theory of reasons' of the kind developed by Parfit (2011). These versions are not vulnerable to the cognitive argument which greatly limits the normative relevance of the subjectivist version (Qizilbash 2012). But there has been a clear reticence among the proponents of soft paternalism to engage in such a moral and philosophical debate. Moreover, these versions are far from automatically justifying paternalistic policies, whether soft or not. The stronger view is that normative behavioral economics should abandon its commitment to the whole informed-desire view of welfare. But this is not clear how this can be done in the context of welfare economics. Indeed, this would probably entail to give up the preference-satisfaction criterion of welfare economics. A more general approach to welfare, possibly based on some kind of happiness metrics, may eventually lead some results in behavioral economics to normatively justify some paternalistic policies, though this is also doubtful as I noted above (see n. 6). The necessity to take into account the agency aspect of persons highlighted at the end of the preceding section even suggests giving up welfarism as a whole. Still, whatever one's position on this issue, this clearly indicates that behavioral economics has to seriously engage with moral philosophy.

REFERENCES

Bénabou, R. & Tirole, J. 2002. "Self-Confidence and Personal Motivation". *The Quarterly Journal of Economics*, 117(3), 871-915.

Berg, N. & Gigerenzer, G. 2010. *As-If Behavioral Economics: Neoclassical Economics in Disguise?*, Rochester, NY: Social Science Research Network. Available at: http://papers.ssrn.com/abstract=1677168.

Bernheim, B.D. & Rangel, A. 2007. "Toward Choice-Theoretic Foundations for Behavioral Welfare Economics". *The American Economic Review*, 97(2), 464-470.

—. 2008. "Choice-Theoretic Foundations for Behavioral Welfare Economics". *In* A. Caplin & A. Schotter (eds.), *The Foundations of Positive and Normative Economics*, Oxford: Oxford University Press, 155-192.

—. 2009. "Beyond Revealed Preference: Choice-Theoretic Foundations for Behavioral Welfare Economics". *The Quarterly Journal of Economics*, 124/1, 51-104.

Bhattacharyya, A., Pattanaik, P. & Xu, Y. 2011. "Choice, Internal Consistency and Rationality". *Economics and Philosophy*, 27/2, 123-49.

Broome, J. 1993. "A cause of preference is not an object of preference". *Social Choice and Welfare*, 10/1, 57-68.

Camerer, C. *et al.* 2003. "Regulation for Conservatives: Behavioral Economics and the Case for 'Asymmetric Paternalism'". *University of Pennsylvania Law Review*, 151/3, 1211.

Damasio, A. 1994. *Descartes' Error: Emotion, Reason and the Human Brain*, New York: Putnam.

Dasgupta, P. & Maskin, E. 2005. "Uncertainty and Hyperbolic Discounting". *The American Economic Review*, 95/4, 1290-1299.

Davis, J.B. 2011. *Individuals and Identity in Economics*, Cambridge: CUP.

Dietrich, F. & List, C. 2012. "Mentalism versus behaviourism in economics". *Working paper.*

Dworkin, G. 2010. "Paternalism". *In* E. N. Zalta (ed.), *The Stanford Encyclopedia of Philosophy*. Available at: http://plato.stanford.edu/archives/sum2010/entries/paternalism/.

Ferey, S. 2011. "Paternalisme libéral et pluralité du moi". *Revue économique*, 62/4, 737-750.

Gigerenzer, G. & Selten, R. (eds.). 2002. *Bounded Rationality: The Adaptive Toolbox*, Cambridge: The MIT Press.

Gilboa, I. & Schmeidler, D. 2001, *A Theory of Case-Based Decisions*, Cambridge: CUP.

Grüne-Yanoff, T. 2012. "Old Wine in New Casks: Libertarian Paternalism Still Violates Liberal Principles". *Social Choice and Welfare*, 38/4, 635-645.

Gul, F. & Pesendorfer, W. 2008. The Case for Mindless Economics. *In* A. Caplin & A. Schotter (eds.), *The Foundations of Positive and Normative Economics*, Oxford: Oxford University Press, 4-39.

Harsanyi, J.C. 1955. "Cardinal Welfare, Individualistic Ethics, and Interpersonal Comparisons of Utility". *Journal of Political Economy*, 63/4, 309-321.

—. 1977. *Rational Behaviour and Bargaining Equilibrium in Games and Social Situations*, Cambridge: CUP Archive.

—. 1996. "Utilities, preferences, and substantive goods". *Social Choice and Welfare*, 14/1, 129-145.

Hausman, D.M. & McPherson, M.S. 2006. *Economic Analysis, Moral Philosophy and Public Policy* 2 e éd., Cambridge: CUP.

Kahneman, D., Wakker, P. P. & Sarin, R. 1997. "Back to Bentham? Explorations of Experienced Utility". *The Quarterly Journal of Economics*, 112/2, 375-406.

Korsgaard, C. 1989. "Personal identity and the unity of agency: A Kantian response to Parfit". *Philosophy and Public Affairs*, 18/2, 101-132.

Layard, R. 2006. *Happiness: Lessons from a New Science*, New York: Penguin Books.

Livnat, A. & Pippenger, N. 2006. "An optimal brain can be composed of conflicting agents". *Proceedings of the National Academy of Sciences of the United States of America*, 103/9, 3198-3202.

LOEWENSTEIN, G. & HAISLEY, E. 2008. "The Economist as Therapist: Methodological Ramifications of 'Light Paternalism'". *In* A. Caplin & A. Schotter (eds.), *The Foundations of Positive and Normative Economics*, Oxford: Oxford University Press, 210-245.

MCQUILLIN, B. & SUGDEN, R. 2012a. How the market responds to dynamically inconsistent preferences. *Social Choice and Welfare*, 38(4), 617-634.

—. 2012b. "Reconciling normative and behavioural economics: the problems to be solved". *Social Choice and Welfare*, 38/4, 553-567.

NAGEL, T. 1971. "Brain Bisection and the Unity of Consciousness". *Synthese*, 22/3-4, 396-413.

—. 1986. *The View From Nowhere*, Oxford: Oxford University Press.

O'DONOGHUE, T. & RABIN, M. 2003. "Studying Optimal Paternalism, Illustrated by a Model of Sin Taxes". *The American Economic Review*, 93/2, 186-191.

—. 2006. "Optimal sin taxes". *Journal of Public Economics*, 90/10-11, 1825-1849.

PARFIT, D. 1984. *Reasons and Persons*, Oxford: Oxford University Press.

—. 2011. *On What Matters: Volume One*, Oxford: Oxford University Press.

QIZILBASH, M. 2012. "Informed desire and the ambitions of libertarian paternalism". *Social Choice and Welfare*, 38, 647-658.

RAILTON, P. 1986. "Moral Realism". *The Philosophical Review*, 95, 163-207.

ROBSON, A.J. 2001. "The Biological Basis of Economic Behavior". *Journal of Economic Literature*, 39/1, 11-33.

— & Samuelson, L. 2007. "The Evolution of Intertemporal Preferences". *The American Economic Review*, 97/2, 496-500.

ROSS, D. 2005. *Economic Theory And Cognitive Science: Microexplanation*, Cambridge: The MIT Press.

— *et al.* 2008. *Midbrain Mutiny: The Picoeconomics and Neuroeconomics of Disordered Gambling*, 1re éd., Cambridge: The MIT Press.

SAINT-PAUL, G. 2011. *The Tyranny of Utility: Behavioral Social Science and the Rise of Paternalism*, New York: Princeton University Press.

SEN, A.K. 1986. "Social Choice Theory". *In* K.J. Arrow & M.D. Intriligator (eds.), *Handbook of Mathematical Economics, Vol. III*, North-Holland, 1073-1181.

—. 1987. *On Ethics and Economics*, Oxford: Blackwell Publishing.

—. 1997. "Maximization and the Act of Choice". *Econometrica*, 65, 745-779.

SMITH, V.L. 2009. *Rationality in Economics: Constructivist and Ecological Forms*, 1re éd., Cambridge: CUP.

SUGDEN, R. 1985. "Why be Consistent? A Critical Analysis of Consistency Requirements in Choice Theory". *Economica*, 52, 167-183.

—. 2004. "The Opportunity Criterion: Consumer Sovereignty without the Assumption of Coherent Preferences". *The American Economic Review*, 94/4, 1014-1033.

—. 2008. "Why incoherent preferences do not justify paternalism". *Constitutional Political Economy*, 19/3, 226-248.

—. 2011. *The behavioural economist and the social planner: to whom should behavioural welfare economics be addressed?*, Max Planck Institute of Economics, Evolutionary Economics Group. Available at: http://ideas.repec.org/p/esi/evopap/2011-21.html.

SUNSTEIN, C. & THALER, R. 2003. *Libertarian Paternalism Is Not An Oxymoron*, Rochester, NY: Social Science Research Network. Available at: http://papers.ssrn.com/abstract=405940.

THALER, R.H. 1987. "Amomalies: The January Effect". *The Journal of Economic Perspectives*, 1/1, 197-201.

— & SUNSTEIN, C.R. 2009. *Nudge: Improving Decisions About Health, Wealth, and Happiness* Revised & Expanded, New Haven: Yale University Press.

WEYL, E.G. 2009. "Whose rights? A critique of individual agency as the basis of rights". *Politics, Philosophy & Economics*, 8/2, 139-171.

WEYMARK, J. 1991. "A reconsideration of the Harsanyi-Sen debate on utilitarianism". *In* J. Elster and J. Roemer (eds.), *Interpersonal Comparisons of Well-Being*, Cambridge: Cambridge University Press, 255-320.

WHITMAN, G. 2006. "Against the New Paternalism. Internalities and the Economics of Self-Control". *Policy Analysis*, 563, February 22.

Kolm et le démembrement de la propriété de soi. Une justification "libérale" de la redistribution des revenus

Jean-Sébastien Gharbi *

Résumé

Le concept de propriété de soi occupe une place tout à fait centrale dans les débats sur les fondements philosophiques des théories libérales de la justice sociale. Le but de cet article est de mettre en évidence l'intérêt, l'originalité et la portée de la position qu'adopte Serge-Christophe Kolm (2005) vis-à-vis de ce concept. Le démembrement de la propriété de soi est, en effet, l'une de ses propositions majeures, tant par elle-même, que par les conséquences qu'elle a en termes de redistribution des revenus et d'égalisation des libertés individuelles de choix.

Mots-clés : redistribution des revenus, propriété de soi, libéralisme, Elie, Kolm

Abstract

The concept of self-ownership is central in debates on philosophical groundings of liberal theories of social justice. This article discusses the relevance, the originality, and the scope of Serge-Christophe Kolm's original position (2005) regarding this key concept. Indeed, dismemberment of self-ownership is one of Kolm's major proposals, which has far-reaching consequences in terms of income redistribution, and of individual freedoms of choice equalization.

* Regards, Université de Reims Champagne-Ardenne. Contact : jsgharbi@gmail.com.

Des versions antérieures de ce texte ont nettement bénéficié de remarques et commentaires de Claude Gamel, Philippe Grill, Serge-Christophe Kolm, André Lapied, Jean Magnan de Bornier, Cléa Sambuc, Yves Meinard et Alain Wolfelsperger, ainsi que de deux rapporteurs anonymes. L'auteur reste bien évidemment seul responsable des défauts qui subsistent.

Ce travail a bénéficié d'un financement par l'*European Union Seventh Framework Programme* (FP7/2007-2013), programme Libeac, sous le numéro d'agrément n° PIRSES-GA-2012-317767.

Keywords: Income redistribution, Self-Ownership, Liberalism, Elie, Kolm

Classification JEL : D31, H20, P26

INTRODUCTION

Le concept de propriété de soi se définit classiquement, et depuis le *Second Traité du gouvernement* de John Locke [1] (1690, p. 22), comme le droit de contrôle de l'usage de sa propre personne. Plus précisément, on peut le décomposer en trois propositions : 1) Je suis propriétaire de mon corps – affirmation qui signifie simplement que, dans la mesure où je ne serais pas libre si l'on pouvait utiliser mon corps sans mon consentement, je suis (et dois, par principe, être) le seul à avoir le droit d'en disposer. 2) Je suis propriétaire de mon travail – puisque je suis propriétaire de mon corps, je suis libre de contrôler l'utilisation de son énergie et de ses talents. 3) Je suis propriétaire des fruits de mon travail – puisque je suis propriétaire de mon travail, les conséquences directes de celui-ci me reviennent de droit. On voit aisément que cette façon de présenter le rapport à soi-même en termes de propriété et de considérer que les trois propositions ci-dessus sont logiquement indissociables peut être utilisée comme argument contre l'idée d'une redistribution des revenus issus du travail. C'est la position qu'adoptent les auteurs qu'il est aujourd'hui convenu d'appeler « libertariens de droite » (Nozick, Rothbard, D. Friedman).

Comme tous les égalitaristes libéraux (Sen, Cohen, Arneson, Rawls), Kolm refuse l'idée que les individus sont pleinement propriétaires d'eux-mêmes. Cohen (1995), sans doute la tentative la plus développée d'un égalitariste libéral pour discuter cette idée dans le détail, tentait de justifier ce refus sans y parvenir de façon tout à fait satisfaisante (1995, p. 18). Au terme de son parcours, Cohen conclut de façon un peu circulaire que l'importance qu'il prête à l'égalité (et à la redistribution des revenus qu'elle implique selon lui) ne peut que l'amener à rejeter l'idée de pleine propriété de soi (1995, p. 228). Il est ainsi possible de lire *Macrojustice* de Kolm (2005) comme se donnant,

1. Richard Overton est le premier à avoir affirmé la pleine propriété de soi dans son pamphlet intitulé *An Arrow Against All Tyrants* (1646). Il est toutefois indiscutable que c'est le texte de Locke qui a fait date dans l'histoire de la pensée.

entre autres, pour objectif d'achever le programme que s'était donné Cohen dans *Self-Ownership, Freedom and Equality*.

Plutôt que s'en tenir à un refus de principe, Kolm justifie celui-ci en développant une approche qui prétend être le fondement jamais aussi clairement explicité de toutes les positions en faveur de la redistribution des revenus défendues par les égalitaristes libéraux. Pour être un peu plus précis, Kolm va être conduit à montrer que la redistribution des revenus issus du travail individuel ne contrevient pas à la liberté individuelle en élaborant une théorie du « démembrement de la propriété de soi » (idée qui doit être comprise en référence à ce que le droit appelle « démembrement » de la propriété d'un bien).

L'importance du démembrement de la propriété de soi dans la théorie économique de la justice développée par Kolm a été jusqu'à présent largement sous-estimée par les articles portant sur le modèle ELIE (pour « *Equal-Labor Income Equalization* ») de redistribution des revenus. En dépit du rejet explicite par Kolm de la pertinence du welfarisme[2] dans le cadre de la macrojustice, les travaux portant sur ce modèle adoptent en effet une démarche héritée de la tradition (welfariste) de la fiscalité optimale pour le présenter et le discuter (Fleurbaey & Maniquet, 2011 ; Simula & Trannoy, 2011a, 2011b). Ce parti-pris les conduit à proposer des voies d'amélioration du modèle ELIE qui reviennent à négliger cette prise de distance avec le welfarisme.

Ce cadre d'interprétation du modèle ELIE, teinté de welfarisme, est accepté par toutes les tentatives d'évaluation des conséquences de ce modèle au moyen de simulations. Ooghe & Schokkaert (2011), qui posent la question de savoir si ELIE est un système de redistribution inutile et coûteux, affirment ainsi la parenté de leur approche avec celle de Simula & Trannoy (2011a) (Ooghe & Schokkaert, p. 237, n. 1). Ces deux auteurs présentent le modèle ELIE de Kolm comme un optimum de premier rang inaccessible (en raison d'une asymétrie d'information) et devant, par conséquent, laisser la place à une situation certes moins efficace, mais réalisable (*ibid.*, p. 246-247). Lubrano (2011) accepte l'idée, aussi défendue par Simula & Trannoy (2011a, 2011b), que le modèle ELIE contraint tout individu à travailler au moins un certain temps (Lubrano, p. 279).

2. Sen définit le welfarisme comme la doctrine qui affirme qu' « en définitive, le caractère souhaitable (*goodness*) d'un état du monde dépend de l'ensemble des utilités individuelles de cet état, et – plus précisément (*more demandingly*) – peut être vu comme une fonction croissante de cet ensemble » (Sen (1979), p. 464).

Or, le seul argument pour défendre une telle lecture du modèle Elie consisterait à accepter l'idée (fondamentalement welfariste) d'un arbitrage entre efficacité sociale et liberté individuelle – idée à laquelle Kolm s'oppose formellement. Pour leur part, de la Croix & Lubrano (2011) prennent comme objectif évident et ininterrogé la maximisation intertemporelle du capital humain sous contrainte de redistribution des revenus (de la Croix & Lubrano, 2011, p. 334) – alors même que toute la démarche de Kolm se construit contre l'idée que l'objectif d'une société est la maximisation du bien-être social[3].

Le welfarisme inhérent à ces « lectures » explique sans doute que tous ces articles aient sous-estimé l'importance du démembrement de la propriété de soi et aient pris, à tort selon nous, la représentation graphique du modèle Elie pour l'alpha et l'oméga de la réflexion kolmienne sur la macrojustice, alors qu'il n'en est qu'une partie – qui demeure susceptible d'être mal comprise si on ne la replace pas en cohérence avec la théorie de la liberté individuelle qui la sous-tend. Toutefois, et à la décharge des auteurs de ces articles, il faut bien reconnaître que malgré son rôle de fondement du modèle Elie, le démembrement de la propriété de soi n'est jamais exposé clairement et d'un seul tenant par Kolm.

Dans cet article, nous nous donnons plusieurs objectifs qui reviennent ensemble à mettre en évidence l'intérêt, l'originalité et la portée de la théorie kolmienne du démembrement de la propriété de soi. Nous reconstruirons cette théorie à partir des éléments disséminés dans *Macrojustice* (2005) et dans ses « articles satellites », nous montrerons comment cette théorie justifie la représentation graphique du modèle Elie et nous montrerons aussi que cette représentation graphique n'est pas le dernier mot de Kolm concernant la redistribution des revenus. Une telle reconstruction, qui met en évidence la cohérence interne et de la complexité de l'argumentation kolmienne autour de la propriété de soi, est un préalable indispensable à une possible discussion critique. Cette complexité peut en effet aisément conduire à lui adresser des critiques qui manquent, au final, leur cible. Notre objectif n'est donc pas, ici, de défendre le point de vue de Kolm, mais bien de clarifier sa position.

Dans ce but, nous interrogerons tout d'abord la différence entre démembrement classique de la propriété et démembrement de la

3. Sur le sens du non-welfarisme du modèle Elie, voir Gharbi & Meinard (2015).

propriété de soi (1). Nous pourrons ainsi présenter la représentation graphique de la règle ELIE de redistribution des revenus en mettant en évidence le fait qu'elle n'est rien d'autre que la représentation du démembrement de la propriété de soi (2). Cette représentation graphique posant (au moins) un problème majeur en termes de liberté individuelle, nous serons ensuite conduit à questionner la forme de libéralisme défendue par Kolm et notamment à montrer en quoi celui-ci diffère du libéralisme « classique » (3). Nous achèverons notre parcours en insistant sur le fait que le démembrement de la propriété de soi est un argument s'opposant à toutes les formes de libertarisme (4).

1. DÉMEMBREMENT ET PROPRIÉTÉ DE SOI

Le modèle ELIE de redistribution des revenus trouve à la fois son origine et son fondement dans une réflexion sur la propriété et tout particulièrement sur la propriété de soi. En effet, si l'on admet que les individus sont pleinement propriétaires d'eux-mêmes, il est impossible de justifier une forme quelconque de redistribution des revenus issus du *seul* travail – attendu que les fruits de mon travail m'appartiennent alors indiscutablement et intégralement. Le démembrement de la propriété de soi apparaît donc comme une condition nécessaire de la construction du modèle ELIE.

Nous expliquerons tout d'abord ce que signifie le terme « démembrement » dans l'expression « démembrement de la propriété de soi » (1.1), avant de nous tourner vers une conséquence majeure de cette idée, à savoir le fait qu'elle conduit à considérer que les individus sont partiellement locataires d'eux-mêmes (1.2).

1.1 *Le « démembrement » de la propriété de soi*

Classiquement, on définit le droit de propriété, ou encore droit en pleine propriété d'un bien, comme comportant trois attributs :

– l'*usus* (ou *jus utendi*), le droit d'usage du bien ;

– le *fructus* (ou *jus frutendi*), le droit d'en percevoir les fruits et les produits ;

– l'*abusus* (ou *jus abutendi*), le droit de disposer de sa propriété comme on l'entend : donation, vente, voire même destruction.

Une séparation du droit de propriété en deux parties distinctes est toutefois possible. C'est le cas classique de l'usufruit, dans lequel une ou plusieurs personnes se voient temporairement attribués l'*usus* et le *fructus* d'un bien appartenant à un tiers qui ne garde, pour sa part, que l'*abusus*. L'*abusus* dissocié de l'*usus* et du *fructus*, autrement dit le droit qui est complémentaire de l'usufruit, s'appelle le « droit de nue-propriété ». On parle alors de « démembrement de la propriété ».

Dans un tel cas, le seul « propriétaire » du bien est le détenteur de l'*abusus* : les usufruitiers ne sont pas « propriétaires » du bien dont ils ont l'usage et dont ils jouissent des fruits. C'est pour cette raison qu'ils doivent s'en servir en « bon père de famille », c'est-à-dire payer les charges normales d'entretien et restituer le bien au propriétaire à la fin de la période d'usufruit.

Kolm défend l'idée qu'une personne n'est pas pleinement propriétaire de ses capacités productives et porte atteinte à l'unité de la pleine propriété telle qu'elle est définie par la réunion de l'*usus*, de l'*abusus* et du *fructus* (2005, p. 91). C'est pour cette raison qu'il utilise la formule « démembrement de la propriété de soi » (2007a, p. 71). La démarche consiste en effet à poser à la fois que les capacités productives d'une personne sont un bien et que les attributs classiques de la propriété sont, pour lesdites capacités, toujours en droit dissociés.

Il est extrêmement important de préciser que les « capacités productives » dont parle Kolm (et qui forment l'assiette du modèle ELIE de redistribution des revenus) ne sont pas les capacités de gains salariaux maximaux, mais *les capacités productives effectivement utilisées pour obtenir un revenu* (Kolm, 2007a, p. 79).

> Les gens comprennent que les personnes qui bénéficient d'une capacité à gagner élevée fournissent une certaine aide à ceux qui n'ont pas cette chance, mais seulement si cette capacité produit en effet un gain, pas si cette personne préfère ne pas travailler ou travailler très peu, donc en taxant son loisir comme s'il produisait ce haut revenu. De même, si quelqu'un préfère un travail plus agréable mais moins rémunérateur qu'un autre, *c'est ce salaire effectif qui importe* et non le salaire potentiel qu'il pourrait obtenir autrement (Kolm 2009, p. 48, nous soulignons).

Ainsi un actuaire qui déciderait de devenir instituteur paierait en fonction de ses revenus d'instituteur et pas en fonction de ses revenus (possibles) d'actuaire. Si l'on taxait le seul fait d'avoir certaines capacités et non pas celui de les utiliser pour obtenir un revenu, les porteurs de fortes capacités productives se retrouveraient face à l'alternative d'être soit (1) obligés de travailler, soit (2) de devoir trouver un autre moyen d'acquitter ce droit de rente. Et ces deux possibilités serait pour eux une contrainte et donc une violation de leur liberté sociale[4]. Or la liberté sociale, qui a dans *Macrojustice* une place principielle, exige que « les personnes ne (soient) pas contraintes par d'autres, individuelles ou en groupes ou institutions » (Kolm 2006, p. 57).

Tout en notant l'analogie entre les deux formes de « démembrement », dans la mesure où il y a, dans les deux cas, une fragmentation de l'unité supposée de la totalité formée par l'*usus*, le *fructus* et l'*abusus*, il convient de relever certaines différences. Outre le fait que le démembrement de la propriété de soi n'est pas temporaire comme l'est le droit d'usufruit, on doit remarquer que la ligne de séparation entre les trois attributs de la propriété n'est, en l'occurrence, pas la même. En effet, alors que dans le cas du démembrement classique de la propriété l'*usus* et le *fructus* vont à une ou plusieurs personnes et l'*abusus* à une ou plusieurs autres. Dans le cas du démembrement de la propriété de soi, Kolm entend répartir le *fructus* entre, d'une part, la personne porteuse de certaines capacités productives (à laquelle reviennent aussi l'*usus* et l'*abusus*) et, d'autre part, toutes les autres personnes de la société.

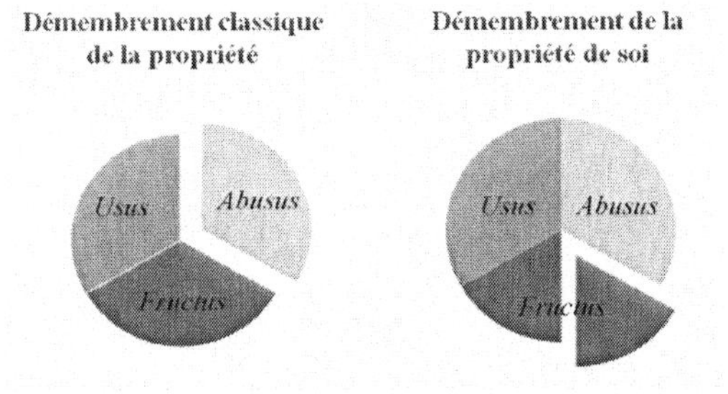

Les deux formes de démembrement de la propriété

En décomposant la propriété de soi en droits de contrôle (qui comprennent notamment le droit de se vendre ou de se détruire), d'une part, et droit au revenu, d'autre part, Christman (1991) et

4. Kolm utilise les formules « liberté sociale (*social freedom*) » et « liberté processuelle (*process freedom*) » quasiment comme des synonymes. Les deux expressions désignent l'absence de contrainte et renvoient à ce que l'on appelle assez communément « liberté formelle ». Pour cette raison, et afin de faciliter la lecture, nous n'utiliserons que l'expression « liberté sociale » dans la suite de ce texte.

Taylor (2005) adoptent une position assez proche de celle de Kolm. Ces auteurs ne se réfèrent, toutefois, pas à la tripartition *usus/abusus/fructus*. De plus, ils défendent l'idée que le droit au revenu d'un individu n'a aucun lien avec son droit de contrôle, alors que Kolm pose qu'une part au moins du *fructus* de soi est indissolublement liée à son *usus*, et revient donc en droit à l'individu.

La question se pose alors de savoir si l'on peut fractionner, comme le fait Kolm, le *fructus* des capacités productives d'une personne sans fractionner par le fait même son *usus* et son *abusus* desdites capacités.

Le fait que l'*abusus* soit limité ne poserait guère de problème nouveau dans la mesure où l'on se trouverait dans la même situation que lorsque le droit de pleine propriété est partagé en usufruit, d'une part, et en droit de nue-propriété, d'autre part. Dans le cas classique de l'usufruit, le titulaire de la nue-propriété n'a pas le droit de détruire le bien dont il est propriétaire, il voit donc son *abusus* limité du fait du démembrement de sa propriété, et cela afin de garantir aux usufruitiers la jouissance de leurs droits. Toutefois, il ne semble pas que, dans le cas du démembrement de la propriété de soi, l'*abusus* de ses propres capacités productives soit limité. Kolm ne mentionne pas, par exemple, d'obligation sociale de la part des individus de ne pas détruire leurs capacités productives en raison du fait qu'une part du *fructus* de celles-ci revient à la collectivité. Cela est sans doute lié au fait que les capacités productives qui forment la base de la redistribution dans *Macrojustice* sont les capacités productives effectivement utilisées et pas les capacités productives tout simplement. Détruire ses propres capacités productives consisterait alors à choisir de manière irrévocable de ne plus jamais les utiliser. Le passage du démembrement classique de la propriété au démembrement de la propriété de soi n'implique donc aucune limitation de l'*abusus* de ses propres capacités productives.

Il est important de préciser que si le démembrement de la propriété de soi n'implique aucune limitation de l'*abusus*, cela ne signifie pas pour autant que Kolm accepte l'esclavage volontaire – comme le font la très grande majorité des libertariens. Chez Kolm, la liberté individuelle est en effet un principe, et elle ne peut donc pas être abandonnée au profit d'un autre individu : « Le principe n'implique pas [que l'on] ait le droit de se détruire (suicide, drogue, etc.), ni de se vendre ou de se donner (esclavage) » (1985, p. 74). Dans les pages suivant cette déclaration, Kolm discute explicitement de la soumission volontaire. Toutefois cette limitation (morale) de l'*abusus* d'un individu sur lui-même ne découle pas du démembrement de la propriété de soi.

En revanche, l'idée d'un fractionnement de l'*usus* des capacités productives propres à un individu poserait problème. Le fait que l'*usus* de soi-même se trouve limité par l'attribution à la personne porteuse d'une capacité productive d'une partie seulement du *fructus* de celle-ci, amènerait en effet une nouveauté par rapport au cadre de la distinction entre usufruit et droit de nue-propriété : la personne pourrait alors se trouver *obligée* d'user de ses capacités productives si cela était son seul moyen d'acquitter la taxe y correspondant. L'individu doit donc avoir le plein *usus* de ses propres capacités productives.

En scindant le *fructus* des capacités productives d'un individu en deux parties distinctes, le démembrement de la propriété de soi ne limite donc ni l'*usus*, ni l'*abusus* de ces capacités. Cela pose toutefois la difficile question de savoir quel rapport un individu entretient avec la part de *fructus* qui ne lui revient pas.

1.2 *Locataire partiel de soi*

Les capacités productives sont indissociables des personnes qui en sont porteuses – elles ont, en effet, « la propriété particulière d'être *a priori* incorporées dans des personnes » (Kolm 2007a, p. 71). On doit donc admettre que n'étant pas pleinement propriétaire de ses capacités productives, une personne n'est pas pleinement propriétaire d'elle-même. Kolm dira qu'elle est partiellement « locataire d'elle-même » (2005, p. 60).

Le locataire d'un bien classique se trouve dans l'obligation d'acquitter un loyer pour obtenir le droit d'user du bien en question et de bénéficier des fruits éventuels de cet usage. Il se trouve ainsi face à une alternative : payer un loyer ou renoncer à l'usage du bien dont il n'est pas propriétaire. Nous retrouvons donc, dans le cas de la location d'un bien, le cadre classique de la propriété à ceci près que le *fructus* est scindé d'une part en « rente » (le loyer) et d'autre part en « bénéfice » (les fruits éventuels de l'usage du bien)[5]. Le loyer qui revient au propriétaire servant, en l'occurrence, à obtenir de ce dernier

5. Il n'y a pas lieu d'opposer cette distinction bipartite entre droit de rente et droit aux bénéfices à la tripartition *usus/abusus/fructus*, vu que la première s'insère dans la seconde : « Le droit aux fruits (*jus frutendi*) englobe les droits aux bénéfices et les droits de rente » (Kolm (2005), p. 91).

qu'il cède pour une période déterminée l'*usus* et le *fructus* restant du bien loué.

Dès lors que l'on ne parle plus d'un objet mais des capacités productives d'un individu, la situation est différente. Nous avons vu qu'il est tout à fait impossible d'obtenir l'*usus* des capacités productives dont une autre personne est porteuse (Kolm 2005, p. 92). Cela reviendrait, en effet, à avoir le droit de décider des actions de cette personne à sa place, ce qui violerait sa liberté sociale – c'est-à-dire sa liberté d'agir et de choisir le but de son action. C'est cette raison qui conduit à affirmer que toute personne est « locataire en titre d'elle-même » (Kolm 2007a, p. 72), autrement dit qu'elle est la seule à pouvoir user de ses capacités productives et cela même si elle prend le parti de ne pas le faire.

Toutefois, il faut bien comprendre que cette exclusivité quant à ses propres capacités productives ne signifie pas qu'un individu ne puisse rien céder de l'usage qu'il fait de celles-ci – car alors le fait du salariat serait incompréhensible.

La nécessité pour une théorie de la liberté de penser le salariat se trouvait déjà dans Kolm (1985). Dans sa discussion des thèses de Rawls, Kolm affirmait :

> il y a certaines libertés que l'on abandonne sans cesse. Par exemple lorsqu'on se loue pour un salaire. Rawls ne va certes pas jusqu'à condamner cela, mais il ne précise guère où s'arrêtent ces libertés de base. C'est une interprétation intéressante de la théorie de l'exploitation de Marx que de dire que celui-ci la trouve immorale parce qu'il adhère à une éthique rawlsienne avec une conception extensive de la liberté – puisque le salariat est alors condamnable (1985, p. 382).

L'argument met clairement Rawls en demeure de choisir entre une conception absolue de la liberté, qui le conduirait, avec Marx, à condamner le salariat, ou une conception relative, qui correspondrait point pour point à celle de Kolm.

Le salariat n'est pas à proprement parler l'acquisition par l'employeur de l'*usus* des capacités productives du salarié, sinon ce dernier abdiquerait sa liberté et serait ainsi comme dépossédé de lui-même durant la période où il est employé. À la différence d'un outil, qui n'a aucune volonté propre et, par conséquent, aucune liberté, un salarié choisit librement d'accomplir chacune de ses actions, il n'est pas contraint d'agir. Il reste donc titulaire du plein *usus* des capacités productives qu'il met à la disposition de son employeur. Ce que le salarié cède contre le salaire qu'on lui verse, c'est seulement l'usage qu'il fait *lui-même* de ses capacités et une partie des fruits qui en découlent pour une période définie.

Il faut donc distinguer, d'une part, un *usus* « originel »[6] qui appartient en propre au porteur des capacités productives, et un *usus* « secondaire » qui pourrait être cédé. Et on doit ajouter que le second dépend du premier, mais non l'inverse, que l'*usus* « primaire » est condition nécessaire, mais pas suffisante, de l'*usus* « secondaire ». Pour le dire autrement, et en se référant à la distinction entre liberté « formelle » et liberté « réelle », on pourrait qualifier l'*usus* primaire de « formel », dans la mesure où il est un droit absolu, mais qui reste de pure forme sans l'*usus* secondaire. L'*usus* secondaire pourrait alors être qualifié d'*usus* « réel ».

> La liberté sociale des personnes implique que celles-ci aient *a priori* le droit d'usage en leurs propres capacités. En effet, décider de l'usage de capacités de quelqu'un est commander son action. Cela étant, une personne peut louer un droit d'usage sur ses capacités, le vendre pour un temps. C'est le salariat. Mais elle doit en détenir le droit primaire, de base, initial, si elle est libre. (Kolm 2007a, p. 71).

Alors que la personne « doit » détenir l'*usus* primaire d'elle-même, c'est-à-dire ne peut pas ne pas le détenir (si elle est libre), elle « peut » en céder l'*usus* secondaire. Elle peut donc être salariée sans perdre sa liberté – puisqu'elle est alors la seule à faire (et à pouvoir faire) usage d'elle-même.

La distinction entre *usus* primaire et *usus* secondaire permet de comprendre qu'une personne puisse mettre l'usage qu'elle fait elle-même de ses capacités productives au service d'une autre sans abdiquer, par le fait même, sa liberté. Elle permet aussi de comprendre qu'une personne puisse se trouver locataire d'elle-même. En effet, si louer un bien revient à payer un loyer contre le droit d'usage et la part de *fructus* qui découle de cet usage, être locataire de soi, fût-ce partiellement, ne peut pas signifier qu'on loue le droit d'usage primaire de ses propres capacités productives – cela reviendrait en effet à nier notre liberté. Si donc le porteur de capacités productives doit acquitter un loyer, ce ne peut pas être pour obtenir, comme dans le cas de la location classique,

6. « La liberté sociale implique d'avoir le *droit d'usage* originel de ses capacités personnelles » (Kolm (2006b), p. 490, les italiques se trouvent dans le texte de Kolm).

le plein *usus* et la part de *fructus* qui correspond aux bénéfices – car l'*usus* primaire lui est acquis par principe.

Mais, dans ce cas, que loue le locataire de lui-même ? Il ne pourrait pas être satisfaisant de dire qu'il loue seulement la part de *fructus* qui correspond aux bénéfices, dans la mesure où le bénéfice est indissolublement lié à l'*usus*. Ce qu'il loue, c'est justement l'*usus* secondaire. Le fait d'être locataire en titre de soi-même assure à l'individu de toujours pouvoir (et, encore une fois, d'être le seul à pouvoir) utiliser ses capacités productives, mais elle n'exclut pas que ladite personne ait à verser une contrepartie si elle désire les utiliser.

Autrement dit, un individu, en tant que locataire en titre de lui-même, a le choix entre utiliser ou pas ses capacités productives – sur ce plan, il est totalement libre. Et puisqu'il a le choix de les utiliser ou pas, il possède bien, formellement, le plein *usus* de celles-ci (dans la mesure où la distinction entre *usus* primaire et secondaire n'est pas une partition ou une séparation en deux parties quantitativement distinctes, mais une distinction de raison). Ceci étant dit, s'il choisit d'utiliser ces capacités, dont il n'est pas pleinement propriétaire (il ne possède pas le plein *fructus* de lui-même), il se trouve dans l'obligation d'acquitter un loyer. Ce n'est donc qu'une fois qu'il a décidé d'utiliser ses capacités qu'il doit acquitter une taxe, un droit de rente sur leur valeur. Il reste donc totalement libre d'utiliser ses capacités productives pour transformer son travail en revenu ou pas, et garde ainsi la possibilité de ne pas « louer » ce bien s'il choisit de ne pas en jouir.

« La liberté [sociale] équivaut à avoir le droit d'usage et le droit aux bénéfices [qui correspondent aux fruits éventuels de cet usage] de ses propres capacités » (Kolm 2005, p. 61) – car le contraire reviendrait à ne pas être libre d'agir. Mais elle n'implique pas la pleine propriété de soi (Kolm, 2006, p. 58). Ainsi, un individu peut bien payer une rente pour obtenir l'usage réel de ses capacités et les fruits de cet usage sans que cela remette en cause sa liberté sociale puisque l'*usus* pour lequel il paie n'est pas l'*usus* « primaire » qui s'identifie avec ladite liberté, mais l'*usus* « secondaire » qui dépend du premier sans s'y identifier et qui peut donc, sans difficulté, faire l'objet d'une transaction – comme c'est le cas dans le salariat, notamment. Dans cette analyse, le salaire de l'individu correspond donc à la part de *fructus* appelée « bénéfices » (partie du *fructus* revenant, comme l'*usus* et l'*abusus*, à l'individu dans notre schéma, p. 120), c'est-à-dire à la totalité du *fructus* à laquelle on retire le « droit de rente » (partie du *fructus* ne revenant pas à l'individu, dans le même schéma). Il n'y a donc aucune contradiction à acquitter un droit de rente équivalent à la valeur d'une partie de mes capacités productives pour obtenir l'*usus* « secondaire » de ces capacités dont je suis porteur, *mais pas pleinement propriétaire*.

La question se pose toutefois de savoir si la distinction que nous venons d'établir entre *usus* primaire et *usus* secondaire ne remet pas en cause l'idée que je possède le plein *usus* de moi-même, car sans cela je ne serais pas libre d'agir comme je le souhaite.

Ce n'est pas le cas. En effet le propos n'est pas ici de scinder l'*usus* des capacités productives en deux parties quantitativement distinctes qui ne reviendraient pas en droit à leur porteur. Contrairement à la distinction en deux parties du *fructus* dans le démembrement de la propriété de soi (ou à la fragmentation de l'*usus* dont nous avons discuté dans la section 1.1), la distinction entre *usus* primaire et *usus* secondaire n'est pas une séparation en deux parties, mais une distinction de raison : l'*usus* primaire est la totalité de l'*usus* comprise formellement et l'*usus* secondaire est la totalité de l'*usus* comprise réellement. Le droit de rente que le porteur de capacités productives doit acquitter correspond ainsi à une partie de la valeur de ses capacités et est une partie du *fructus* de celles-ci. Le plein *usus* revient donc bien en droit au seul porteur. Il ne doit s'acquitter d'une taxe, c'est-à-dire abandonner une partie du *fructus* de ses capacités, que s'il les utilise réellement.

La distinction des *usus* primaire et secondaire permet à la fois de poser que les individus sont libres et qu'ils doivent acquitter un « droit de rente » (Kolm 2005, p. 61) pour pouvoir utiliser leurs capacités productives :

> Si [un agent] possède un droit de rente sur la capacité [d'un autre], le porteur doit acquitter la rente correspondante [pour utiliser sa capacité]. Cette somme peut être vue comme le prix payé pour la mise à disposition des services que cette capacité peut fournir. Cette mise à disposition permet au porteur d'user librement de cette capacité et de récolter les bénéfices qui en découlent, quelle que soit leur nature. Le porteur achète ainsi un droit d'user de sa capacité et de bénéficier de cet usage. À raison de ce droit de rente [...], il est seulement locataire de lui-même (Kolm 2005, p. 92).

Cette distinction nous met face au paradoxe que les individus doivent acquitter une forme de loyer pour user de capacités dont ils sont, pourtant, les seuls propriétaires. En effet, les titulaires de la partie du *fructus* de mes capacités productives qui ne me revient pas en droit ne sont pas « propriétaires » de celles-ci, *pas même partiellement* : ils en sont tout au plus les « fruitiers partiels »[7]. Ce paradoxe ne confine pas à la contradiction : il ne serait pas absurde que l'un des usufruitiers d'un bien paie les autres pour obtenir concrètement et totalement l'*usus* et le *fructus* de ce bien. *Mutatis mutandis*, le porteur de capacités productives, en tant que fruitier partiel, se trouve dans l'obligation de verser une rente s'il veut obtenir l'*usus* réel de ses capacités productives et, par conséquent, le *fructus*-bénéfice qui en est corrélatif (mais il n'y est absolument pas obligé s'il ne le souhaite pas).

La redistribution des revenus issus du travail n'implique donc pas, comme le prétend Michael Gorr de façon provocante, que nous soyons *seulement* « actionnaires majoritaires » de nous-mêmes (1995, p. 271) et que la société soit, par conséquent actionnaire minoritaire de nous – voir aussi Nozick (1974, p. 172). En effet, les actionnaires d'une entreprise en sont partiellement propriétaires, ce qui n'est pas le cas de la société dans le démembrement de la propriété de soi défendu par Kolm (qui ne donne aux autres membres de la société que le statut de « fruitiers partiels » des capacités productives d'un individu et donc n'en fait pas des « propriétaires », fût-ce partiellement).

L'alternative que nous avions rencontrée dans le cas de la location classique d'un bien entre payer le loyer ou renoncer à l'usage de celui-ci est reconduite dans la location de soi : l'individu doit choisir entre acquitter une taxe sur ses capacités productives ou renoncer à les utiliser.

Avec le démembrement de la propriété de soi, Kolm pense thématiser un aspect qui demeurait jusque-là presque totalement implicite dans les théories dites « égalitaristes libérales » – caché sous la thèse de la propriété collective des capacités individuelles ou de la solidarité dans une société. Rawls défend bien l'idée d'une mise en commun des capacités productives individuelles : « Le principe de différence représente, en réalité, un accord pour considérer la répartition des talents naturels comme un bien commun (*common asset*) et pour en partager les bénéfices quelle que soit leur répartition [initiale] » (Rawls 1971, p. 132, nous modifions la traduction et ajoutons la précision entre crochets). Ou encore « Les deux principes [de justice] reviennent

7. Cette formule nous a été suggérée par Alain Wolfelsperger.

[...] à prendre l'engagement de considérer la répartition des aptitudes individuelles comme un bien collectif (*collective asset*) » (Rawls 1971, p. 209, nous modifions la traduction)[8]. Toutefois, et bien que sa position semble faire signe vers un tel démembrement de la propriété de soi, Rawls ne traite jamais directement des implications et des difficultés de cet aspect en termes de liberté individuelle. De même, les développements de Christman (1991) et Taylor (2005) semblent appeler un tel démembrement sans jamais aborder les difficultés qui lui sont inhérentes.

Le démembrement de la propriété de soi constitue l'analyse des éléments que présuppose nécessairement la thèse de la propriété collective des capacités productives. L'enjeu de ce travail d'analyse associé au démembrement de la propriété de soi (corrélat nécessaire d'un système d'imposition basé sur les capacités productives individuelles) est de clarifier le sens et les implications de cette position classique chez les égalitaristes libéraux et ainsi de fournir une nouvelle assisse à la justification libérale de la redistribution des revenus issus du travail.

2. LE MODÈLE ELIE DE REDISTRIBUTION DES REVENUS

L'idée centrale de *Macrojustice* est que la justice sociale requiert d'égaliser les libertés des individus. En focalisant son attention sur la liberté, Kolm prend ses distances avec les approches welfaristes[9] qui concentrent toute leur attention sur le bien-être (*welfare*), et qui identifient ainsi la justice sociale à un problème de maximisation des fonctions d'utilité individuelles et collective. Cette prise de distance l'amène à défendre l'idée d'une imposition qui ne se baserait pas sur le revenu total effectif des individus, mais qui serait forfaitaire et porterait sur la valeur économique des capacités productives effectivement mobilisées par les individus dans le cadre de leur travail.

Pour comprendre ce que Kolm entend par la formule « égaliser les libertés des individus », il est nécessaire de distinguer au préalable la liberté sociale de la liberté de choix. Nous l'avons dit, la liberté sociale

8. À ce sujet voir aussi Kernohan (1990).

9. « Le critère pertinent [de la redistribution des revenus] au niveau global se révèlera être non le bien-être mais la liberté » (2007a, p. 62).

se définit par le fait que « les personnes ne sont pas contraintes par d'autres, individuelles ou en groupe ou institutions », ce qui implique « que les personnes doivent être contraintes de ne pas contraindre les autres si elles ne s'en abstiennent pas volontairement » (2006, p. 57). Autrement dit, la liberté sociale se caractérise (qualitativement) par la nature des contraintes qui pèsent sur les individus : les libertés sociales des individus sont, par définition, égales et ne peuvent donc pas se trouver en concurrence. Les libertés de choix des différents individus se définissent, quant à elles (quantitativement) par l'*ampleur* des choix qu'elles rendent possibles et peuvent donc se trouver en conflit. La liberté que Kolm entend égaliser est ainsi la liberté de choix.

La distinction qu'opère Kolm entre liberté sociale et liberté de choix correspond à celle, classique, de la liberté formelle et de la liberté réelle. Et cela signifie que, selon lui, la première est une condition nécessaire, mais pas suffisante de la seconde (2006, p. 67 ; 2007a, p. 69). La liberté réelle se définissant comme la liberté formelle à laquelle on ajoute les *moyens réels d'agir*, la liberté de choix est la liberté sociale à laquelle on ajoute les moyens de choisir réellement, autrement dit un revenu [10]. La façon dont Kolm pose ce problème exclut que les libertés de choix en question puisse être égalisées par le biais d'une imposition des revenus effectivement gagnés ou, pour le dire autrement, des *résultats* du travail (car il s'agirait d'une violation de la liberté sociale des individus ainsi imposés). L'assiette de redistribution ne pourra donc être basée que sur les *moyens* d'obtenir un revenu, c'est-à-dire sur les capacités que les individus mobilisent pour obtenir un revenu. Si les individus étaient entièrement responsables de leurs capacités productives, l'idée de procéder à une telle égalisation de leurs libertés de choix serait difficile à justifier – mais Kolm ne le considère pas.

L'argument mobilisé ici évoque celui de Rawls lorsqu'il faisait remarquer que personne ne mérite son mérite (Rawls 1971, p. 349-350). La critique par Rawls de la méritocratie est liée à son idée de propriété commune des capacités productives individuelles,

10. Il est essentiel de noter que cette liberté, qui est déterminée par le revenu, est seulement une liberté économique – pas une liberté politique, et encore moins une quelconque liberté métaphysique. On pourrait même être tenté de la qualifier de "condition de la liberté" plutôt que de "liberté" à proprement parler. L'égalisation des libertés que vise à garantir la construction de Kolm est ainsi nettement moins ambitieuse que celle se trouvant au centre de l'approche par les capabilités de Sen (1980) : elle est strictement économique et constitue une condition nécessaire d'une liberté comprise de manière plus extensive.

dans la mesure où l'arbitraire du mérite est un argument extrêmement puissant en faveur de la socialisation d'une partie, au moins, des talents. De même, Kolm pose que si l'on a, certes, la responsabilité de l'acquisition d'une partie de nos capacités productives, une autre part, non négligeable, ne dépend pas de nous, mais nous est à proprement parler « donnée ». C'est pour cette raison qu'il considère une partie des capacités productives individuelles (celles dont nous ne sommes pas responsables) comme des ressources données à la société au même titre que les ressources naturelles. Et dès lors l'idée d'une égalisation de celles-ci apparaît moins difficile à admettre.

Le principe de redistribution des revenus préconisé par Kolm consiste à opérer un « partage égal du produit du même travail » (Kolm 2007a, p. 64) ou encore une « égalisation des revenus issus d'un travail égal »[11] (ELIE, pour *Equal-Labour Income Equalization*). Il va de soi que cette formule mérite une explication. Le travail égal dont il est question est un travail « égal » dans le sens où il s'agit de la même durée d'un travail différent. Le travail fourni par les différents individus au cours d'un temps de travail identique serait ainsi rémunéré de façon identique après égalisation – en dépit de toutes les différences qui peuvent exister entre les différentes fonctions qu'occupent les différents individus. Ainsi, un conducteur d'autobus et un chirurgien verraient leurs revenus salariaux égalisés pour une période donnée qui serait fonction d'un paramètre de redistribution k, compris entre 0 et 1 inclus, et leurs revenus ne différeraient que pour leur travail effectué au-delà de cette période.

Ce nouveau schème de redistribution des revenus proposé par Kolm soumettrait ainsi chacun des membres de la société à un transfert de revenu (positif ou négatif selon les cas) proportionnel à la différence entre ses propres capacités productives et les capacités productives moyennes. Si l'on note :

– k, le coefficient de redistribution des revenus d'une structure ELIE ;

– w_i, les capacités productives ou le taux de salaire[12] de l'individu i ;

11. Nous reprenons la traduction proposée par Gamel (2005, p. 184).

12. Le fait de prendre le taux de salaire d'une personne comme base du calcul n'est pas un abandon de l'idée selon laquelle les capacités productives constitueraient une meilleure assiette fiscale que le revenu effectivement gagné. En effet, le taux de salaire est uniquement fonction des capacités productives utilisées par l'individu pour obtenir un revenu, ce que son revenu total effectif n'est pas forcément : il dépend aussi du temps de travail.

– $\overline{w}$ les capacités productives moyennes telles que $\overline{w}=(1/n)\sum w_i$ (avec n le nombre d'individus) ;

– l_i, le temps de travail librement choisi par l'individu i (normalisé de 0 à 1) ;

– λ_i, le temps de loisir de l'individu i (on a donc $\lambda_i = 1 - l_i$) ;

alors un individu i gagnerait, avant redistribution, $w_i l_i$. Selon le modèle ELIE, il transfèrerait ensuite à la société la somme équivalant à kw_i et recevrait d'elle $k\overline{w}$ comme salaire égalisé pour le temps de travail k.

Il va de soi que représenter les capacités productives d'un individu par son *seul* salaire horaire (ou taux de salaire), et donc par une droite, est une approximation – la productivité marginale d'un individu devant probablement être considérée comme décroissante. Si l'on excepte les salaires des "grands patrons", qui relèvent selon Kolm d'un effet de club et par conséquent n'ont pas grand chose à voir avec le marché du travail, le taux de salaire est une variable empiriquement mesurable et qui résume un grand nombre de dimensions du travail (formation nécessaire, expérience mobilisée, intensité du travail lui-même, *etc.*) (Kolm 2005, chap. X). Pour cette raison, Kolm argue que cette approximation « fournit une structure claire, simple et suffisante pour discuter la logique, les raisons morales, les conditions, le sens et les propriétés des distributions ELIE » (2005, p. 145). Kolm présente toutefois un schéma plus raffiné de la structure ELIE dans lequel les courbes de productivité des individus sont des fonctions strictement concaves (2005, p. 210).

Le graphique de la page suivante (adapté de Kolm, 2005, p. 157) représente une société extrêmement simple ne comportant que deux individus dont les capacités productives diffèrent. Il montre que sans transfert le revenu de la personne moins productive que la moyenne (identifié par l'indice pp pour signifier « peu productive ») est égal à $w_{pp}l_i$, de telle sorte que son revenu avant redistribution est compris entre 0 et w_{pp}. Après redistribution, cette personne moins productive que la moyenne bénéficie d'un transfert t_{pp} égal à $k(\overline{w} - w_{pp})$, positif (puisque, par hypothèse, $\overline{w} > w_{pp}$), et son revenu maximal passe de w_{pp} à y_{pp} (avec $y_{pp} = k\overline{w} + (l_i - k)\, w_{pp}$). Cette translation augmente le domaine de choix, et donc la liberté de choix, de cette personne. Il lui est possible d'atteindre un revenu supérieur à celui qu'elle pouvait atteindre dans le meilleur des cas avant la redistribution ($w_{pp} < y_{pp}$). De plus, quelle que soit la période de temps consacrée à travailler, le revenu de cette personne moins productive que la moyenne augmente ($k\overline{w} + (l_i - k)\, w_{pp} > w_{pp}l_i$).

Sans transfert, le revenu de la personne plus productive que la moyenne (identifié par l'indice tp pour signifier « très productives ») est, pour sa part, égal à $w_{tp}l_i$, de telle sorte que le revenu de cette personne est avant transfert redistributif compris entre 0 et w_{tp}. Après redistribution, cette personne très productive « bénéficie », si l'on peut dire, d'un transfert t_{tp} égal à $k(\overline{w} - w_{tp})$, négatif (puisque, par hypothèse, $\overline{w} < w_{tp}$), et son revenu maximal passe de w_{tp} à y_{tp} (avec $y_{tp} = k\overline{w} + (l_i - k)\, w_{tp}$). Quel que soit son temps de travail l_i, pour la personne plus productive que la moyenne ce transfert négatif correspond à une perte de revenu ($k\overline{w} + (l_i - k)\, w_{tp} < w_{tp}l_i$) et donc à une diminution de son domaine de choix.

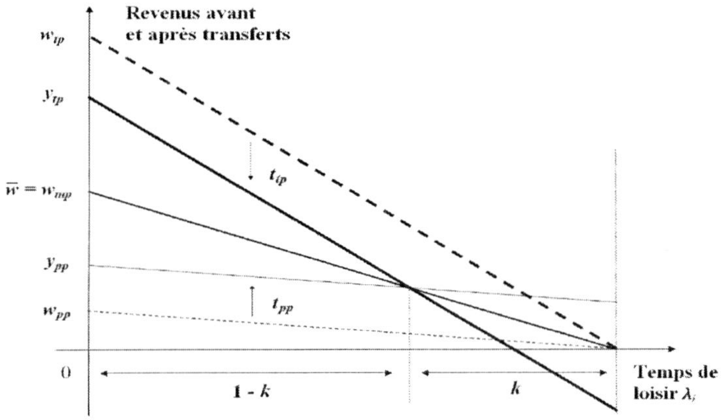

La redistribution de revenus d'après le principe ELIE

Enfin, la droite qui relie un revenu nul pour un temps de travail nul à un revenu $\overline{w}$ pour un temps de travail égal à 1 correspond à la droite de budget d'un individu (en l'occurrence hypothétique puisque notre société ne comprend que deux individus) qui aurait des capacités productives exactement égales aux capacités productives moyennes. Un tel individu hypothétique ne bénéficierait de (ou ne serait soumis à) aucun transfert.

Le résultat de la translation des droites de budget des individus en fonction de la différence entre leurs capacités productives et les capacités productives moyennes est que toutes les droites de budget dans l'espace revenu-loisir se coupent en un même point qui correspond à $\lambda_i = 1 - k$. L'unicité de ce point de rencontre des droites de budget individuelles après redistribution ne dépend absolument pas du fait que notre graphique représente une société composée de seulement deux individus : le transfert dépendant uniquement de la différence entre les capacités productives d'un individu et les capacités productives moyennes, ce point de rencontre est unique quel que soit le nombre d'individu. Les ressources dont peuvent disposer les individus déterminent leur domaine de choix possible, qui détermine à son tour leur liberté de choix. Dans cette mesure, le modèle ELIE égalise donc bien les libertés de choix des individus (puisqu'un individu qui n'aurait aucun revenu n'aurait, en termes économiques, aucune liberté réelle d'action) : au point $\lambda_i = 1 - k$, tous les individus ont la même liberté de choix – même si en deçà et au-delà de ce point leurs libertés diffèrent.

En fait d'« égalisation des revenus issus d'un travail égal », la structure de redistribution ELIE est ainsi une égalisation des revenus issus de capacités productives différentes pour une durée de travail k identique. Pour insister encore un peu plus, dans le modèle ELIE, *les capacités productives deviennent les seules variables soumises au prélèvement fiscal*, indépendamment du temps de travail : la variable l_i désignant le temps de travail librement choisi par l'individu i ne se trouve pas dans la formule qui détermine le montant du transfert auquel il est soumis et qui est de la forme $t_i = (\overline{w} - w_i)$.

Selon Kolm, l'intérêt de ce déplacement d'une imposition des gains totaux effectifs vers une imposition des capacités effectivement mobilisées pour obtenir un revenu est de rendre les assiettes fiscales inélastiques : elles ne varieraient pas en fonction des comportements individuels. Une telle inélasticité de l'assiette fiscale garantirait alors que le prélèvement n'entraîne pas de distorsion dans le comportement des agents et donc d'inefficacité au sens de Pareto.

Mais si l'on revient à notre exemple d'un actuaire qui déciderait de devenir instituteur, ne peut-on pas penser que le système d'imposition pèse dans sa décision et ainsi modifie son comportement ? À cette question, Kolm répond que ce que l'on entend habituellement par « élasticité de l'assiette fiscale » est le fait de réduire son temps de travail en raison du système d'imposition. De ce point de vue, le modèle ELIE est effectivement inélastique, dans la mesure où la modification du temps de travail d'un individu ne modifierait en rien son imposition. Quant à une personne qui choisirait de changer de travail, cela ne peut pas être pris en compte par un système d'imposition, car cela irait contre la liberté sociale des individus. Pour le dire d'un mot, dans la mesure où Kolm ne considère pas la maximisation de l'utilité sociale comme l'objectif d'une société, cette (possible) perte en termes d'utilité sociale serait alors le prix de la liberté individuelle – qui, en tant que principe, ne peut être soumise à aucun arbitrage et à aucune contrainte.

Il est essentiel de noter que le modèle ELIE n'est rien d'autre que la représentation graphique du démembrement de la propriété de soi. En effet, le démembrement de la propriété de soi distingue dans les revenus issus du travail d'un individu (1) une part « socialisée », jugée ne pas dépendre du tout de la responsabilité individuelle, vouée à prélèvement intégral et à redistribution égalitaire entre les membres de la société, et (2) une part jugée à l'inverse dépendre intégralement de la responsabilité individuelle, et pour laquelle le principe de la propriété de soi s'applique donc. C'est d'ailleurs pour cette raison que Kolm appelle parfois $(1 - k)$ le « degré de propriété de soi » (2005, p. 163 ; 2006, p. 73).

Un aspect de ce graphique mérite toutefois qu'on lui accorde une attention particulière : la translation vers le haut de la droite de revenus de la personne moins productive que la moyenne semble impliquer que celle-ci obtiendrait un revenu positif en ne travaillant pas. En fait, dans la mesure où la structure ELIE de redistribution des revenus est une « réciprocité générale équilibrée du travail » (Kolm 2007a, p. 76), une personne qui *choisirait* de ne pas travailler ne pourrait pas bénéficier d'un transfert positif.

Le cas du chômeur involontaire serait différent : il serait considéré comme travaillant à temps plein mais ayant, temporairement, des capacités productives w_i égales à 0 – il bénéficierait donc pour sa part de l'égalisation des revenus :

> La méthode technique consiste à assimiler une impossibilité à trouver plus d'emploi à une impossibilité à gagner plus avec plus de travail. [...] Le résultat est qu'un chômeur involontaire reçoit [...] un revenu $k\overline{w}$ si son chômage involontaire est total ou si c'est un chômeur involontaire partiel qui ne peut pas travailler plus que k (Kolm 2006, p. 76).

Dans la pratique, cela pose toutefois le difficile problème de savoir comment déterminer si un chômeur choisit sa situation ou pas.

Même si l'on omettait cette difficulté (qui est loin d'être négligeable), il resterait encore que la personne plus productive que la moyenne se trouverait dans l'obligation de travailler pour parvenir à un revenu nul. Et une telle situation correspondrait à une sorte d'« esclavage des talentueux » qui semble difficilement compatible avant l'insistance de Kolm sur le fait que la liberté individuelle est le principe de toute sa réflexion.

3. UN LIBÉRALISME PEU « CLASSIQUE »

Le modèle ELIE, qui découle de la théorie kolmienne du démembrement de la propriété de soi est-il conduit à défendre une forme d'esclavage des talentueux ? Une telle question nous oblige à revenir vers les aspects philosophiques de la démarche de Kolm et à interroger plus précisément le sens qu'il donne à son « libéralisme » – le terme « libéralisme » étant ici entendu comme « position qui fait de la liberté individuelle un principe échappant à toute forme d'arbitrage ».

Dans un premier temps, nous nous demanderons si le modèle ELIE correspond à une forme d'esclavage des talentueux (3.1), ce sera notamment l'occasion de mettre en évidence le fait que le graphique du modèle ELIE que nous venons de présenter n'est pas le terme dernier de la réflexion de Kolm quant à la redistribution globale des revenus dans une société. Après avoir expliqué comment Kolm entend écarter cette objection, extrêmement gênante dans une perspective qui se prétendrait « libérale », nous reviendrons sur l'articulation des concepts de liberté sociale et de propriété de soi et sur les caractéristiques du libéralisme qu'adopte Kolm (3.2).

3.1 *Le problème de l'« esclavage des talentueux »*

Lorsque les individus talentueux sont contraints de travailler énormément du fait que leur loisir a un très fort coût d'opportunité, c'est-à-dire du fait de la valeur marchande de leur temps lorsqu'il est utilisé de façon économiquement productive, on parle, selon la formule rendue célèbre par Dworkin, d' « esclavage des talentueux »

(1981, p. 312). Dans un tel cadre, les personnes les plus productives sont obligées de l'être autant que possible. L'utilisation du terme « esclavage » se justifie parce qu'elles n'ont pas, alors, la possibilité de choisir de travailler moins et que leurs efforts ne leur profitent pas.

La première remarque concernant l' « esclavage des talentueux » dans *Macrojustice* est que l'on pourrait difficilement accuser Kolm ne pas avoir pensé à ce cas puisqu'il utilise cette formule dès l'introduction de l'ouvrage (2005, p. 28) et qu'il la mentionne par la suite à de nombreuses reprises [13]. Il donne de cette situation qui soumet les individus les plus talentueux à une injuste exploitation sociale une définition précise : elle correspond selon lui à une redistribution intégrale des revenus.

Il y a deux raisons, dont chacune est suffisante seule, qui conduisent à rejeter l'idée d'une telle redistribution intégrale des revenus. La première, que l'on pourrait qualifier de « philosophique », est qu'une telle redistribution violerait la liberté sociale des individus les plus talentueux. Si l'on définit, en effet, la liberté sociale comme absence d'interférence contraignante, le fait de se trouver dans l'obligation de travailler en constitue une violation : « Forcer les gens à travailler violerait la liberté sociale » (Kolm 2006, p. 59). La seconde raison est, quant à elle, strictement économique : un tel système serait Pareto-inefficace. Toutes les personnes gagneraient, en travaillant à temps plein, exactement le même salaire quelles que soient leurs capacités productives respectives. Dès lors, les individus les plus productifs seraient fortement incités à masquer leurs capacités productives et à les minorer – cela reviendrait pour eux à une diminution de leurs efforts de travail sans diminution de leurs revenus. Bref, pour le dire d'un mot, un système de redistribution qui concernerait la totalité des revenus « couperait toute incitation matérielle à travailler » (Kolm, 2006, p. 69).

La question se pose à présent de savoir si l'on ne pourrait pas, contre l'avis de Kolm, considérer qu'une redistribution forfaitaire (basée sur les capacités productives individuelles) et ne concernant pas la totalité des revenus, tombe elle aussi dans la catégorie de l'« esclavage des talentueux ». Une telle redistribution des revenus, du fait de son aspect égalisateur (forfaitaire) réduirait forcément le domaine de choix des individus les plus productifs pour pouvoir augmenter celui des

13. Voir notamment Kolm, 2005, p. 132, 211, 246, 254, 295, 323, 334, 443.

moins productifs. Ce serait donc bien ces individus plus productifs qui porteraient le poids de la redistribution.

Le premier point que l'on doit avancer contre cette idée selon laquelle la structure générale de redistribution des revenus ELIE se ramènerait en dernière instance à un « esclavage des talentueux » concerne la signification générale que l'on donne à la redistribution. Le but du modèle ELIE est notamment de garantir un revenu minimal $k\overline{w}$ aux personnes qui se trouvent en situation de chômage involontaire (2005, p. 118). Or, pour qu'un tel revenu minimal ne soit pas générateur d'inefficacité économique, il faut qu'il ne désincite pas au travail. Par conséquent, $k\overline{w}$ ne doit pas dépasser le plus bas revenu qu'obtient une personne en travaillant à temps plein (2005, p. 190). La redistribution est ainsi limitée de sorte que le coefficient k soit choisi sur un intervalle allant non pas de 0 à 1 inclus, mais de 0 à k_e, tel que $k_e\overline{w}$ soit voisin du plus bas revenu obtenu par une personne travaillant à temps plein[14] (2005, p. 285). De cette façon, tous les schémas ELIE intermédiaires qui souffraient du même type d'inefficacité que la structure ELIE ayant un coefficient de redistribution égal à 1, et relevaient ainsi d'une forme d'« esclavage des talentueux », sont écartés de la structure générale ELIE.

Kolm reconnaît d'ailleurs le fait qu'une redistribution « excessive », c'est-à-dire qui ne se contente pas d'effacer les différences entre capacités productives faibles et élevées, mais en vient à en inverser les positions devient une « situation d'exploitation des plus aptes » (2005, p. 116).

Le second point consiste à noter que l'argument que nous venons de qualifier de « philosophique » contre une redistribution totale des revenus ne s'applique pas aux schémas ELIE intermédiaires. En effet, dans la situation décrite par Dworkin, les personnes les plus productives sont obligées de travailler. Dans le modèle ELIE, le temps de travail est librement choisi – ce qui s'accorde avec sa volonté de placer la liberté sociale au fondement de cette construction.

> Les gens n'ont pas à payer pour leurs avantages donnés dont ils ne profitent pas, même s'ils choisissent volontairement cette abstention.

14. Kolm emploie la formule « *income-egalitarian equalization labour* » pour désigner k_e (2005, p. 190). Le coefficient k_e désigne le plus haut degré de redistribution avant que cette dernière ne devienne désincitative et donc génératrice d'inefficacité. L'égalisation maximale et, en même temps, efficace des revenus ne se confond donc pas avec $k = 1$, mais avec $k = k_e$.

> Un tel impôt “violerait nos libertés de base” (Rawls 2001). La macrojustice redistribue des avantages donnés, mais seulement parmi ceux de ces avantages dont le profit est effectivement tiré (Kolm 2007a, p. 79).

Cela amène Kolm à ne pas appliquer la règle générale de la structure ELIE aux personnes travaillant moins que k. Notons que la limite haute posée pour le coefficient k de redistribution des revenus a de plus pour conséquence que le nombre de personnes tombant sous le coup de cette exception est très réduit (2007a, p. 79).

Le troisième point consiste, pour sa part, à montrer que l'argument économique qui s'opposait à la redistribution totale des revenus ne s'applique pas non plus aux schémas ELIE intermédiaires. Ces schémas ne désincitent pas les individus au travail mais, au contraire, les y incitent. En effet, puisque les individus révèlent leurs capacités productives par leur travail et la rémunération qui y est associée, réduire volontairement ses capacités productives ne serait pas du tout avantageux pour une personne qui a choisi de travailler plus que k. Minorer volontairement ses capacités productives reviendrait, en effet, à réduire volontairement son revenu effectif. Dans les schémas intermédiaires, les individus restent donc incités à utiliser pleinement, et ainsi à révéler, leurs capacités productives s'ils travaillent au-delà de k. L'ensemble des k éligibles étant borné supérieurement de sorte que le k maximal soit voisin du plus bas revenu obtenu par une personne travaillant à temps plein, les schémas ELIE qui inciteraient à masquer ses capacités productives et même ceux qui n'inciteraient que faiblement à révéler lesdites capacités sont, par principe, exclus.

Un quatrième point peut encore être avancé pour appuyer l'idée que les schémas ELIE intermédiaires, à tout le moins ceux dont le coefficient k est compris entre 0 et k_e, ne rentrent pas dans le cadre d'un « esclavage des talentueux » : la structure ELIE de redistribution des revenus doit être adoptée à l'unanimité. Et, malgré le caractère éminemment problématique de l'unanimité dans *Macrojustice*, force est de reconnaître qu'un tel cadre ne laisse aucune place à l'« esclavage » de qui que ce soit.

On doit donc admettre qu'il serait inapproprié de parler d'« esclavage des talentueux » dans le cas du modèle ELIE. De plus, il est important de noter que le refus de toute forme d' « esclavage des talentueux » conduit Kolm à n'appliquer la règle ELIE de redistribution qu'aux individus travaillant plus que k. Bien que cette « solution » pose à son tour d'autres problèmes (que nous n'aborderons pas ici), il est essentiel de prendre acte du fait que la représentation graphique du démembrement de la propriété de soi n'est donc pas le dernier mot de Kolm en termes de redistribution des revenus et qu'il n'entend pas du tout taxer le coût d'opportunité du loisir des individus.

Ce qui nous ramène à la question de savoir ce que Kolm entend par « libéralisme » et à celle de savoir en quoi sa position se distingue du libéralisme « classique ».

3.2 *Le sophisme du libéralisme classique*

La formule « libéralisme classique (*classical process liberalism*) » renvoie, dans *Macrojustice*, à toutes les positions qui font « l'éloge du marché sans politique de redistribution » (Kolm 2005, p. 368). Cette définition extrêmement large du libéralisme classique permet à Kolm d'y inclure des penseurs aussi divers que Maurice Allais, Milton Friedman, Armen Alchian, John Hicks, Friedrich Hayek, James Buchanan, Murray Rothbard ou encore David Friedman (entre autres) – qu'ils aient placé explicitement ou pas la pleine propriété de soi au centre de leur réflexion (Kolm 2005, p. 369).

Cette « théorie socio-éthique centrale du monde moderne » (Kolm 2005, p. 20) se caractérise par l'importance fondamentale qu'elle accorde à la propriété et, en particulier, à la pleine propriété de soi qu'elle identifie à la liberté sociale (Kolm 2005, p. 64). Toute atteinte à la pleine propriété de soi est alors forcément considérée comme une atteinte à la liberté sociale – ce qui justifie le refus de toute redistribution des revenus issus du travail.

Kolm montre que ce libéralisme classique commet un « sophisme majeur » (2006, p. 58) en identifiant la liberté sociale avec la pleine propriété de soi. En effet, l'identité entre deux termes suppose *a minima* leur équivalence, autrement dit leur implication réciproque. Il suffit donc de montrer qu'il n'y a pas d'implication réciproque entre pleine propriété de soi et liberté sociale pour prouver que ces deux concepts ne sont pas identiques.

C'est un fait que la pleine propriété de soi implique nécessairement la liberté sociale. En effet, si une personne est pleinement propriétaire d'elle-même, c'est-à-dire si elle possède les pleins *usus*, *abusus* et *fructus* d'elle-même, et donc de ses capacités productives, nul ne peut la contraindre à faire quelque chose qu'elle ne veut pas faire. En revanche, il est faux de dire que la liberté sociale implique nécessairement la pleine propriété de soi comme le prétend le libéralisme classique. Indiscutablement, si quelqu'un avait le droit de décider de l'usage que je dois faire d'une part de mes capacités productives, cela violerait ma liberté sociale. On doit admettre, par conséquent, que la liberté sociale implique le plein *usus* de soi-même et donc de ses propres capacités. Mais il ne va pas du tout de soi que la liberté sociale implique le plein *fructus* de celles-ci, comme le suppose le libéralisme classique. Rien ne contredit la liberté sociale dans le fait de devoir payer un droit de rente équivalent à la valeur d'une part de ses capacités productives. Et puisque la liberté sociale n'implique pas l'association des pleins *usus*, *abusus* et *fructus* de soi-même, il est faux de dire qu'elle implique la pleine propriété de soi.

Ce n'est donc pas une nécessité conceptuelle qui amène les tenants du libéralisme classique à refuser le fractionnement du *fructus* des capacités productives d'un individu. La prétendue identité entre la pleine propriété de soi et la liberté sociale est soit le résultat d'une erreur conceptuelle, soit une manière de masquer l'absence de nécessité d'un parti-pris théorique. Il n'y a, en effet, aucune contradiction à faire de la liberté sociale le principe fondamental de sa construction économique tout en refusant la pleine propriété de soi.

Nous nous trouvons ainsi en présence de deux grandes éthiques distributives dont l'une privilégie la pleine propriété de soi et s'oppose à toute forme de redistribution et l'autre privilégie la liberté sociale et pose la redistribution des revenus comme en découlant (Kolm 2006, p. 71). Comment choisir entre ces deux éthiques ? Quel critère nous permettra de trancher en faveur de l'une ou l'autre de ces conceptions du libéralisme ?

Kolm argue du fait que la règle générale de nos sociétés est la liberté et que cette valeur est le socle de nos constitutions (2005, p. 23). Il suffit de se référer aux textes fondateurs de nos systèmes politiques pour constater que la liberté y est posée en principe et que la propriété est présentée comme l'une de ses conséquences – et encore pourrait-on chercher en vain une mention explicite de la pleine propriété de soi. Toutefois, comme il va de soi qu'un tel argument, purement factuel, ne suffit pas à prouver la supériorité du libéralisme redistributif, Kolm y ajoute un argument conceptuel : chacun veut

– tautologiquement et au nom de la justice – pouvoir faire ce qu'il veut faire, et par conséquent ne pas en être empêché par autrui. Chacun veut donc pour lui la liberté sociale. Or l'exigence de justice étant exigence d'impartialité, on doit admettre que ce que chacun juge juste et veut pour lui, doit être voulu pour tous (Kolm 2006, p. 62).

Après avoir montré la non-identité de la liberté sociale et de la pleine propriété de soi, Kolm affirme donc le primat du principe de liberté sociale sur celui de propriété, ce qui lui permet de défendre *un type de libéralisme non fondamentalement propriétariste*[15]. Et c'est cette érection de la liberté sociale en principe premier de la société qui amène Kolm à baser la redistribution sur les capacités productives, inélastiques, plutôt que sur les revenus effectivement gagnés par les individus – et donc à prôner un impôt forfaitaire. Un impôt basé sur des variables dépendant des actions des individus ou de leurs conséquences (souhaitées) constituerait en effet pour ceux-ci une interférence contraignante et violerait par conséquent leur liberté sociale (Kolm 2005, p. 66).

Dans la mesure où nous ne sommes pas pleinement et entièrement responsables de nos capacités productives individuelles, nous devons admettre que ces ressources nous sont, pour une partie, *données* – qu'elles sont en partie pour nous des *ressources externes*.

Deux auteurs d'importance utilisent la formule de « ressources externes » : Dworkin (1981, p. 307) et Van Parijs, (1995, p. 253, n. 10). En qualifiant de « ressources externes » une partie des ressources que Dworkin et Van Parijs auraient appelés des « ressources internes », Kolm modifie profondément le sens que cette expression a chez ces deux auteurs – puisqu'il s'agit d'une partie des capacités productives de l'individu. Tout cela découle du démembrement de la propriété de soi.

Le loyer qu'un individu paie sur cette part de ses capacités productives peut donc à bon droit être appelé « droits de rente *externe* » (Kolm 2005, p. 61). Et puisqu'aucun individu ne peut revendiquer de propriété légitime et exclusive sur la part de capacités dont ce loyer

15. Nous disons bien « non fondamentalement propriétariste » et pas « fondamentalement non propriétariste ». Nous affirmons donc seulement que le libéralisme adopté par Kolm ne fait pas de la propriété, et en particulier de la pleine propriété de soi, son principe et son fondement. Il va de soi que Kolm donne un statut très important à la propriété et aux droits qui en sont constitutifs – dans la mesure où il s'attache justement à départager la part de nos capacités productives dont la propriété nous revient en droit.

est la valeur, on doit accepter (1) que ces ressources sont « données à la société » et peuvent donc être qualifiées de « ressources naturelles » (Kolm, 2006, p. 60) ; (2) qu'elles admettent un traitement normatif propre : qu'elles sont la propriété égale de tous et nécessitent, par conséquent, une politique de redistribution.

En pratique, la politique de redistribution sera évidemment le fait d'un État. Mais c'est à la société en tant que système de relations interindividuelles que les ressources naturelles sont données, puisque ce sont les autres individus qui sont « fruitiers partiels » de mes capacités productives. Dans *Macrojustice*, Kolm mentionne très régulièrement la société ou le social pour désigner la solidarité des individus et la communauté qu'ils constituent, mais il ne mentionne que très rarement l'État – qui semble n'avoir, dans son optique, de légitimité qu'en tant qu'émanation de la société.

Le libéralisme classique et celui que défend Kolm impliquent donc deux conceptions tout à fait différentes de la place de l'homme dans la société. La pleine propriété de soi, qui fonde le premier, fait de la société un système d'individus qui ne sont reliés que par des relations d'échanges et pouvant avoir de très grandes inégalités sur le plan économique. Le second voit, au contraire, la société comme un cadre de valeurs partagées par tous les individus et étant le lieu de transferts plus ou moins importants, résultants de la solidarité entre les personnes et de leur sens de la communauté. Dans cette société, chaque personne revendiquerait un droit sur une partie des capacités productives de chaque autre et se reconnaîtrait le devoir de partager une part des fruits de ses aptitudes avec les autres.

4. KOLM ET LES LIBERTARIENS

En partant de cette lecture du démembrement de la propriété de soi, il devient possible de comparer la position de Kolm à celles des libertariens de droite (4.1) et de gauche (4.2). Cela nous permettra de préciser le sens et les implications de cette théorie qui a été élaborée pour justifier la redistribution des revenus issus du travail, forme de redistribution à laquelle s'opposent par principe tous les libertariens.

4.1 *Le libertarisme de droite*

Dans les textes de Kolm, les mots « libertariens » et « libertarisme », font généralement référence au libertarisme de droite (2007b, p. 37-38) – ils sont fréquemment associés aux noms de Murray Rothbard et de David Friedman (1996, p. 351 ; 2005, p. 252 et p. 369), dont l'appartenance à ce courant ne fait aucun doute[16]. Le libertarisme de droite ne fait pourtant pas l'objet d'un traitement spécifique, car il est replacé dans un courant plus large : le libéralisme classique, qui défend la pleine propriété de soi, s'oppose à toute forme de redistribution, et correspond donc bien, à ces égards tout au moins, à la position défendue par les libertariens de droite.

Il devient alors évident que la théorie de Kolm se construira en opposition au libertarisme de droite : puisque l'ampleur de la redistribution mesure le degré de communauté et de solidarité d'une société (2005, p. 285), le fait qu'une société choisisse un coefficient de redistribution nul mettrait en question le fait même que cette société en soit une – une telle société ne serait, en fait, qu'une juxtaposition d'individus sans rien de « social » qui les relie. Si le modèle ELIE n'exclut pas, *par principe*, qu'une société particulière choisisse de ne pas du tout redistribuer les revenus, *Macrojustice* est écrit pour prendre position contre le libéralisme classique, dont le libertarisme de droite est un éminent représentant. Dans cette optique, il est essentiel de comprendre que l'appel à la distinction opérée par Marx entre une liberté seulement « formelle » et une liberté « réelle » (2005, p. 24 et p. 57 ; 2006, p. 67) n'est pas seulement une référence convenue. Bien au contraire, il s'agit de l'un des aspects les plus fondamentaux du modèle ELIE de redistribution des revenus. La principale raison qui amène Kolm à interroger à nouveaux frais les fondements du libéralisme classique, et donc du libertarisme de droite, est, en effet, la constatation qu'ils ne garantissent qu'une liberté *formelle* quand l'idée de justice prescrit, selon lui, comme objectif d'une société qui fait de la liberté son principe, une liberté *réelle* minimale pour *tous* ses

16. Le nom de Robert Nozick, qui peut à bon droit être qualifié de « libertarien de droite » (Vallentyne (1999), p. 865) – puisqu'il défend la pleine propriété de soi et refuse, pour cette raison, toute redistribution des revenus (Nozick (1974), p. 169 et p. 171) –, n'est pas explicitement rattaché au libertarisme dans *Macrojustice*. Toutefois, dans la mesure où le minarchisme nozickéen est considéré comme une variante du libéralisme classique – défini, justement, par ce refus de la redistribution au nom de la pleine propriété de soi –, cela ne pose aucune difficulté.

membres. C'est aussi de cette exigence de liberté réelle qui justifie la redistribution des revenus et donc le modèle ELIE.

Cet appel à la liberté réelle est donc le pivot qui conduit Kolm à se démarquer du libertarisme de droite. En remettant en cause l'identité de la liberté sociale et de la pleine propriété de soi, Kolm peut avancer l'idée du démembrement de cette dernière – et sans cela la redistribution des revenus issus du travail ne pourrait qu'être assimilable à du travail forcé (Nozick, 1974, p. 169) ou à une forme subtile et organisée de vol (Rothbard, 1973, p. 24).

Une fois que l'on a montré que la liberté n'implique pas analytiquement la pleine propriété de soi, et donc autorise son démembrement, le principal argument qu'il reste aux tenants du libéralisme classique, et donc aussi à ceux du libertarisme de droite, se résume à leur appel commun à l'efficacité du libre fonctionnement du marché. Toute théorie de l'imposition (corrélat nécessaire de la redistribution) en influant sur les mécanismes du marché court, en effet, le risque d'engendrer des effets de distorsion, et donc de l'inefficacité. Afin de se prémunir contre cette objection, Kolm choisit une base d'imposition inélastique (les capacités productives individuelles) – admettant qu'une théorie donnant par construction des résultats sous-optimaux serait disqualifiée par le fait même. L'inélasticité des capacités productives garantit ainsi que leur imposition ne rende pas le marché moins efficace qu'il ne l'est lorsqu'elles ne sont soumises à aucun prélèvement en vue de redistribution.

L'association des deux aspects essentiels du travail conceptuel de Kolm sur la nature de l'assiette de redistribution que sont l'inélasticité des capacités productives individuelles et le démembrement de la propriété de soi lui permettent donc de répondre à Nozick que nous pouvons ne pas être pleinement propriétaire de nous-mêmes sans que cela atteigne pour autant à notre liberté – que l'abandon de la pleine propriété de soi, corrélat de la redistribution des revenus issus du travail, ne suffit pas logiquement à nous condamner à une quelconque forme de travaux forcés.

4.2 *Le libertarisme de gauche*

Alors que la relation de Kolm au libertarisme de droite est une opposition assez franche, sa position vis-à-vis du libertarisme de gauche ne peut qu'être plus nuancée. Il partage, en effet, avec ce courant son refus d'une liberté qui pourrait n'être que formelle (Vallentyne 1999, p. 862-863) et il défend, pour cette raison, une redistribution des revenus – autrement dit, une forme d'égalisation de la liberté réelle des individus.

Vallentyne (1999, p. 860 et p. 872) avait d'ailleurs, avec beaucoup de justesse, noté une grande proximité thématique entre *Le contrat social libéral* (Kolm, 1985), qui consacrait tout un chapitre aux ressources naturelles et à leur distribution, et le libertarisme de gauche. Et le fait que Kolm considère les capacités productives individuelles, qui constituent la base de son assiette de redistribution, comme des ressources naturelles (Kolm, 2005, p. 82-83) est encore un élément allant dans ce sens.

On aurait toutefois tort de vouloir conclure de cette proximité à l'idée que Kolm est un libertarien de gauche – aussi atypique soit-il[17]. En effet, dans leur réponse conjointe à la critique adressée par Fried (2004) au libertarisme de gauche, Vallentyne, Steiner & Otsuka (2005, p. 201) définissent le libertarisme de gauche par deux principes : 1) la pleine propriété de soi ; 2) l'égale propriété des ressources naturelles. Dans la mesure où Kolm refuse ce premier principe, on doit reconnaître et insister sur le fait que sa position se distingue tout autant du libertarisme de droite que du libertarisme de gauche.

Si Kolm ne mentionne quasiment jamais nommément le libertarisme de gauche[18], il se confronte indiscutablement à cette position lorsqu'il traite de la place que l'on doit accorder aux ressources naturelles non humaines dans la macrojustice. Il est en effet contraint de montrer que ces ressources ne sont pas une assiette de redistribution satisfaisante – sans quoi tout son travail de sape de la pleine propriété de soi, et son démembrement subséquent, perdrait à la fois, et leur nécessité pratique, et leur sens théorique.

Kolm avance trois raisons pour justifier son choix des capacités productives plutôt que des ressources naturelles non humaines comme

17. Wolfelsperger n'utilise l'expression de « libertarien de gauche non-orthodoxe » au sujet de Kolm que pour s'en démarquer et lui préférer celle d' « égalitariste parétien » (2008) – et cela justement pour la raison que nous invoquerons, à savoir le refus kolmien de la pleine propriété de soi.

18. Il n'y a, à ce jour, qu'une seule exception à cette règle : Kolm (2011c) mentionne explicitement le « libertarisme de gauche » en l'associant aux noms de Steiner et de Vallentyne (p. 353). Steiner et Vallentyne sont aussi associés, dans le même volume, à l'appellation « libéraux classiques de gauche » (2011b, p. 61).

principale assiette de la redistribution, raisons qui appuient l'idée que cette dernière solution est « impraticable » (2005, p. 88) :

– Premièrement, la faible importance relative de la redistribution que les ressources naturelles non humaines pourraient générer.

– Deuxièmement, le fait que l'allocation des ressources naturelles non humaines est souvent considérée comme un problème local et relevant, pour cette raison, du domaine de la microjustice.

– Troisièmement, celui que la plus grande partie des ressources naturelles non humaines appartiennent déjà à quelqu'un, et cela de longue date.

Ces trois arguments contre le choix des ressources naturelles non humaines en guise d'assiette de redistribution méritent d'être un peu creusés.

Le premier, malgré son apparence purement quantitative, est un argument strictement qualitatif. Kolm estime en effet que le travail, le capital et les ressources naturelles non humaines sont « responsables » respectivement de 80 %, 18 % et 2 % de la valeur du revenu national. Cela lui permet de dire que, du fait que le capital a lui-même été produit précédemment, la part totale des ressources naturelles non humaines dans la production de valeur est de 2,5 % [19], et, par conséquent, la part au travail de 97,5 % (2005, p. 84). Si l'on accorde ce point (qui pourrait sans doute être discuté), on doit reconnaître que la redistribution de la richesse basée sur les ressources naturelles non humaines est nécessairement insignifiante au regard de celle qui prendrait pour assiette le travail – comme le fait le modèle ELIE en taxant les capacités productives individuelles. L'objectif déclaré de Kolm est de garantir une liberté réelle « minimale ». Malgré l'aspect indéterminé de ce qualificatif, cela revient à garantir à chaque membre de la société une liberté « suffisante » et il faut souligner que l'indétermination de ce terme n'est pas, en l'occurrence, un manque, mais la latitude laissée à chaque société de déterminer ce qu'elle entend par « une liberté réelle minimale suffisante », autrement dit de déterminer le coefficient k de redistribution des revenus. Le rejet des ressources naturelles non humaines comme assiette de la redistribution des revenus tient ainsi essentiellement au fait que la liberté n'existe *réellement* qu'à partir d'un

19. Ce qui correspond aux 2 % de la première estimation auxquels on ajoute la part que les ressources naturelles non humaines ont eu dans la production du capital, soit $18 \times [2 / (80 + 2)]$.

certain seuil en termes de quantité, ce qui explique qu'un argument quantitatif s'avère avoir un sens qualitatif.

Le second argument repose sur la distinction opérée par Kolm entre les trois niveaux de justice sociale que sont la macrojustice, la mésojustice et la microjustice (2005, p. 15-16). La macrojustice traite des règles fondamentales de la société et de la distribution globale des revenus et des ressources, selon des critères généraux appliqués à tous, qui en découle. La mésojustice s'occupe de la répartition de biens dont la répartition n'est pas générale, mais qui pourtant revêtent une grande importance et concernent tout le monde (comme l'éducation ou la santé). Et la microjustice constitue le cadre de l'attribution à des individus particuliers de ressources trop rares pour pouvoir être données à tous et qui sont, par conséquent, attribuées en fonction de critères qui ne sont pas généraux (on pourra penser, entre autres, aux greffes d'organes). Or, il arrive souvent que les bénéfices tirés d'une ressource naturelle non humaine soient attribués exclusivement aux personnes qui vivent à l'endroit où elle se trouve, ce qui exclut cette ressource du champ de la redistribution générale, qui est celui de la macrojustice.

Le troisième argument se réfère à la légitimité de la propriété, que Kolm, nous l'avons souligné, ne prétend absolument pas remettre en cause en démembrant la propriété de soi. Même si l'on refuse le principe du premier occupant comme source légitime de la propriété, on doit accorder que la plus grande partie de ce que nous reconnaissons comme des ressources naturelles (terres, gisement de minerai, *etc.*) a été légitimement acquis par leurs propriétaires actuels et qu'il est impensable d'envisager une quelconque « rectification » de l'appropriation passée, car elle supposerait des expropriations incompatibles avec le respect de la propriété privée. Le nerf de cet argument tient dans le lien qui existe entre propriété privée et liberté sociale. On ne peut en effet porter atteinte à la première sans porter atteinte à la seconde – puisque la liberté sociale se définit comme le fait que personne ne peut exercer de contrainte sur moi et que, pour moi, me trouver, hors de tout consentement de ma part, dépossédé de ma propriété serait indiscutablement une contrainte exercée de l'extérieur.

On remarquera que les trois arguments se combinent et qu'ils peuvent alors être compris comme une façon subtile de renverser le raisonnement des libertariens de gauche, dans la mesure où ils en viennent à opposer la propriété privée, qui, pour un libertarien, trouve son fondement dans la pleine propriété de soi, à une redistribution basée sur les ressources naturelles. La faiblesse du second principe des libertariens de gauche (l'égale propriété des ressources naturelles non humaines), qui se révèle incapable de justifier une redistribution « suffisante » des richesses, joue donc, selon Kolm, contre la pleine propriété de soi – et le démembrement de cette dernière apparaît comme une conséquence de l'exigence de liberté réelle minimale pour chaque membre d'une société qui se prétend « libérale ».

Il est important de noter que, malgré son opposition au libertarisme de gauche, les arguments de Kolm ne prétendent pas du tout exclure les ressources naturelles non humaines de la redistribution. Il leur accorde, tout au contraire, une place – auxiliaire. Les ressources naturelles non humaines sont insuffisantes pour financer la redistribution des revenus[20], mais cela ne les en exclut pas pour autant.

Il pourrait sembler que cette déclaration s'oppose au troisième point de notre liste, à savoir au fait que la plus grande partie des ressources naturelles non humaines appartiennent à quelqu'un. Toutefois, ce qui est socialement reconnu comme relevant des ressources naturelles est susceptible de variation et de débats. De plus, des ressources naturelles peuvent être découvertes ou s'imposer alors qu'on ne leur prêtait aucun intérêt auparavant. Ainsi la mise en place d'un marché des permis d'émission de CO_2 peut-elle être comprise comme la prise en considération de la qualité environnementale comme une ressource naturelle. Ces ressources naturelles encore non appropriées posent donc la question d'une éventuelle redistribution.

CONCLUSION

Pour achever de circonscrire l'apport de la théorie kolmienne du démembrement de la propriété de soi, il nous semble devoir faire trois brèves remarques conclusives.

La justification classique de la redistribution des revenus issus du travail s'inscrit dans la tradition welfariste et consiste à dire qu'un euro prélevé à une personne riche lui enlève moins d'utilité qu'il n'en apporte

20. Rappelons que le niveau actuel de redistribution dans les pays les plus industrialisés se situe selon Kolm entre 20 et 40 % de la richesse produite (Kolm (2007a), p. 78).

au pauvre qui le reçoit. La théorie du démembrement de la propriété de soi fournit pour sa part une justification *libérale* à la redistribution des revenus qui ne se réfère pas à l'idée d'une maximisation de l'utilité collective et qui affronte directement la question de la perte de liberté impliquée par les prélèvements nécessaires à toute redistribution. Les autres approches défendues par les égalitaristes libéraux arguaient soit de la propriété collective des capacités individuelles, soit de l'obligation (d'ordre moral) que la société garantisse aux individus une liberté réelle minimale. La théorie du démembrement de la propriété de soi, qui tente d'un même mouvement de creuser ces approches et de leur apporter un fondement, ne prétend donc pas seulement être *une* justification libérale possible de la redistribution des revenus issus du travail, mais bien *la* justification libérale de ce type de redistribution – partagée de manière implicite par toutes les positions appartenant à l'« égalitarisme libéral ».

Il est extrêmement important de noter le rôle accordé à la philosophie dans *Macrojustice*. Le modèle ELIE n'est pas seulement fondé sur une réflexion philosophique préalable et qui lui resterait ainsi extérieure. Il est le fruit d'une démarche dans laquelle philosophie et économie se complètent et s'imbriquent tout au long de la réflexion. La dialectique entre arguments philosophiques et arguments économiques est tellement serrée qu'il faut bien reconnaître que les distinguer revient à faire une distinction de pure raison à l'intérieur d'un *continuum* argumentatif. « L'association de l'économie et de la philosophie [...] n'est pas seulement un aspect louable (et probablement trop rare) dans la recherche académique (*scholarship*) ; dans une branche telle que l'économie normative, elle est simplement inévitable pour que ce que l'on énonce ait un sens et pour progresser (en fait, je pense que l'opinion correcte consiste à ne faire aucune différence entre les deux champs) » (Kolm 2011a, p. 38).

La théorie du démembrement de la propriété de soi a indiscutablement une dimension rhétorique. Affirmer cela, ce n'est toutefois pas dire que la théorie elle-même est rhétorique (car en tant que fondement de la théorie kolmienne de la propriété, elle a une portée qui ne saurait être réduite à cela), c'est seulement relever que le choix de l'expression « démembrement de la propriété de soi » souligne l'opposition du libéralisme défendu par Kolm avec le libéralisme classique (et par conséquent, avec toutes les formes de libertarisme).

RÉFÉRENCES

COHEN, G. A. 1995. *Self-Ownership, Freedom and Equality*, Cambridge : CUP.

CHRISTMAN, J. 1991. "Self-Ownership, Equality, and the Structure of Property Rights", *Political Theory*, vol. 19/1, 28-46.

DE LA CROIX, D. & LUBRANO, M. 2011. "The Trade-off Between Growth and Redistribution: ELIE in an Overlapping Generations Model", *in* Gamel C. & Lubrano M. (eds.), 305-337.

DWORKIN, R. 1981. "What Is Equality?". Part I : "Equality of Welfare"; Part II : "Equality of Resources", *Philosophy & Public Affairs*, vol. 10/3, 185-245 et vol. 10/4, 283-345.

FLEURBAEY, M. & MANIQUET, F. 2011. "Kolm's Tax, Tax Credit, and the Flat Tax", *in* Fleurbaey M., Salles M. & Weymark J. (eds.), 217-239.

FLEURBAEY, M., SALLES, M. & WEYMARK, J. (eds.) (2011), *Social Ethics and Normative Economics, Essays in Honour of Serge-Christophe Kolm*, Berlin/Heidelberg/New-York : Springer Verlag.

FRIED, B. 2004. "Left-Libertarianism: A Review Essay", *Philosophy & Public Affairs*, vol. 32/1, 67-92.

GAMEL, C. 2005. « Recension d'ouvrage : "Serge-Christophe Kolm, Macrojustice – The Political Economy of Fairness" », *Revue de philosophie économique*, n° 12, 181-191.

— & Lubrano M. (eds.). 2011a. *On Kolm's Theory of Macrojustice : A Pluridisciplinary Forum of Exchange*, Berlin/Heidelberg/New-York : Springer Verlag.

—. (2011b), "Why Should We Debate the Theory of Macrojustice?", *in* Gamel C. & Lubrano M. (eds.), 1-32.

GHARBI, J.-S. & SAMBUC, C. 2012. « Propriété de soi et justice sociale chez les libertariens », *Cahiers d'économie politique*, n° 62, 187-222.

GHARBI, J.-S. & MEINARD, Y. 2015. "On the Meaning of Non-Welfarism in Kolm's ELIE Model of Income Redistribution", *Journal of Economic Methodology*, vol 22/3, 333-353.

GORR, M. 1995. "Justice, Self-Ownership, and Natural Assets", *Social Philosophy and Policy*, vol. 12/2, 267-271.

KERNOHAN, A. 1990. "Rawls and the Collective Ownership of Natural Abilities", *Canadian Journal of Philosophy*, vol. 20/1, 19-28.

KOLM, S.-C. 1985. *Le contrat social libéral, Philosophie et pratique du libéralisme*, Paris : P.U.F.

—. 1996. *Modern Theories of Justice*, Cambridge (MA) : Mit Press.

—. 2005. *Macrojustice – The Political Economy of Fairness*, Cambridge : CUP.

—. 2006. « Liberté, justice et efficacité : distribution, impôts et transferts optimaux », *Revue économique*, vol. 57/1, 55-84.

—. 2007a. « Macrojustice : Distribution, transferts et impôts optimaux », *Revue d'économie politique*, vol. 117/1, 61-89.

—. 2007b. « Qu'est-ce qu'un impôt juste ? », *Regards Croisés sur l'Economie*, n° 1, 37-50.

—. 2009. « La défiscalisation des heures supplémentaires : la théorie », *Raisons politiques*, n° 33, 45-55.

—. 2011a. "General Presentation", *in* Gamel C. & Lubrano M. (eds.), 35-67.

—. 2011b. "Economic Macrojustice: Fair Optimum Income Distribution, Taxation and Transfers", *in* Gamel C. & Lubrano M. (eds.) (2011a), 69-130.

—. 2011c.) "Macrojustice in Normative Economics and Social Ethics", *in* Gamel C. & Lubrano M. (eds.) (2011a), 341-370.

LUBRANO, M. 2011. "The Redistributive Aspects of ELIE: A Simulation Approach", *in* Gamel C. & Lubrano M. (eds.) (2011a), 275-304.

LOCKE, J. 1690. *Second Treatise of Governement* ; trad. fr. J.-F. Spitz et C. Lazzeri, *Second traité du gouvernement*, Paris : P.U.F., 1994 (édition citée).

NOZICK, R. 1974. *Anarchy, State and Utopia*, Oxford : Basil Blackwell.

OOGHE, E. & SCHOKKAERT, E. 2011. "Is ELIE a Wasteful Minimum Income Scheme?", *in* Gamel C. & Lubrano M. (eds.) (2011a), 235-255.

OVERTON, R. 1646. *An Arrow Against All Tyrants* ; réédition *in* Aylmer G. E. (ed.), *The Levelers in the English Revolution*, London : Thames and Hudson, 1975.

RAWLS, J. 1971. *A Theory of Justice*, Cambridge (MA), Harvard University Press ; trad. fr. C. Audard, *Théorie de la justice*, Paris : Seuil, 1997 (édition citée).

ROTHBARD, M. 1973. *For a New Liberty, the Libertarian Manifesto*, New York : Libertarian Review Foundation.

SEN, A. K. 1979. "Utilitarianism and Welfarism", *Journal of Philosophy*, vol. 76/9, 463-489.

—. 1980. "Equality of What?", *in* McMurrin S. (ed.) *The Tanner Lectures on Human Values*, vol. 1, University of Utah Press, 197-220 ; trad. fr. S. Marnat, « Quelle égalité ? », *in* Sen A. K. (1993), *Éthique et économie*, Paris : P.U.F., 189-213.

SIMULA, L. & TRANNOY, A. 2011a. "When Kolm Meets Mirrlees: ELIE", *in* Fleurbaey, M., Salles M. & Weymark J. (eds.) (2011), 193-216.

—. 2011b. "An Exploration of Incentive-Compatible ELIE", *in* Gamel C. & Lubrano M. (eds.) (2011a), 207-231.

TAYLOR, R. S. 2005. "Self-Ownership and the Limits of Libertarianism", *Social Theory and Practice*, vol. 31/4, 465-482.

VALLENTYNE, P. 1999. « Le libertarisme de gauche et la justice », *Revue économique*, vol. 50/4, 859-878.

—, STEINER, H. & OTSUKA, M. 2005. « Why Left-Libertarianism is not Incoherent, Indeterminate, or Irrelevant: A Reply to Fried », *Philosophy & Public Affairs*, vol. 33/2, 201-215.

VAN PARIJS, P. 1995. *Real Freedom For All, What (If Anything) Can Justify Capitalism ?*, Oxford : Oxford University Press.

WOLFELSPERGER, A. 2008. "The Philosophical Foundations of Kolm's Theory of Macrojustice", *Miméo*.

THE THREE WIVES PROBLEM AND SHAPLEY VALUE

LOUIS DE MESNARD*

Résumé
Nous examinons un des problèmes talmudiques historiques, les trois épouses, une généralisation du problème talmudique du vêtement contesté, résolu par Aumann et Maschler (1985) en utilisant la procédure coalitionnelle. Ce problème a de nombreuses applications pratiques. Dans sa tentative pour unifier toutes les méthodes talmudiques, Guiasu (2010, 2011) dit qu'il peut être expliqué en termes de "ruée vers la banque", c.-à.-d. de valeur de Shapley dans un "jeu cumulatif". Cette approche doit être reconsidérée parce que la procédure coalitionnelle donne le même résultat que le nucléolus qui correspond à un "jeu dual". Comme la solution de Guiasu est paradoxale (elle a toutes les apparences de la vérité), ma contribution est d'expliquer les concepts, principalement la troncation qui joue un rôle central dans la démonstration, puis d'analyser en quoi l'argument de Guiasu est trompeur. Après avoir rappelé ce qu'est le problème du partage selon le Talmud, comment il est résolu par la procédure coalitionnelle d'Aumann et Maschler (c.-à.-d. le nucléolus ou la valeur de Shapley du jeu dual) et comment Guiasu la résout par la valeur de Shapley d'un jeu cumulatif, on montre que: 1) Guiasu a omis de tronquer de données (les demandes qui dépassent la richesse doivent être réduites au niveau de la richesse disponible) alors que c'est nécessaire ici. 2) Il attribue l'excédent (obtenu après le partage de la richesse) à tous les candidats de manière égale: cela contredit la solution du vêtement contesté. 3) Ceci implique que la richesse ne peut pas dépasser la plus grande demande, ce qui est évidemment faux. 4) L'approche de Guiasu crée une discontinuité dans la distribution de la richesse, qui n'est pas observée dans le problème du vêtement contesté. On conclut que la tentative de Guiasu de réunifier

* Univ. Bourgogne Franche-Comté, CREGO (EA 7317); 2, Bd Gabriel, 21000 Dijon (France). E-mail : louis.de-mesnard@u-bourgogne.fr.

les méthodes de partage selon le Talmud par la valeur de Shapley est n'est pas couronnée de succès et est en fait contradictoire avec le vêtement contesté.
Mots-clés : valeur de Shapley, vêtement contesté, trois épouses, partage selon le Talmud

Abstract
We examine the Talmudic three wives problem, which is a generalization of the Talmudic contested garment problem solved by Aumann and Maschler (1985) using coalitional procedure. This problem has many practical applications. In an attempt to unify all Talmudic methods, Guiasu (2010, 2011) asserts that it can be explained in terms of "run-to-the-bank", that is, of Shapley value in a "cumulative game". This is a misstatement because the coalitional procedure yields the same result as the nucleolus, which corresponds to a "dual game". As Guiasu's solution is paradoxical (it has all the appearances of truth), my contribution consists in explaining the concepts, particularly truncation, that play a central role in the demonstration, and then analyzing in what way Guiasu's argument is misleading. After recalling what the Talmudic division problem is, how it is solved by Aumann and Maschler's coalitional procedure (i.e., the nucleolus or the Shapley value of the dual game), and how Guiasu solves it by the Shapley value of a cumulative game, I show that (i) Guiasu omitted to truncate the data (claims exceeding the value of the estate must be reduced to the available level of estate), while truncation is required in the context. (ii) He attributes the surplus (obtained after sharing out the estate) to all applicants equally: this contradicts the contested garment solution. (iii) This implies that the estate cannot exceed the greatest claim, which is obviously false. (iv) Guiasu's approach creates a discontinuity in the distribution of the estate, which is not observed in the contested garment problem. I conclude that Guiasu's attempt to explain the three wives problem in terms of "run-to-the-bank" is unsuccessful and actually contradicts the contested garment problem.
Keywords: Shapley value; contested garment; three wives; Talmudic division

Classification JEL : D31, D63, D71, B1, B4

1. INTRODUCTION

Historically, there are two main methods of dividing a quantity of some commodity between two people: Aristotle's and the Talmud's. Applications of these methods of division are widespread, ranging from bankruptcy (how to allocate assets among creditors) to divorce (how to allocate the estate between two consorts) where there are contending claimants, via airport landing rights (Littlechild and Owen 1973) and the sovereign debt default problem (Fon 2012)[1]. Moulin (2003, p. 139) also cites joint-ventures and more generally the *commons*, the division of copyrights and other artistic rights, cost sharing, evaluation of the impact of each operator in environmental economics (e.g. fishing), network access pricing, and so on.

In this paper, we discuss Guiasu's attempt to unify the Talmudic division problems into a single method. Guiasu (2011, pp. 65-66 and p. 78) states:

> Three ancient problems, whose intriguing solutions were given without any justification back then, generated many studies with very different interpretations, debates, and controversy. Heuristic procedures and new concepts have been introduced, just to justify the numerical solutions given very long ago, but a uniform method for solving these three ancient problems was still missing.
>
> [...] the main purpose of this paper, and of so many other papers about this topic, to find a rationale for the ancient solutions.

The principle of division methods is the following. Consider two claimants denoted 1 and 2. Denote E the total estate to be distributed and x_1 and x_2 the two payoffs. They are such that the sum of the payoffs does not exceed the value of the estate: $x_1 + x_2 \leq E$; d_1 and d_2, with $d_1 \leq d_2$, are the amounts claimed by the individuals with; $x_1 \leq d_1$ for any claimant i and $d_1 + d_2 > E$ (the commodity to be shared is scarce: this is a "bankruptcy" problem; Moulin (2003, p. 261) calls it "deficit-sharing" or "rationing")[2]. The important idea is that claims are exogenous. For example, Moulin (2003, p. 139) cites the case of a duo of musicians who have to determine their respective contributions but who are not equally famous. The claims may be symmetric, or unequal, but they are quantified and well defined. This type of problem is known as a *rationing* or *bankruptcy problem.*

Aristotle argues in Book 5 (Rackham 1934)[3] that distributive justice must be proportional: each claimant must receive award in

1. Fon argues that the "*Pari Passu*" clause can be interpreted in terms of Talmudic division.
2. If $d_1 + d_2 \leq E$, there is no division problem at all: each claimant obviously receives what he claims, with what remains being shared equally.
3. See comments in Kraut (2005) or Gauthier and Jolif (1958-9).

proportion to his claim: $x_1/d_1 = x_2/d_2$. This is the same with three or more claimants. Proportional division is the familiar division rule we generally use.

While proportional division is quite simple, not so Talmudic division, a historical Jewish method of division that has recently come to prominence although it is more than two thousand years old (O'Neill 1982; Aumann [4] and Maschler 1985; Young 1987; Deverney 1992; Benoit 1997; Dagan et al 1997; Kaminski 2000; Herrero and Villar 2001; Moulin 2002, 2003; Thomson 2003; Balinski 2003, 2005; Hokari and Thomson 2003; Moreno-Ternero and Villar 2004; Dominguez and Thomson 2006; Bosmans and Lauwers 2011) [5]. The Babylonian Talmud (in the Nézikin sedarim, in the Metsi'a, and in the Kethuboth) considers the contested garment problem. Two people lay claim to a garment [6]; one for the whole garment, the other for half of the garment. The Talmud also explores the case where there are more than two claimants in the form of the three wives problem with its three claimants, the solution to which looked mysterious for two thousand years but was solved by Aumann and Maschler's (1985) coalitional procedure.

The Shapley value (Shapley 1953), which is a tool developed by the branch of economics (and applied mathematics) known as *game theory*, can be used to define a certain type of solution to the problem of dividing an estate. The Shapley value is is the revenue the agents who belong to a coalition are able to generate by cooperating. This concept from game theory might seem difficult to understand. However, (i) it is common knowledge that the contested garment problem can be solved by using the Shapley value (see for example Moulin (2003, pp. 57-58); (ii) Aumann and Maschler (1985) and Guiasu (2011) [7] proved that the solution to the coalitional procedure can be derived from the Shapley value. For Guiasu, it is the Shapley value – more exactly, the usual Shapley value, i.e., of a *cumulative game* – [8], which is a misguided theoretical development because Aumann and Maschler

4. Nobel prize (actually: *The Sveriges Riksbank Prize in Economic Sciences in Memory of Alfred Nobel*) in economics, for the year 2005.

5. Following Dagan et al. (1997, p. 58), the method was also studied by Pineles (1861), unfortunately for me in a text in Hebrew, not translated.

6. A large fabric, like a toga, which can be divided up.

7. See also Guiasu (2010).

8. In a cumulative game, the maximum value attributed to a coalition is, more or less, the sum of the value attributed to its members. These concepts will be defined precisely later.

(1985) showed that the coalitional procedure corresponds to the *nucleolus* (Schmeidler 1969), another completely different concept of game theory[9]. It is important to discuss Guiasu's approach because he purports to unify all Talmudic division methods by the Shapley value, as shown by this excerpt (Guiasu 2011, p. 78):

> The objective of this paper is to show that the game theory logic based on the Shapley value may be consistently applied for solving, in a uniform way, all three ancient problems, namely the three wives problem, the contested garment problem, and the rights arbitration problem[10].

Obviously, then, game theory cannot be left aside even if it is unprepossessing for many: the discussion will be rather technical but, as underlined by Moulin (2003, p. 139) "Indeed, no systematic discussion of the (...) problem was possible until the tools of (...) game theory became available fifty years or so ago". I will set out the main concepts as simply as possible here.

In a nutshell, this paper is an attempt to determine whether it is possible to unify sharing methods according to the Talmud by the Shapley value as Guiasu (2010, 2011) did. And in particular, can the three wives problem be inferred from an easy to understand process such as the "run-to-the-bank", which corresponds to the most usual Shapley value (that of a cumulative game). I will show that the answer is no. The three wives problem stems from a more complicated and less intuitive process, the nucleolus (i.e., the Shapley value of a dual game), even if I show it follows a series of highly intuitive orthogonal projections.

9. On the idea of nucleolus, see also Maschler, Peleg, and Shapley (1979) and Arin and Inarra (1998). The nucleolus can be used to find the solution that minimizes, step by step, the largest inequality.

10. Ibn Ezra's Rights Arbitration Problem is not studied in this paper. It is completely different from the three wives problem, even if it is a generalization of the contested garment procedure. See ibn Ezra (1146); Rabinovitch (1973); O'Neill (1982); Aumann (2010); de Mesnard (2015).

2. TALMUDIC DIVISION: THE HISTORICAL PROBLEMS

2.1 *Truncation*

First, it is worth noting that, for any system of division, truncation is indispensable. Without it, a claimant making an infinite claim could obtain the entire estate.

Example 1. Assume that a first claimant demands 300 and a second one 600, the estate being 600. Proportional division allocates $600 \times 300 / 900 = 200$ and $600 \times 600/900 = 400$ to each claimant, respectively. However, if agent 2 claims more than the worth of the estate, say 6000, he obtains $600 \times 6000/6300 = 571.4$ and agent 1 just 28.6; if agent 2 claims 60,000, he obtains $600 \times 60000/60300 = 597$ while agent 1 receives just 3. And so on. In the limit, agent 2 receives 600 and agent 1 zero.

Definition 1 Truncation Moulin (2003, pp. 37-38, 262). If any claimant claims more than the entire estate, that is, if there is an such that $d_i > E$, his claim is replaced by E, i.e.,

$$\tilde{d}_i = \min(d_i, E) \text{ for any } i \tag{1}$$

Throughout the paper, we order the claims such that $d_1 \leq d_2 \leq \ldots \leq d_n$; thus, truncated claims are ordered such that $\tilde{d}_1 \leq \tilde{d}_2 \leq \ldots \leq \tilde{d}_n$ with $\tilde{d}_n \leq E$. We also assume that $x_i \leq d_i$ for any i such that nobody can receive more than his claim. Notice that the problem is one of "rationing", that is [11],

$$E < \sum_{i=1}^{n} \tilde{d}_i \tag{1}$$

2.2 *The contested garment*

Two people lay claim to a garment; one for the whole garment, the other for half of it. This is an excerpt from the Talmud (Baba Mezi'a 2a, Chap. I, Babylonian Talmud, Daiches and Slotki, 1935):

> Two [persons appearing before a court] hold a garment. One of them says, "I found it", and the other says, "I found it"; one of them says,

11. The case $\sum_{i=1}^{n} \tilde{d}_i \leq E$ is trivial. Each claimant receives his claim and what remains is shared equally.

> "it is all mine", and the other says, "it is all mine", then the one shall swear that his share in it is not less than half, and the other shall swear that his share in it is not less than half, and [the value of the garment] shall then be divided between them. If one says, "it is all mine", and the other says, "half of it is mine", he who says, "it is all mine" shall swear that his share in it is not less than three quarters, and he who says, "half of it is mine" shall swear that his share in it is not less than a quarter. The former then receives three quarters [of the value of the garment] and the latter receives one quarter. If two ride on an animal, or one rides and the other leads it, and one of them says, "it is all mine", and the other says, "it is all mine", then the one shall swear that his share in it is not less than half, and the other shall swear that his share in it is not less than half, and [the value of the animal] shall then be divided between them. If both admit [each other's claims] or if they have witnesses [to establish their claims] they receive their shares without an oath.Here, an "oath" is a pledge upon God [12].

The first claimant receives what is not claimed by the other, that is, half of the estate; then the remaining half is shared equally, that is, the first claimant receives in all ¾ and the second ¼.

Example 2. In Figure 1, derived from Balinski's figures 1 and 2 (2003, 2005) depicting the famous case of the contested garment, point I' of coordinates $E/2$ and $5E/4$ exceeds the estate because $5E/4 > E$. Therefore, the corresponding demand is truncated, which gives point I of coordinates $E/2$ and E. Then, each claimant receives what is not claimed by the other, that is, $E - \tilde{d}_2$ and $E - \tilde{d}_1$ respectively; whatever remains (that is, $\tilde{d}_1 + \tilde{d}_2 - E$) is shared equally between both individuals, which gives

$$\begin{cases} x_1^{CG} = \frac{1}{2}(E + \tilde{d}_1 - \tilde{d}_2) \\ x_2^{CG} = \frac{1}{2}(E - \tilde{d}_1 + \tilde{d}_2) \end{cases} \tag{2}$$

As $x_1^{CG} + x_2^{CG} = E$ the entire estate is distributed and $x_i^{CG} \geq 0$ for any i. See also Balinski (2003, 2005) for a synthetic and easy-to-read presentation. In Figure 1, the line BC represents all the feasible allocations of the estate E between the two individuals ($B(0, E)$ and $C(E,0)$). Point $I(E/2, 0)$ shows what both agents claim. Point $T(E/4, 3E/4)$ is the allocation according to Talmudic division. By truncation, point I', for which individual 1's claim exceeds the estate is

12. Here, an "oath" is a pledge upon God.

also projected on T; at point I'', claimant 2 takes all: this proves how truncating is important and necessary. $A(E/3, 2E/3)$ is the "Aristotle point".

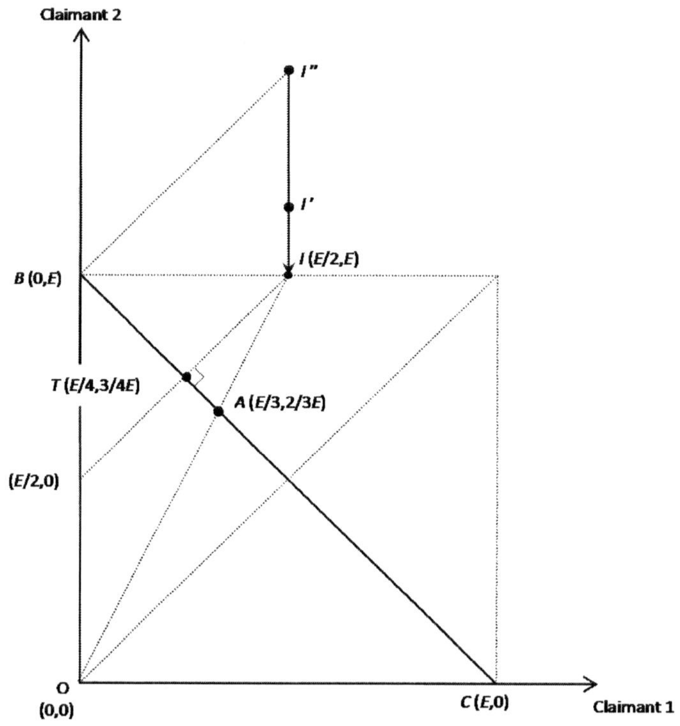

Figure 1: Contested garment (derived from Balinski (2003, 2005)).

Remark. Talmudic division may seem complicated and unclear; hence the many discussions of the Jewish masters about it and the many scholarly papers. However, and this has never been brought to the fore, in the non-trivial case where $d_1 + d_2 \geq E$, the method corresponds to the orthogonal projection, that is, to the minimization of Least Squares[13] (or of the quadratic mean) between vectors $\tilde{d}$ and X under the constraint

$$\sum_{i=1}^{2} x_i = E$$

that is

13. *Least Squares* are very popular in econometrics, but no stochastic hypotheses are made here.

$$\min_{x_i} \sum_{i=1}^{2} (x_i - \tilde{d}_i)^2,$$

$$\text{s.t. } x_1 + x_2 = E.$$

The solution is

$$x_i = b + \tilde{d}_i \text{ for any } i = 1{,}2$$

where

$$b = (E - \tilde{d}_1 - \tilde{d}_2)/2,$$

which is strictly equivalent to (2) [14]. This criterion amounts to finding Gauss' orthogonal projection: the point of coordinates (x_1, x_2) is the orthogonal projection of the point $(\tilde{d}_1, \tilde{d}_2)$ on the plane $x_1 + x_2 = E$ [15].

It is possible to examine what happens when the estate varies: the claims d_1 and d_2 are given but E is variable. With proportional division, x_1 and x_2 are always such that $x_1/d_1 = x_2/d_2$. Discussing the contested garment, Aumann and Maschler (1985, p. 198) explain that:

> When E is small, it is divided equally. This continues until each claimant has received $d_1/2$. Each additional dollar goes to the greater claimant, until each claimant has received all but $d_1/2$ of her claim. Beyond that, each additional dollar is again divided equally. Note that the principle is monotonic, in the sense that for fixed claims d_1 and d_2, each of the two awards is a monotonic function of the estate E.

In other words, the unequal division begins when $E = d_1$ and ends when $E = d_2$. This is depicted in Figure 2, derived from Balinski's figures 1 and 2 (2003, 2005), where the coordinates of the points A, B, C, and G are indicated in Table 1. When the estate is between 0 and d_1, Talmudic division shares equally between each claimant; they receive the same quantity up to $d_1/2$: Talmudic division is more egalitarian than proportional division. When the estate is between d_1 and $(d_1 + d_2)/2$, only claimant 2 increases his payoff with Talmudic division and catches up with 1, up to $E = (d_1 + d_2)/2$ where proportional division and Talmudic division give the same result. Between $(d_1 + d_2)/2$ and d_2, it is again claimant 2 who receives all the additional payoff with Talmudic division, which increases the inequality beyond the proportional division. Between d_2 and

14. Young (1987, p. 410) indicates a completely different function, based on logarithms and exponentials.

15. A distance and its square have the same minimum.

$d_1 + d_2$, with Talmudic division, 1 is again served, the same quantity being added equally to each payoff: this reduces inequality and for $E = d_1 + d_2$, proportional division and Talmudic division yield the same result. In Figure 2, we see the constrained equal division. It is a method that apportions shares equally between both claimants, except that the claimants cannot receive more than they claim.

Distributions and estate	A	B	C	G
x_1	$d_1/2$	$d_1/2$	$d_1/2$	d_1
x_2	$d_1/2$	$d_2/2$	$d_2 - d_1/2$	d_2
E	d_1	$(d_1 + d_2)/2$	d_2	$d_1 + d_2$

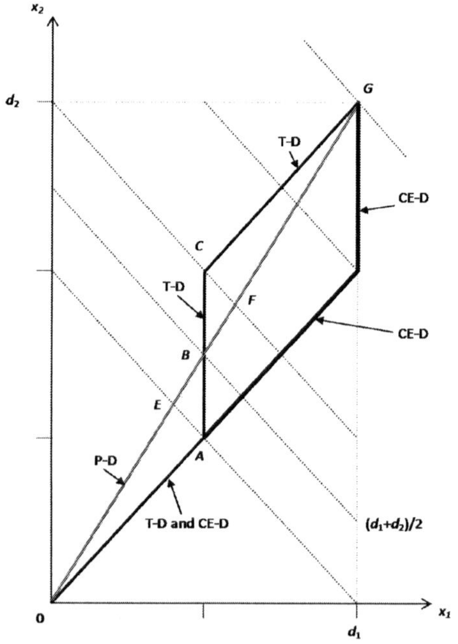

Table 1: Contested garment:
coordinates of the four points in Figure 2.
Figure 2: Contested garment when the estate varies
(derived from Balinski (2003, 2005)).

Notations. T-D: Talmudic division; P-D: proportional division;
CE-D: constrained equal division. Dots: estate E.

2.3 *The three wives and Aumann & Maschler' s coalitional procedure*

The Talmud explores the three wives problem which was examined and extensively discussed by Aumann and Maschler (1985). The marriage contracts stipulate that upon the husband's death each wife is to receive 100, 200 and 300. The result is determined by the amount to be shared out. This is an excerpt from the Babylonian Talmud (Kethuboth, Folio 93a (Daiches and Slotki, 1935)):

> If a man who was married to three wives died, and the kethubah of one was a maneh [a hundred zuz], of the other two hundred zuz, and of the third three hundred zuz and the estate [was worth] only one maneh [the sum] is divided equally. If the estate [was worth] two hundred zuz [the claimant] of the maneh receives fifty zuz [and the claimants respectively] of the two hundred and the three hundred zuz [receive each] three gold denarii. If the estate [was worth] three hundred zuz, [the claimant] of the maneh receives fifty zuz and [the claimant] of the two hundred zuz [receives] a maneh while [the claimant] of the three hundred zuz [receives] six gold denarii [one hundred and fifty zuz]. Similarly, if three persons contributed to a joint fund and they had made a loss or a profit they share in the same manner.

The outcome is depicted in Table 2.

Estate	Claimants		
	1	2	3
0	0	0	0
100	$33\frac{1}{3}$	$33\frac{1}{3}$	$33\frac{1}{3}$
200	50	75	75
300	50	100	150
400	50	125	225
500	$66\frac{2}{3}$	$166\frac{2}{3}$	$266\frac{2}{3}$
600	100	200	300

Table 2: The historical Talmudic three wives problem: the classic solution (with the supplementary lines for an estate of 400, 500 and 600).

Aumann and Maschler (1985) perform explicit Talmudic division for more than two claimants. They consider a series of contested garment procedures, but beginning with the claimant with the smallest claim. The claims are ordered in increasing order. The first claimant stands alone while the others form a coalition. The division is made between the two groups following the contested garment procedure; we see it is an orthogonal projection. Then the second claimant forms a coalition alone while the third up to the nth claimants form a second coalition, the division being made between the two groups as before; and so on. Hence the name coalitional procedure. In the classic problem of Table 2, wives 2 and 3 form a coalition and wife 1 remains alone, then wives 2 and 3 share the remainder equally between themselves.

However, as the coalitional procedure consists of a succession of orthogonal projections, claimant $i + 1$ may receive less than claimant i. In this case, the procedure is stopped and the remaining estate is shared equally between all remaining claimants. In the classic problem of Table 2, this is the case if, for example, the estate is equal to 100 (the process is stopped at the first step because the orderly step-by-step process would give 50 to claimant 1 and only 50 to the other two, that is, (50,25,25), which is not order preserving for the awards). This is also the case when the estate is equal to 500: the process is also stopped at the first step (the orderly step-by-step process would lead to a loss of 50 for the first claimant and of 50 for the other two together, that is, an allocation of (50, 175, 275)). It should be noted that the awards between $E = 0$ and $E = 300$ are symmetric to the losses between $E = 600$ and $E = 300$. Thomson (2003, p. 256) showed that the coalitional procedure can be presented in a different way [16].

It worth noting that the outcome of the coalitional procedure depends on the order chosen for forming the coalitions: the results are completely different if some other order is chosen (de Mesnard 2008).

Example 3. Table 2 gives the classic solution of the three wives problem in the three columns on the left. The central three columns indicate the result when the coalitions are formed in reverse order. The three columns on the right show the solution when the coalitions violate the order of claims.

16 See also Bosmans and Lauwers (2011)

	Coalitions {1} vs. {2,3}			Coalitions {1,2} vs. {3}			Coalitions {1,3} vs. {2}		
	Claimants			Claimants			Claimants		
Estate	1	2	3	1	2	3	1	2	3
0	0	0	0	0	0	0	0	0	0
100	$33\frac{1}{3}$	$33\frac{1}{3}$	$33\frac{1}{3}$	25	25	50	$33\frac{1}{3}$	$33\frac{1}{3}$	$33\frac{1}{3}$
150	50	50	50	37.5	37.5	75	50	50	50
200	50	75	75	50	50	100	50	$66\frac{2}{3}$	$83\frac{1}{3}$
300	50	100	150	50	100	150	50	100	150
400	50	125	225	50	150	200	50	$133\frac{1}{3}$	$216\frac{2}{3}$
500	$66\frac{2}{3}$	$166\frac{2}{3}$	$266\frac{2}{3}$	75	175	250	$66\frac{2}{3}$	$166\frac{2}{3}$	$266\frac{2}{3}$
600	100	200	300	100	200	300	100	200	300
Claims	100	200	300	100	200	300	100	200	300

Table 3: The three wives problem with the three possible coalitions. The case of coalitions {1} vs. {2,3} corresponds to the coalitional procedure.

However, we focus here on the order corresponding to the historic three wives problem and the coalitional procedure.

3. COALITIONAL PROCEDURE AND SHAPLEY VALUE OF A CUMULATIVE GAME

The contested garment and the three wives problem can be solved by the Shapley value (Aumann 2010; Guiasu 2011) which is now presented (Shapley 1953; Dubey 1975).

3.1 *Definitions*

The Shapley value can be interpreted in simple terms of the "run-to-the-bank" (Young 1995, pp. 69-71; Moulin 2003, pp. 57-58). The claimants arrive randomly in the race to the bank; the first to arrive takes his full claim (which may be equal to the entire estate if what is available is equal to or less than his claim). Whoever arrives second does the same (he may receive zero if nothing is left), and so on. Assuming the order of arrival is random, all orders are equally probable: each claimant finally receives the the expectation[17] of all cases, which corresponds to the Shapley value. The run-to-the-bank is particularly well adapted to a problem of division, and computing the Shapley value by the run-to-the-bank is faster here. Remember also that truncation is applied to the data before any division. Table 4 gives an example computed by the "run-to-the-bank" for the case $E = 200$ (remember that "run-to-the-bank" and Shapley value are equivalent), which is one of the cases where the results of the Shapley value differ from the Talmudic result.

Order	*Claimant* 1 (*claim* : 100)	*Claimant* 2 (*claim* : 200)	*Claimant* 3 (*claim* : 200)
123	100	100	0
132	100	0	100
213	0	200	0
231	0	200	0
312	0	0	200
321	0	0	200
Expectancy	$33\frac{1}{3}$	$83\frac{1}{3}$	$83\frac{1}{3}$

Table 4: The Talmudic three wives problem: computed by the "run-to-the-bank"

However, This is why it is better to present the Shapley value in more general terms. N is the set of all agents with $|N| = n$. S is a subset or coalition of N. Each subset is called a coalition. There are 2^n different possible coalitions of N including the empty coalition (i.e., 2^{N-1} non empty coalitions) or the coalitions that have only one element. The characteristic function is a simple mean to characterize a given coalition.

Definition 2. Characteristic value. The quantity $v(S)$ is the characteristic value that gives the maximum value of a coalition; it is a function

$$2^N \rightarrow \mathbb{R} \; ; S \mapsto v(S)$$

with $v(\emptyset) = 0$ by definition (dummy axiom).

17. In practice, we compute the mean.

We are only interested in the maximum value this coalition may earn.

Example 4. If a coalition of two "gamers" earns 500 at the maximum, then we say that the characteristic value of the coalition is 500: $v(\{1,2\}) = 500$.

Any game is described by indicating the values of the characteristic function for any possible coalitions. The characteristic function can take several forms, depending on the type of game considered: cumulative, dual, etc. The property of *superadditivity* states that if a coalition S_T is formed by the union of two coalitions S_1 and S_2, then the characteristic value of S_T cannot be lower than the sum of the characteristic values of S_1 and S_2: $v(S_T) \geq v(S_1) + v(S_2)$.

Definition 3. Shapley value. The Shapley value $\varphi_{i \notin S}(v)$ of an agent i (who does not belong to S (i.e., $i \notin S$)) is the sum of the marginal gains each individual brings upon joining all coalitions S that can be formed among the set N of all agents, that is,

$$\varphi_{i \notin S}(v) = \sum_{S \subset N} [v(S \cup \{i\}) - v(S)] p_n(S) \tag{3}$$

where the quantities[18]

$$p_n(S) \equiv \frac{|S|!(n - |S| - 1)!}{n!} \tag{4}$$

are the weights, that is, a count of the number of possibilities[19]. The Shapley value is efficient, symmetric and additive. Moreover, those who claim nothing receive nothing.

We also define the nucleolus.

Definition 4. Nucleolus. Consider the members i of a coalition S: $i \in S$; the payoffs of each member: x_i; the set of these payoffs is denoted $\mathbf{x}$. The surplus of a coalition is the difference between the characteristic value and the sum of the individual payoffs this coalition receives, that is,

18. $S \cup \{i\}$ denotes the union of coalition S and agent i.

19. $|S|$ denotes the number of members of coalition S, and $x!$ the factorial of x, that is, the product $x \times (x - 1) \times (x - 2) \times \ldots \times 1$. $n!$ is the total number of possible coalitions. $|S|!(n - |S| - 1)!$ counts the number of coalitions that i may join and $p_n(S)$ is the ratio between both quantities, that is, a relative count.

$$e(\mathbf{x}, S) = v(S) - \sum_{i \in S} x_i$$

It is assumed that the coalition S served first is the one with the largest surplus $e(\mathbf{x},S)$ because "the one who yells loudest gets served first" (Ferguson 2005, p. IV-22). Then, the set of payoffs $\mathbf{x}$ is adjusted so that the surplus becomes smaller but this increases the payoffs of the agents who are not in the coalition, and so on. The process stops when it becomes impossible to modify the payoffs: the set of payoffs that ensues is the nucleolus. The nucleolus is always unique (Driessen 1988, section II.7).

Remark. Saying that the nucleolus consists in minimizing, step by step, the largest inequality is equivalent to saying that the coalitional procedure consists of a series of orthogonal projections.

If there is a single definition of the Shapley value, the result depends on which game is considered. This affects the definition of the characteristic value. We examine this point now.

3.2 *Which game?*

For Aumann (2010) and later Guiasu (2011), the contested garment and the three wives problem can be solved by the Shapley value. This is perfectly true but everything depends on which definition of the characteristic function we consider, that is, which type of game we consider.

Aumann (2010) considers the dual characteristic value for the coalitional procedure.

Definition 5. Dual game. The following characteristic function is used:

$$v(S) := \max\left(0, E - \sum_{i \in N \setminus S} v(\{i\})\right) \tag{5}$$

Remember that $v(\{i\})$ is the characteristic value of each claimant, given for any $i \in S$[20]. The coalitional procedure is efficient and leads to a solution which is the nucleolus (Aumann and Maschler 1985). Moreover, and this is important here, Aumann (2010) has shown that

20. The game corresponding to (5) is superadditive. Aumann (2010, pp. 8-9): "v_2 is superadditive, because there it is indeed a matter of what each coalition can get in the worst case: $v_2(S)$ is what is left for S after all other claims are satisfied".

the nucleolus can be generated by the Shapley value by considering the *dual game*, that is, (3) and (5). Aumann takes $v(\{i\}) = \min(d_i, E) \equiv \tilde{d}_i$ for any $i \in S$.

Guiasu has taken the usual Shapley value, that is, the Shapley value of a *cumulative game* for the coalitional procedure, as proved by this excerpt (Guiasu 2001, p. 78):

> Before using this tool, however, it is essential to identify what kind of games are involved in each of these problems. The decision making is based on the same tool, namely the game theory logic based on the Shapley value, but the specific games involved are slightly different. The kind of claims of the players and the relationship between the given claims and the given resources available, on one hand, and the specific way of evaluating the value of each possible coalition, on the other hand, determine the particular type of game which has to be solved in each of the three ancient problems mentioned.

Therefore, we are led to define a cumulative game.

Definition 6. Cumulative game. In a cumulative game, $v(S)$ is given by

$$v(S) := \min\left(\sum_{i \in S} v(\{i\}), E\right) \tag{6}$$

This characteristic value differs from (5): Aumann (2010) says they are dual.

3.3 *Guiasu's approach*

Guiasu (2011) proceeds as follows. Sorting the claimants such that $d_1 \leq \ldots \leq d_{m-1} < E \leq d_m \leq \ldots \leq d_n$, in computing the characteristic value of each claimant, he posits an axiom that attributes the surplus of estate $E - d_{m-1}$ equally to the higher claimants , that is,

$$v(\{i\}) = d_{m-1} + \frac{E - d_{m-1}}{n - m + 1} \text{ for } i = m, \ldots, n \tag{7}$$

with $v(\{i\}) = d_i$ for $i = 1, \ldots, m-1$.

Remark. (7) implies that the characteristic value of the highest claimant is equal to the estate: $v(\{n\}) = E$.

Then, for a three-claimant problem, similar to the three wives problem, Guiasu applies equations (6) and (7) by making the distinction between three games[21]:

1. $E \leq d_1 \leq d_2 \leq d_3$ (corresponding to the case $E = 100$ of the three wives problem) with ($m = 1$ (and $d_0 \equiv 0$)). By applying (6) and (7), Guiasu finds the solution $E/3, E/3, E/3$).

2. $d_1 < E \leq d_2 \leq d_3$ (corresponding to the case $E = 200$ and yielding $v(\{2\}) = v(\{3\}) = 150$ in the three wives problem) with $m = 2$. According to (6) and (7) Guiasu finds the solution

$$\left(\frac{E+d_1}{6}, \frac{5E-d_1}{12}, \frac{5E-d_1}{12}\right).$$

3. $d_1 \leq d_2 < E \leq d_3$ (corresponding to the case $E = 300$ in the three wives problem) with $m = 3$. He makes the distinction between two cases:

(i) $d_1 + d_2 < E$ where, according to (6) and (7), he finds the solution

$$\left(\frac{d_1}{2}, \frac{d_2}{2}, E - \frac{d_1}{2} - \frac{d_2}{2}\right);$$

(ii) $d_1 + d_2 \geq E$ where he finds the solution[22]

$$\left(\frac{E + 2d_1 - d_2}{6}, \frac{E - d_1 + 2d_2}{6}, \frac{4E - d_1 - d_2}{6}\right).$$

3.4 *Questioning Guiasu's approach*

I will now prove that Guiasu's idea is misleading for the coalitional procedure. Obviously, for two claimants, the Shapley value of a cumulative game leads to the same solution as with the coalitional procedure. It is common knowledge that for a two-person game, all symmetric and efficient solutions necessarily coincide. Therefore, the contested garment problem can be solved by the Shapley value of a cumulative game. However, things are different with more claimants. In particular, the Shapley value of a cumulative game[23] cannot yield the same result as the coalitional procedure, contrary to what Guiasu (2011), followed by Alparslan and Sariarslan (2012), asserts[24].

---

21. The reader may refer to Guiasu (2011, pp. 72-73) for the detail of derivation of Guiasu's results.

22. All these results are in accordance with the historic three wives problem of Table 2.

23. For the interested reader, a direct proof is given in Appendix 5.1.

24. Alparslan and Sariarslan (2012), followers of Guiasu (2011), work on the Average Lexicographic value (or Alexia value). Nevertheless, the Average Lexicographic value is equivalent to the Shapley value for convex games (Tijs 2005) and bankruptcy problems are convex (Curiel *et al.* 1987).

Proposition 1. After truncation, the Shapley value of a cumulative game and the coalitional procedure do not give the same result when $n > 2$.

Aumann and Maschler (1985) showed that the coalitional procedure corresponds to the nucleolus of the game. Even if the nucleolus is known to differ from that of the Shapley value of a cumulative game as defined by (3)-(6), we provide a direct proof by a counter-example for a three-player game[25], which corresponds to the historical three wives problem.

Proof. Table 5 shows the outcome for the historical three wives problem solved by the Shapley value of a cumulative game. The case $E = 200$ differs from what is found in the historical three wives problem as depicted by Table 2. Appendix 5.2 also gives the computation of the case $E = 200$ by the Shapley value formulas. It is noticeably that Guiasu's choice of a cumulative game corresponds to the run-to-the-bank. Appendix 5.3 gives the formal proof of this counter-example.

Estate	Claimant 1	Claimant 2	Claimant 3
100	$33\frac{1}{3}$	$33\frac{1}{3}$	$33\frac{1}{3}$
200	$33\frac{1}{3}$	$83\frac{1}{3}$	$83\frac{1}{3}$
300	50	100	150

Table 5: Three wives problem:
solution by the Shapley value of a cumulative game

How might Guiasu find the Talmudic result anyway? There are four arguments.

3.4.1 *Truncation*

Guiasu (2011, p. 71-72) does not truncate the data for deriving the solution to the three wives problem by the Shapley value. However, truncation must be done as is clearly stated by Moulin (2003, pp. 37-38, 262) or Balinski (2005, p. 504). In Aumann and Maschler this is implicit (1985, pp. 202-203). As said above, a claimant could beat the others and obtain the entire estate by placing an infinite claim.

25. The counter-example is the most powerful way to falsify a theory, in the Popperian (1959, 1963) sense.

3.4.2 *Difficulty for two claimants*

Guiasu's axiom (7) violates what is done in the historical problems. In the simplest case of two claimants, Guiasu states that the solution obtained with the Shapley value is of the form

$$\left(\frac{d_1}{2}, E - \frac{d_1}{2}\right) \tag{8}$$

However, (8) is *not* (2) even if both solutions are the same for some particular cases such as $d_1 = 1/2$ and $d_2 = 1$.

3.4.3 *Difficulty for the largest claim*

If we consider solution (8), equation (7) implies that $v(\{1\}) = d_1$ and $v(\{2\}) = E$, whatever the real value of d_2. In other words, Guiasu considers that $d_2 \geq E$, *even if* the case $d_2 < E$ might be perfectly possible in a two-claimant bankruptcy problem, so long as $d_1 + d_2 \geq E$. There is no reason the upper bound of the estate should be d_n and conversely, there is no reason claimant n should be obliged to claim the whole estate.

Example 5. Consider the following two-claimant problem[26]: the set of demands is $d = (1/2, 7/8)$ with $E = 1$. One cannot see why the first claimant may claim half of the garment and the second claimant may not claim less than the whole garment. The solution deduced from (2) is $(1/4+1/16, 3/4+1/16) = (5/16, 11/16)$. By Guiasu's approach, it is again $(1/4, 3/4)$, and remains unchanged for any d_2 larger than $1/2$ i.e., any

$$d_2 \in \left]\frac{1}{2}, \infty\right[$$

3.4.4 *Discontinuity*

What is more, there is a discontinuity when Guiasu's result (8) is used. Such a discontinuity is not observed in the contested garment solution (2) and contradicts the following common sense axiom of continuity of payoffs:

Axiom. Continuity of payoffs. If two claims are close, the corresponding payoffs must also be close. In more formal terms,

26. This example is inspired from the contested garment problem where $d = (½,1)$ with $E = 1$ and the solution of which is (¼,¾).

if we consider the function x $[0, E] \xrightarrow{x} [0, E]$ of real values, the function x must be continuous in any $\tilde{d}_i \in [0, E]$:

$$\exists \eta > 0, \exists \varepsilon > 0, \forall \tilde{d}_j, \left|\tilde{d}_i - \tilde{d}_j\right| < \eta \Rightarrow \left|x_i(\tilde{d}_i) - x_j(\tilde{d}_j)\right| < \varepsilon$$

Example 6. In the contested garment problem, where $E = 1$, Guiasu's solution is (½,½) for $d =$ (½,½). However, it is completely different, that is, (¼,¾), as soon as d_2 is more than ½, i.e., for $d =$ (½, >½).

This is why Guiasu is able to find the classical solution to the three wives problem by the Shapley value: Guiasu's axiom (7) is largely *ad hoc* in the context of a bankruptcy problem solved by the coalitional procedure.

4. CONCLUSION

We have examined a historical Talmudic problem, the three wives, which generalizes the contested garment problem. It seems extraordinary to many that the ancient Rabbis could have developed a method for which the solution is so sophisticated but Aumann and Maschler (1985) solved the three wives problem using the coalitional procedure, a step-by-step application of the historic contested garment procedure. In his attempt to unify all Talmudic division methods by the Shapley value, Guiasu (2011) explains the coalitional procedure in terms of the "run-to-the-bank", that is, by considering the most usual Shapley value (that of a cumulative game). This is a misguided theoretical development as the solution to the coalitional procedure is the nucleolus. Therefore, Guiasu's paper is *paradoxical*: it has all the appearances of truth but it is misleading. This is why my contribution consists in analyzing where Guiasu's misstatement comes from.

Although it is unfamiliar to many, it has been necessary to return to game theory because, since Aumann and Maschler's contribution, the problem is definitively game theoretic by nature, even if it was developed by Rabbis centuries ago. So, after recalling what the Talmudic sharing problem is, how Aumann and Maschler's coalitional procedure explains its solution (i.e., the nucleolus or the Shapley value of a *dual game*; from the moment that the order of coalitions is defined, the solution is unique), and how Guiasu solves it by the usual Shapley value (i.e., of a *cumulative game*), it is shown here that:

1. Guiasu has overlooked data truncation (claims that exceed the estate must be reduced to the available amount of the estate); yet, truncating is required in the context (without truncation, any applicant may obtain all the available estate by simply making an infinite claim).

2. Guiasu poses an axiom which attributes the surplus (obtained after sharing out the estate) to all applicants equally. We show that this is inconsistent with the contested garment problem.

3. By Guiasu's axiom, the estate cannot exceed the claim of the agent who demands the most, which is obviously false.

4. Guiasu's approach creates a discontinuity in the distribution of the estate, which is not observed in the contested garment problem.

We conclude that Guiasu's attempt to explain the three wives problem in terms of a "run-to-the-bank", that is, by the usual Shapley value (i.e. of a cumulative game) is unsuccessful. The correct explanation is given in terms of Shapley value of the dual game, that is, of the nucleolus. This should not be considered as a technical discussion among game theory specialists: Guiasu inadequately distorts the three wives problem so as to explain it in terms of the Shapley value of a cumulative game (or in terms of "run-to-the-bank") at all costs, transforming it into a complicated method, while it is simply and naturally explained in terms of the Shapley value of a dual game. The truth needed to be established for there to be a successful and convincing approach to Talmudic division.

5. APPENDIXES

5.1 *The contested garment*

The characteristic value for an individual claimant i, i.e., $v(\{i\})$, should be defined as i's claim but truncation (1) is applied: $v(\{i\}) = \min(\tilde{d}_i, E) = \tilde{d}_i$ for any i. Here, $\tilde{d}_1 = ½$, $\tilde{d}_2 = 1$: truncation changes nothing. Thus, the characteristic function takes the following values: $v(\emptyset) = 0$, $v(\{1\}) = ½$, $v(\{2\}) = 1$, $v(\{1,2\}) = \min(v(\{1\}) + v(\{2\}), E) = 1$. By applying (4), the weights are $p_2(\emptyset) = p_2(\{1\}) = p_2(\{2\}) = ½$, knowing that $|0| = 0$ and $0! = 1$.

Thus, applying (3) gives $x_1 = 1/4$ and $x_2 = 3/4$ which is the Talmudic result.

5.2 *The three wives problem*

For the case $E = 200$, first, truncation (1) is applied: $\tilde{d}_1 = 100$, $\tilde{d}_2 = 200$ and $\tilde{d}_3 = 200$. Applying (6) gives:

$$\begin{aligned}
&v(\emptyset) = 0,\ v(\{1\}) = \min(100{,}200) = 100,\\
&v(\{2\}) = v(\{3\}) = \min(200{,}200) = 200\\
&v(\{1{,}2\}) = v(\{1{,}3\}) = \min(100 + 200{,}200) = 200\\
&v(\{2{,}3\}) = \min(200 + 200{,}200) = 200\\
&v(\{1{,}2{,}3\}) = \min(100 + 200 + 200{,}200) = 200
\end{aligned}$$

From (4), the weights are:

$$p_3(\emptyset) = 1/3,\ p_3(\{1\}) = p_3(\{2\}) = p_3(\{3\}) = 1/6$$

and

$$p_3(\{1{,}2\}) = p_3(\{1{,}3\}) = p_3(\{2{,}3\}) = 1/3.$$

5.3 *Proof of the counter-example*

From (6) we have $v(\emptyset) = 0$, $v(\{i\}) = \min(\tilde{d}_i, E) = \tilde{d}_i$ for any i, $v(\{i,j\}) = \min(\tilde{d}_i + \tilde{d}_j, E)$ for any i, $j \neq i$ and

$$v(\{1{,}2{,}3\}) = \min\left(\sum_{i=1}^{3} \tilde{d}_i, E\right) = E.$$

The weights are: $p_3(\emptyset) = 1/3$, $p_3(i) = 1/3$ for any i and $p_3(\{i,j\}) = 1/3$ for any i, $j \neq i$. From (3), this gives the following payoffs:

$$x_i = \frac{1}{3}\Big(E + \tilde{d}_i - \frac{1}{2}(\tilde{d}_j + \tilde{d}_k) + \frac{1}{2}\min(\tilde{d}_i + \tilde{d}_j, E) + \frac{1}{2}\min(\tilde{d}_i + \tilde{d}_k, E) - \min(\tilde{d}_j + \tilde{d}_k, E)\Big)$$

for any i, with $j \neq k \neq i$. When $\tilde{d}_1 + \tilde{d}_2 < E$, this is

$$\begin{cases}
x_1 = \frac{1}{3}\Big(E + \frac{3}{2}\tilde{d}_1 - \frac{1}{2}\tilde{d}_3 + \frac{1}{2}\min(\tilde{d}_1 + \tilde{d}_3, E) - \min(\tilde{d}_2 + \tilde{d}_3, E)\Big)\\
x_2 = \frac{1}{3}\Big(E + \frac{3}{2}\tilde{d}_2 - \frac{1}{2}\tilde{d}_3 + \frac{1}{2}\min(\tilde{d}_2 + \tilde{d}_3, E) - \min(\tilde{d}_1 + \tilde{d}_3, E)\Big)\\
x_3 = \frac{1}{3}\Big(E + \tilde{d}_3 - \frac{3}{2}(\tilde{d}_1 + \tilde{d}_2) + \frac{1}{2}\min(\tilde{d}_1 + \tilde{d}_3, E) + \frac{1}{2}\min(\tilde{d}_2 + \tilde{d}_3, E)\Big)
\end{cases}$$

When $\tilde{d}_1 + \tilde{d}_2 \geq E$, this is $x_i = \frac{1}{3}\Big(E + \tilde{d}_i - \frac{1}{2}(\tilde{d}_j + \tilde{d}_k)\Big)$ for any i, with $j \neq k \neq i$. This differs from the coalitional procedure.

REFERENCES

ALPARSLAN, G. & SARIARSLAN, A. 2012. "On the Bankruptcy Situations and the Alexia Value," *Journal of Applied Mathematics*, doi:10.1155/2012/813060.

ARIN, J. & INARRA, E. 1998. "A Characterization of the Nucleolus for Convex Games," *Games and Economic Behavior*, 23: 12-24.

AUMANN, R.J. 2002. "Game theory in the Talmud," *Research Bulletin Series on Jewish Law and Economics*, June 2002.

—. 2010. "Some non-superadditive games, and their Shapley values, in the Talmud", *International Journal of game Theory*, 39: 3-10.

— & MASCHLER, M. 1985 "Game theoretic analysis of a bankruptcy problem from the Talmud," *Journal of Economic Theory*, 36, 2: 195-213.

BALINSKI, M. 2005. "What is just?", *The American Mathematical Monthly*, June-July: 502-511.

—. 2003. "Quelle équité ?, Pour la Science," 311: 82-87.

BENOIT J.-P. 1997. "The Nucleolus is Contested-Garment-Consistent: A Direct Proof", *J. Econ. Theory*, 77: 192-196.

BOSMANS, K. & LAUWERS, L. 2011. "Lorenz comparisons of nine rules for the adjudication of conflicting claims," *International Journal of game Theory*, 40: 791-807.

CURIEL, I.J., MASCHLER M. & TIJS S.H. 1987. " Bankruptcy games," *Zeitschrift für Operations Research*, 31, 5: A143-A159.

DAGAN, N., R. SERRANO, & O. VOLIJ. 1997. "A Noncooperative view of consistent bankruptcy rules", *Games and Economic Behavior*, 18, 1: 55-72.

DAICHES, S. & W. SLOTKI M. 1935. *Kethuboth*, translated into English with notes, glossary and indices, Epstein I. (ed).

DE MESNARD L. 2008. "On the Talmud Division: Equity and Robustness," LVII e Congrès annuel de l'Association Française de Science Economique, Paris, France, 18-19 septembre 2008. Dowloadable at http://papers.ssrn.com/sol3/papers.cfm?abstract_id =1316002.

—. 2015. "On Ibn Ezra's Procedure and Shapley Value," Dowloadable at http://papers.ssrn.com/sol3/papers.cfm?abstract_id=2561490.

DEVERNEY, F. 1992. *Le Problème de Partage du Talmud*, Mini-projet de majeure Informatique (cours de J.-J. Levy), École Polytechnique, avril 1992.

DOMINGUEZ, D. & THOMSON, W. 2006. "A new solution to the problem of adjudicating conflicting claims", *Economic Theory*, 28, 2: 283-307.

DRIESSEN, T. 1988. *Cooperative Games, Solutions and Applications*, Berlin: Kluwer Academic Publishers.

DUBEY, P. 1975. "On the Uniqueness of the Shapley Value", *International Journal of Game Theory*, 4, 3: 131-139.

FERGUSON, T.S. 2005. *Game Theory*, Course, Mathematics Department, University of California at Los Angeles. Downloadable at: http://www.math.ucla.edu/tom/Game_Theory/Contents.html.

FON, V. 2012. *Sovereign debt default problem: an interpretation of the boilerplate yet mysterious pari passu clause*, downloadable at: www.apeaweb.org/confer/osaka13/.../Fon_Vincy.pdf.

GAUTHIER, R.A. & J.Y. JOLIF. 1958-1959. *Aristote: L'Éthique à Nicomaque*. 3 vols. Louvain: Publications Universitaires de Louvain.

GUIASU, S. 2011. "Three ancient problems solved by using the game theory logic based on the Shapley value", *Synthese*, 181, Supplement 1: 65-79.

—. 2010. *Revisiting the Ancient Problems of Bankruptcy, Contested Garment, and Rights Arbitration*, downloadable at: www.iiis.org/CDs2010/CD2010IMC/.../ZA212SU.pdf.

HERRERO, C. and A. VILLAR. 2001. "The three musketeers: four classical solutions to bankruptcy problems", *Mathematical Social Sciences*, 42, 3: 307-328.

HOKARI, T. & THOMSON, W. 2003. "Claims problems and weighted generalizations of the Talmud rule", *Economic Theory*, 21, 2-3: 241-261.

IBN EZRA A. 1146. *Sefar ha-Mispar* ("The Book of the Number" in Hebrew, Verona (German trans: Silberberg M. (1895), Frankfurt am Main: Kauffmann).

KAMINSKI, M.M. 2000. " 'Hydraulic' rationing", *Mathematical Social Sciences*, 40: 131-155.

KRAUT, R. 2005. "Aristotle's Ethics," *The Stanford Encyclopedia of Philosophy* (Summer 2005 Edition), Edward N. Zalta (ed.), URL = <http://plato.stanford.edu/archives/sum2005/entries/aristotle-ethics/>.

LITTLECHILD, S.C. & G. OWEN. 1973. "A Simple Expression for the Shapley Value in a Special Case", *Management Science*, 20: 370-372.

MASCHLER, M., PELEG, B. & SHAPLEY, L.S. 1979. "Geometric properties of the kernel, nucleolus, and related solution concepts", *Mathematics of Operations Research*, 4,4: 303-338.

MOULIN, H.J 2002. "Axiomatic cost and surplus sharing". *In*: Arrow K.J., Sen A.K. and Suzumura K. (eds.) (2002) *Handbook of Social Choice and Welfare*, Volume 1, Amsterdam: Elsevier.

—. 2003. *Fair Division and Collective Welfare*, Cambridge: MIT Press.

MORENO-TERNERO, J. D. & VILLAR, A. 2004. "The Talmud rule and the securement of agents' awards", *Mathematical Social Sciences*, 47, 2: 245-257.

O'NEILL, B. 1982. "A problem of rights arbitration from the Talmud", *Mathematical Social Sciences*, 2, 4: 345-71.

PINELES, H. M. 1861. Darkah Shel Torah. Vienna: Forster (in Hebrew).

POPPER, K. 1959. *The Logic of Scientific Discovery*, New York, NY: Basic Books.

—. 1963. *Conjectures and Refutations*, London: Routledge.

RABINOVITCH, N.L. 1973. *Probability and Statistical Inference in medieval Jewish Literature*. Toronto: University of Toronto Press.

RACKHAM, H. 1934. *Aristotle: The Nicomachean Ethics*. London: William Heinemann Ltd. Reprinted in 1982 by Cambridge, MA: Harvard University Press.

SCHMEIDLER, D. 1969. "The Nucleolus of a Characteristic Function Game," *SIAM Journal on Applied Mathematics*, 17, 6: 1163-1170.

SHAPLEY, L.S. 1953. " A value for n-person games". *In* Kuhn H.W. and W. Tuchker (eds.), *Contributions to the Theory of Games II*: 307-317.

THOMSON, W. 2003. "Axiomatic and game-theoretic analysis of bankruptcy and taxation problems: a survey", *Mathematical Social Sciences*, 45: 249-297.

TIJS, S.H. 2005. *The First Steps with Alexia, the Average Lexicographic Value*, CentER Discussion Paper No. 2005-123, Tilburg University, The Netherlands.

YOUNG, H. P. 1987. "On dividing an amount according to individual claims or liabilities", *Mathematics of Operations Research*, 12, 3: 398-414.

—. 1995. *Equity: In Theory and Practice*, Princeton (N.J.): Princeton University Press.

THREE WIVES PROBLEM AND SHAPLEY VALUE. ANSWER TO PROFESSOR DE MESNARD'S CRITICISM

SILVIU GUIASU*

Résumé
Les solutions des vieux problèmes de la banqueroute, de l'arbitrage des droits et de la dispute sur le vêtement ont été données dans le Talmud sans aucune justification. Un article publié dans la revue Synthese (Guiasu 2011) a montré que ces solutions peuvent être obtenues en utilisant la valeur de Shapley de la théorie des jeux avec n partenaires si les fonctions caractéristiques des jeux qui correspondent aux trois problèmes mentionnés dépendent essentiellement du contexte respectif. Trois ans plus tard, une critique de l'article publié en Synthese a été publiée sur l'internet (De Mesnard 2014). On trouvera ici la réponse à cette critique.
Mots-clés : banqueroute, arbitrage des droits, dispute sur le vêtement, jeux maximaux ou cumulatifs avec n partenaires, valeur de Shapley

Abstract
The solutions of the old problems of bankruptcy, rights arbitration, and contested garment were given in the Talmud without any justification. A paper published in the journal Synthese (Guiasu 2011) showed that these solutions may be obtained using the Shapley value from the n-person game theory if the characteristic functions of the games corresponding to these three problems essentially depend on the respective context. Three years later, a criticism of the paper from Synthese was posted on the internet (De Mesnard 2014). Here is the answer to this criticism.
Keywords: bankruptcy, rights arbitration, contested garment, maximal or cumulative n-person games, Shapley value

Classification JEL : B11, B16, C02, C71

* Department of Mathematics and Statistics, York University, Toronto, Canada. E-mail: guiasus@pascal.math.yorku.ca.

1. INTRODUCTION

Three very old Talmudic problems involved contradictory claims and judge's decisions given without any justification. The simpler versions are:

1. *The rights arbitration problem.* A man died and each of his four sons produced a deed duly witnessed that Son #1 would inherit one quarter of the estate, Son #2 one third of the estate, Son #3 half of the estate, and Son #4 the entire estate. Assuming that the estate is $E = 120$, in whatever units, the judge decides that the four sons have to get: 7½, $10\frac{5}{6}$, $20\frac{5}{6}$, and, $80\frac{5}{6}$ respectively.

2. *The bankruptcy problem* (also known as the three wives problem). A man married three women and promised them in their marriage contract the sum of $d_1 = 100$, $d_2 = 200$, $d_3 = 300$ units of money to be given to them upon his death. The man died but his estate E amounted to 200 units. The judge decides to give the three wives 50, 75, and 75 units, respectively. The Talmud also gives answers when the estate E is 100 or 300, respectively, and the solutions for these cases are also given in [Guiasu, 2011], but the case $E = 200$ was a real challenge for those who tried to justify the mysterious judge's decision from the Talmud.

3. *The contested garment problem.* Two persons hold a garment. One of them says, "It is all mine", and the other says, "Half of it is mine". The judge decides to give three quarters to the former and one quarter to the latter.

The three Talmudic problems could be of a limited interest today, except for historical purposes. However, the analysis of their solutions from the point of view of the game theory, offers a new methodology for dealing with the general problem of division of the estate among the claimants. The challenge is to find a justification for the judge's decisions in the problems just mentioned. There have been many attempts at finding a common logic behind the solutions proposed by the judge.

Aumann and Maschler (Aumann, 1985) solved the bankruptcy problem by using a step-by-step coalitional procedure. They considered a sequence of contested garment subgames, beginning with the claimant with the smallest claim. The claims are ordered in increasing order. The first claimant stands alone while the other claimants form a coalition. The division of estate is made between the two groups according to the contested garment solution. Then the second claimant stands alone while the other claimants form another coalition. The division of the remaining estate between the two groups is made again using the solution of the new contested garment problem, and so on. However, if claimant $i+1$ may receive less than claimant i, than the procedure is stopped and the remaining estate is shared equally between all remaining claimants. Obviously, the coalition procedure depends on the order chosen for forming the coalitions. We notice that the step-by-step coalitional procedure reaches the final solution by successive approximations. A more elegant and much more efficient solution were obtained if the division of the estate among all claimants would be done in a one-step decision by the judge. This is exactly what was done in the paper from *Synthese* [Guiasu, 2011].

Game theory and the Shapley value have been suggested as giving a possible general frame for justifying the judge's way of reasoning. In a paper posted on the web in 2008, Professor De Mesnard ([De Mesnard, 2008]) used the Shapley value but obtained a completely different solution (33⅓, 83⅓, 83⅓) than the Talmudic solution (50, 75, 75) to the three wives problem mentioned above, for the case when the estate is $E = 200$, claiming that the old solutions given to the Talmudic problems cannot be all completely justified using only the Shapley value from the n-person game theory, measuring the power of each player in a n-person game. The paper [Guiasu, 2011] showed that, however, using the Shapley value from game theory and properly identifying the characteristic function of the specific games corresponding to the three problems mentioned above, it is possible to justify the judge's decisions, contrary to the pessimism expressed in [De Mesnard, 2008] that such an attempt would never be possible. Three years later, Professor De Mesnard ([De Mesnard, 2014]) expressed a series of critical comments on the paper [Guiasu, 2011]. Here is my reply to this criticism[1].

1 I am very grateful to the Editorial Board of the journal *Revue de Philosophie Economique*, and especially to the Editors-in-Chief, Professor Emmanuel Picavet and Professor Gilles Campagnolo, who offered me the possibility to answer Professor De Mesnard's criticism in this journal.

As Professor De Mesnard's objections did not refer to the solution given in [Guiasu, 2011] to the rights arbitration problem, the next section contains a brief sketch of the methodology used in that paper for solving the bankruptcy and the contested garment problems. Section 3 reproduces the critical comments made by Professor De Mesnard on the solutions given in [Guiasu, 2011] to these two Talmudic peoblems and contains my answer to his criticism.

2. SOLVING THE TALMUDIC PROBLEMS OF BANKRUPTCY AND CONTESTED GARMENT USING THE SHAPLEY VALUE

Let $N = \{1,...,n\}$ be the set of players. The claims of the players are $d_1 \leq ... \leq d_n$, and the total resource available is the estate E. Every subset S of N is a possible coalition. A subset S of N is a proper coalition if it contains m distinct players where $1 < m < n$. There are 2^n possible subsets S of N, including the empty set $\emptyset$. To give an n-person game means to give the set N of players and, for each subset S of N, a real number (S) representing the value of the coalition S, such that:

$$v(\emptyset) = 0,\ v(S) \geq 0,\ v(S_1) \leq v(S_2) \text{ if } S_1 \subset S_2 \tag{1}$$

The Shapley value ([Shapley, 1953]) from the n-person game theory, measures the power of each player involved in the game. In an n-person game with the characteristic function v, the amount $v(S \cup \{i\}) - v(S)$ measures the contribution of player $\{i\}$ to the increase in the value of coalition S if this player joins in. The Shapley value is the average of players' marginal contributions over all permutations. Thus, the Shapley value of player $\{i\}$ is:

$$w_i = \sum_{S \subset N,\, i \notin S} [v(S \cup \{i\}) - v(S)] p_n(S), \tag{2}$$

where the probability of a coalition S to which the player $\{i\}$ can join in is:

$$p_n(S) \equiv \frac{|S|!(n - |S| - 1)!}{n!}, \tag{3}$$

and $|S|$ is the number of players from the coalition $S \subset N$. The Shapley value shows the power of the respective player.

In the paper [De Mesnard, 2014] it is mentioned that "Aumann and Maschler (1985) and Guiasu (2011) proved that the solution of the coalitional procedure described above can be derived from the Shapley value." After 1985, another solution of the coalitional procedure was introduced, namely, the nucleolus. If a coalition S is given and v is the characteristic function of the game, the surplus of coalition S is the amount $v(S) - \sum_{i \in S} w_i$, where w_i is the payoff of player i. It is assumed that the coalition with the largest surplus is dealt with first. Then the set of payoffs is adjusted (it is not very clear how to do this) so that the surplus of coalition S becomes smaller, and the procedure is repeated with the next coalition of largest surplus, and so on. The process stops when it becomes impossible to modify the playoffs. The resulting final payoffs form the so called nucleolus. Thus, the nucleolus is obtained by minimizing, step-by-step, the largest inequality in the surplus of the coalitions. For Professor De Mesnard, by using the nucleolus we get "the correct explanation" of the solution of the three wives problem. However, he admits in his paper [De Mesnard, 2014] that the concept of nucleolus involves "a more complicated and less intuitive process.".

All in all, the coalitional procedures offer only a step-by-step approach to reaching a final solution of the division of estate problems, using a sequence of successive approximations. In order to obtain a one-step decision for solving the Talmudic problems mentioned at the beginning of this paper, it is enough to use the Shapley value when each corresponding game has a specific characteristic function, essentially depending on the context of the respective problem, reflecting the interdependence between the members of the proper coalitions, as it was done in [Guiasu, 2011].

If the claims of the players are $d_1, \ldots, d_n$, then the corresponding n-person game is *cumulative* if the value of the characteristic function v for each subset of players $\{i_1, \ldots, i_k\}$ is calculated according to:

$$v(\{i_1, \ldots, i_k\}) = \min\{(d_{i_1} + \ldots + d_{i_k}), E\}.$$

for all $k = 2, \ldots, n$. In such a game the claim of each proper coalition is the sum of the claims of its members if it does not exceed the estate E. It corresponds to the case when the players stick to their own claims and are not willing to compromise and share the claims. In a cumulative game the claim of a coalition is the sum of the claims of its members or the entire estate if this sum exceeds the estate. In such a game, the members of a coalition make no compromise; each sticks to his own claim and is not willing to share parts of it with other members of the respective coalition.

If the claims of the players are $d_1,\ldots, d_n$, then the corresponding n-person game is *maximal* if the value of the characteristic function v for each subset of players $\{i_1,\ldots, i_k\}$ is calculated according to:

$$v(\{i_1,\ldots, i_k\}) = \min\{\max\{d_{i_1},\ldots, d_{i_k}\}, E\}$$

for all $k = 2,\ldots, n$. In such a game the claim of each proper coalition is the maximum of the claims of its members if it does not exceed the estate E. It corresponds to the case when the players are willing to compromise and share the maximum claim. The members of a coalition expect the judge to give them their respective claim. In a maximal game, the claim of a coalition is the maximum claim of its members and they are supposed to share this maximum among them. In such a game, the judge expects the members of a coalition to cooperate and reach a compromise, sharing the amount awarded to the respective coalition.

The division of the estate in the rights arbitration problem, may be justified if the judge looks at the corresponding game as being a maximal game, assuming that the four brothers are willing to reach a compromise and share parts of their claims when they form a coalition.

The division of the estate in the bankruptcy problem, may be justified if the judge looks at the corresponding game as being a cumulative game with the wives unwilling to compromise and share parts of their claims.

On the other hand, the contested garment problem is very simple. The two claims d_1, d_2 and the estate E completely determine the corresponding game because there are no proper coalitions in the total set $N = \{1,2\}$.

In the general case, if $d_1 \leq \ldots \leq d_{m-1} < E \leq d_m \leq \ldots \leq d_n$, we define:

$$v(\emptyset) = 0,\ v(\{i\}) = d_i,\ (i = 1,\ldots, m-1) \qquad (4)$$

$$v(\{i\}) = d_{m-1} + (E - d_{m-1}) / (n - m + 1),\ (i = m,\ldots, n) \qquad (5)$$

According to (4), the characteristic function v assigns the value d_i to the player i, if his claim is smaller than the estate, whereas, according to (5), the other $n - m + 1$ players, whose claims are not smaller than the estate E, cannot claim more than $d_{m\text{-}1}$ plus the excess of the resource, $E - d_{m\text{-}1}$, equally divided among them. From this point, everything goes on smoothly. This was taken as an axiom in the paper [Guiasu, 2011], but in fact (4) is an obvious assumption whereas (5) is justified by the Shapley value itself, as it will be shown in section 3. In the context of the division of the estate problem, the claim d_i represents what the player i would want to get, whereas the corresponding value $v(\{i\})$ of the characteristic function represents what player i would be entitled to ask for, taking into account the interdependence among the players.

2.1 *Solution of the bankruptcy problem:*

In a cumulative game there are three players $N = \{1,2,3\}$. Assume that the claims of the players are: $d_1 < E \leq d_2 < d_3$, in which case $n = 3$ and $m = 2$. According to (4) and (5), the characteristic function of the corresponding three-person cumulative game has the values:

$$v(\emptyset) = 0,\ v(\{1\}) = d_1,$$
$$v(\{2\}) = d_1 + (E - d_1)/2,\ v(\{3\}) = d_1 + (E - d_1)/2,$$
$$v(\{1,2\}) = \min\{d_1 + d_2, E\} = E,\ v(\{1,3\}) = \min\{d_1 + d_3, E\} = E,$$
$$v(\{2,3\}) = \min\{d_2 + d_3, E\} = E,$$
$$v(\{1,2,3\}) = \min\{d_1 + d_2 + d_3, E\} = E$$

Applying (3), we have:

$$p_3(\emptyset) = [0!\,(3 - 0 - 1)!]/3! = 1/3,$$
$$p_3(\{i\}) = [1!\,(3 - 1 - 1)!]/3! = 1/6,$$
$$p_3(\{i,j\}) = [2!\,(3 - 2 - 1)!]/3! = 1/3, \text{ if } i \neq j.$$

For this three-person game, according to (2), the Shapley values of the players are:

$$w_1 = (d_1 - 0)(1/3) + [(E - d_1)/2](1/6) + [(E - d_1)/2](1/6)$$
$$+ (E - E)(1/3) = (E + d_1)/6,$$
$$w_2 = w_3 = \{(d_1 + (E - d_1)/2] - 0\}(1/3) + (E - d_1)(1/6)$$
$$+ [E - d_1 - (E - d_1)/2](1/6) + (E - E)(1/3)$$
$$= (5E - d_1)/12.$$

Obviously, $w_1 + w_2 + w_3 = E$. Therefore, the solution is:

$$w_1 = (E + d_1)/6,\ w_2 = (5E - d_1)/12,\ w_3 = (5E - d_1)/12. \quad (6)$$

In the Talmudic bankruptcy problem, $E = 200, d_1 = 100, d_2 = 200$, $d_3 = 300$, and the solution (6) becomes: $w_1 = 50$, $w_2 = 75$, $w_3 = 75$, which is just the judge's decision.

2.2. *Solution of the contested garment problem:*

There are two players $N = \{1,2\}$ and $d_1 < E = d_2$, which means that $n = 2$ and $m = 2$. (We can also assume that $d_2 < E$ or $d_2 > E$, but there are no such cases in the Talmud and we skip them.) According to (4) and (5), the values of the characteristic function assigned to the two players are:

$$v(\emptyset) = 0,\ v(\{1\}) = d_1,\ v(\{2\}) = d_1 + (E - d_1)/1 = E,$$

and, if the two-person game is viewed as being either cumulative or maximal, we have:

$$v(\{1,2\}) = \min\{d_1 + E, E\} = \min\{\max\{d_1, E\}, E\} = E.$$

Applying (3), we have:

$$p_2(\emptyset) = [0!\,(2-0-1)!]/2! = 1/2,$$
$$p_2(\{i\}) = [1!\,(2-1-1)!]/2! = 1/2.$$

According to (2), the Shapley values of the two players are:

$$w_1 = (d_1 - 0)(1/2) + (E - E)(1/2) = d_1/2,$$
$$w_2 = (E - 0)(1/2) + (E - d_1)(1/2) = E - (d_1/2)$$

Therefore, the solution of the contested garment problem is:

$$w_1 = d_1/2,\ w_2 = E - (d_1/2) \qquad (7)$$

In the contested garment problem from the Talmud: $E = 1$, $d_1 = 1/2$, $d_2 = E = 1$.

Introducing these values in (7), we get: $w_1 = 1/4$, $w_2 = 3/4$, which is just the judge's decision.

3. *ANSWER* TO PROFESSOR DE MESNARD'S CRITICISM

In [De Mesnard, 2014], Professor De Mesnard made critical remarks about the paper [Guiasu, 2011]. I want to thank him for his criticism. Long ago, one of my professors told me: "I do not mind when somebody criticizes my work; I am worried when nobody says something about it." Professor De Mesnard did not find mathematical errors in my paper [Guiasu,2011]; his objections are related to the assumptions and interpretations made in it. He wrote: "As Guiasu's solution is paradoxical (it has all the appearances of truth), my contribution consists in explaining the concepts, particularly truncation, that play a central role in the demonstration and then analyzing in what way Guiasu's argument is misleading." In a systematic way, he lists his four capital objections to what was done in my approach [Guiasu, 2011]:

1. "Guiasu has overlooked data truncation (claims that exceed the estate must be reduced to the available amount of the estate); yet, truncation is required in the context (without truncation, any applicant may obtain all the available estate by simply making an infinite claim)."

2. "Guiasu poses an axiom which attributes the surplus (obtained after sharing out the estate) to all applicants equally. We show that this is inconsistent with the contested garment problem."

3. "By Guiasu's axiom, the estate cannot exceed the claim of the agent who demands the most, which is obviously false."

4. "Guiasu's approach creates a discontinuity in the distribution of the estate, which is not observed in the contested garment problem."

And, as a consequence of all this: "We conclude that Guiasu's attempt to explain the three wives problem in terms of a 'run-to-the-bank', that is, by the usual Shapley value (i.e. of a cumulative game) is unsuccessful." Adding the verdict: "Guiasu distorts the three wives problem so as to explain it in terms of the Shapley value of a cumulative game at all costs, transforming it into a complicated method." Let me answer these objections, one by one.

The principal objection refers to the fact that "Guiasu omitted to truncate the data," truncation meaning that if any claimant claims more than the entire estate, that is, if there is an i such that $d_i > E$, then his claim is replaced by E, i.e. the new claim is imposed to be $\min\{d_i,E\}$, for all i. Professor De Mesnard states that "for any system of division, truncation is indispensable." Why? "Because without it, a claimant making an infinite claim could obtain the entire estate." Indeed, I did not find necessary to do such a truncation of the claims. First of all, the Talmudic problems deal with normal people. The two women from the contested garment problem, the three wives from the bankruptcy problem, and the four brothers from the rights arbitration problem do not make infinite claims; they ask for the entire estate, which is a finite number, for a part of it, or for a finite amount exceeding the estate. Second, using (5), all claimants whose claims exceed the estate are assigned in the end the same portion of the estate and not all of it. As a matter-of-fact, in his paper [De Mesnard, 2008], he used the truncation and, as a result of this, he obtained for the bankruptcy problem, for the case when the estate is $E = 200$, the solution ($33\frac{1}{3}$, $83\frac{1}{3}$, $83\frac{1}{3}$), whereas the corresponding Talmudic solution is (50, 75, 75), which made him wrongly conclude that the Shapley value cannot be directly used for justifying the Talmudic solution. The truncation is rather an arbitrary, baseless, and needless restrictive constraint.

Referring to me, Professor De Mesnard wrote: "He attributes the surplus (obtained after sharing out the estate) to all applicants equally; this contradicts the contested garment solution." The relation (5) is not an adhoc axiom. It is based on the fact that, according to the Shapley value, all the players whose claims exceed the estate have to equally share the surplus, as shown below.

Let us take an arbitrary cumulative or maximal game in which the characteristic function v assigns to each player the amount of the estate he is entitled to ask for. Assume that all players claim the entire estate E or more and that each player is entitled to get the total estate E, which means that $v(\{i\}) = \min\{d_i, E\} = E$, for $(i = 1,...,n)$, and $E \leq d_1 \leq ... \leq d_n$. Then, according to their Shapley values, the players get the same reward $w_i = E/n$, $(i = 1,...,n)$, equally sharing the estate E. Indeed, if the game is cumulative, we have:

$$v(\{i\}) = \min\{d_i, E\} = E, \; (i = 1,\ldots,n),$$
$$v(\{i_1,...,i_k\}) = \min\{(d_{i_1} + \ldots + d_{i_k}), E\} = E, \quad (k = 2,\ldots,n),$$

and if the game is maximal, we have:

$$v(\{i\}) = \min\{d_i, E\} = E, \; (i = 1,\ldots,n),$$
$$v(\{i_1,...,i_k\}) = \min\{\max\{d_{i_1},...,d_{i_k}\}, E\} = E, \quad (k = 2,\ldots,n).$$

Therefore, according to (2) and (3), the Shapley value of player $\{i\}$, $(1 \leq i \leq n)$, is:

$$w_i = (E - 0)(\emptyset) + (E - E) \sum_{S \subset N,\, i \notin S,\, S \neq \emptyset} p_n(S)$$
$$= E[0!\,(n - 0 - 1)!]/n! = E\,/n.$$

This result shows that if a player wants to get the entire estate or more, when his claim exceeds the estate, but the other players are in the same position, he cannot do this because the current estate available, has to be shared equally among the players. Based on this essential fact, induced by the Shapley value itself, we define the characteristic function of the game such that the value which is assigned to a player reflects the maximum claim he can reasonably ask for, subject to the restrictions induced by the relationship between all the claims and the portion of the estate available. Taking this into account, when we define the characteristic function of the game, we have to make a distinction between the players whose claims are smaller than the estate and those whose claims are not smaller than the estate, as reflected by the equalities (4) and (5). Realistically and practically, if E is the available estate, a player whose claim $d_i < E$ is entitled to ask for $v(\{i\})$ given by (4), whereas a player whose claim is $d_i \geq E$ is entitled to ask for $v(\{i\})$ given by (5). The claim d_i represents what the player i would want to get, whereas the corresponding value $v(\{i\})$ of the characteristic function represents what player i could reasonably ask for, taking into account the interdependence among the players. On the other hand, how could this be inconsistent with the contested garment problem when its solution (7) is induced just by the equalities (4) and (5) of the 'axiom', as shown in the second section?

Remark: In order to be more specific, let us consider a bankruptcy problem involving three claimants labeled $\{1\}$, $\{2\}$, and $\{3\}$. The estate is $E = 120$, the claims are $d_1 = 130$, $d_2 = 140$, $d_3 = 150$, and assume that each claimant is entitled to get the entire estate, i.e.,

$$v(\{i\}) = \min\{d_i, E\} = E = 120, \qquad (i = 1,2,3).$$

The game being cumulative, the characteristic function has the values:

$$v(\emptyset) = 0,\ v(\{1,2\}) = \min\{d_1 + d_2, E\} = 120,$$
$$v(\{1,3\}) = \min\{d_1 + d_3, E\} = 120,\ v(\{2,3\}) = \min\{d_2 + d_3, E\} = 120,$$
$$v(\{1,2,3\}) = \min\{d_1 + d_2 + d_3, E\} = 120.$$

Applying (2) and (3), we obtain the Shapley solution:

$$w_1 = [v(\{1\}) - v(\emptyset)]p_3(\emptyset) + [v(\{1,2\}) - v(\{2\})]p_3(\{2\})$$
$$+ [v(\{1,3\}) - v(\{3\})]p_3(\{3\}) + [v(\{1,2,3\}) - v(\{2,3\})]p_3(\{2,3\})$$

$$w_1 = (120 - 0)(1/3) + (120 - 120)(1/6) + (120 - 120)(1/6) + (120 - 120)(1/3) = 120/3 = 40$$

Similarly, $w_2 = 40$, $w_3 = 40$. Therefore, in spite of the fact that each claimant is entitled to get the whole estate, they have to equally share the estate, getting 40 each. If we use now the 'axiom' (5), which takes into account that there are several players claiming more than the entire estate, in which case they are entitled to share equally the estate, we have: $v(\{i\}) = E/3 = 40$, $(i = 1,2,3)$, in which case:

$$v(\emptyset) = 0,\ v(\{1,2\}) = \min\{d_1 + d_2, E\} = 120,$$
$$v(\{1,3\}) = \min\{d_1 + d_3, E\} = 120,\ v(\{2,3\}) = \min\{d_2 + d_3, E\} = 120,$$
$$v(\{1,2,3\}) = \min\{d_1 + d_2 + d_3, E\} = 120.$$

Applying (2) and (3), we obtain the same Shapley solution:

$$\begin{aligned} w_1 &= [v(\{1\}) - v(\emptyset)]p_3(\emptyset) + [v(\{1,2\}) - v(\{2\})]p_3(\{2\}) \\ &\quad + [v(\{1,3\}) - v(\{3\})]p_3(\{3\}) + [v(\{1,2,3\}) - v(\{2,3\})]p_3(\{2,3\}) \\ &= (40 - 0)(1/3) + (120 - 40)(1/6) + (120 - 40)(1/6) \\ &\quad + (120 - 120)(1/3) = 120/3 = 40 \end{aligned}$$

Similarly, $w_2 = 40$, $w_3 = 40$.

Nowhere in the paper [Guiasu, 2011] is assumed that the estate cannot exceed the claim of the player who demands the most. Such a case is, however, uninteresting and equality (4) is enough to define the corresponding characteristic function of the corresponding game. Professor De Mesnard is unhappy with the solution (7) given in the paper [Guiasu, 2011] to the simplest Talmudic problem, the contested garment, solution called by him to be misleading. Why is it measleading? Professor De Mesnard wrote: "If we consider solution (7), equation (5) implies that $v(\{1\}) = d_1$ and $v(\{2\}) = E$, whatever the real value of d_2. In other words, Guiasu considers that $d_2 \geq E$ even if the case $d_2 < E$ might be perfectly possible in a two-claimant bankrupycy problem, so long as $d_1 + d_2 > E$. There is no reason the upper bound of the estate should be d_n and conversely, there is no reason claimant n should be obliged to claim the whole estate." The paper [Guiasu, 2011] had as objective the justification of the three Talmudic problems, or in the Talmudic contested garment problem, $v(\{2\}) = E$, and the solution (7) corresponds to such a case. Obviously, nobody prevents us from playing around and consider other cases, not mentioned in the Talmud, like the cases when $d_2 < E$, for instance. Thus, in a cumulative game, let us take: $n = 2$, $v(\emptyset) = 0$, $v(\{1\}) = d_1 < E$, $v(\{2\}) = d_2 < E$, in which case $v(\{1,2\}) = \min\{d_1 + d_2, E\}$, and the Shapley values are:

$$w_1 = [v(\{1\}) - v(\emptyset)]1/2 + [v(\{1,2\}) - v(\{2\})]1/2 \qquad (8)$$

$$w_2 = [v(\{2\}) - v(\emptyset)]1/2 + [v(\{1,2\}) - v(\{1\})]1/2 \qquad (9)$$

Case #1: If $d_1 + d_2 \leq E$, then $v(\{1,2\}) = d_1 + d_2$, and (8) and (9) become:

$$w_1 = d_1, w_2 = d_2 \qquad (10)$$

Case #2: If $d_1 + d_2 > E$, then $v(\{1,2\}) = E$, and (8) and (9) become:

$$w_1 = 1/2(d_1 + E - d_2), w_2 = 1/2(d_2 + E - d_1) \qquad (11)$$

It is obvious from (10) and (11) that the continuity of the payoffs is satisfied; if the two claims d_1, d_2 are close then the corresponding payoffs w_1, w_2 are close as well. Thus, Professor De Mesnard's comments that in the contested garment problem "there is a discontinuity when Guiasu's result is used" and that "Guiasu's approach violates the axiom of continuity of payoffs," are not true.

Professor De Mesnard also wrote: "In the contested garment problem, where $E = 1$, Guiasu's solution is $(1/2, 1/2)$ if $d_1 = 1/2$ and $d_2 = 1/2$. However, it is completely different, that is $(1/4, 3/4)$, as soon as d_2 is more than $1/2$." The last statement is not true. First, if $d_1 = 1/2$ and $d_2 = E = 1$, the solution (7) gives the Talmudic answer, namely $(1/4, 3/4)$. Second, if $d_1 = 1/2$ and $d_2 > 1/2$, then the solution is given by (11). In particular, if $d_1 = 1/2$ and $d_2 = 3/2$, then, from (11), we obtain the solution $(5/12, 7/12)$, for instance.

In the paper [Guiasu, 2011] truncation was not applied, being unnecessary. The essential point in obtaining a unified solution based on the Shapley value of the three Talmudic problems, justifying the answers given in the Talmud, was to assign a specific, context dependent characteristic function to the game corresponding to each Talmudic problem. Instead of assuming that the games corresponding to the three Talmudic problems are of the same kind, the paper [Guiasu, 2011] looks at the game corresponding to the bankruptcy problem as having a cumulative characteristic function and at the game corresponding to the rights arbitration problem as having a maximal characteristic function. The contested garment problem, being very simple, with only two players involved and no proper coalition possible, may be viewed as having either a cumulative or maximal characteristic function. Examining today the old solutions given to the bankruptcy and rights arbitration problems, the decisions reached by the judge may be obtained by using the concept of Shapley value, knowing that the three wives hated each other, in the bankruptcy problem, which means a cumulative characteristic function for the corresponding game, and assuming that the four brothers were willing to compromise and share parts of their claims, in the rights arbitration problem, which means a maximal characteristic function for the corresponding game.The idea of using the Shapley value for solving the Talmudic problems is not original. Many have used it before. What is original in the paper [Guiasu, 2011] is the fact that, in each of the three problems mentioned, a specific, context dependent characteristic function v was used, reflecting the interdependence between players.

In a recent e-mail letter, referring to my paper, Professor Martin Shubik wrote: "The problem is hardly in the mathematics. The Shapley value is a natural tool for this type of problem, however the real difficulty lies in how you define the characteristic function to describe the implicit threat structure. I encountered precisely this problem in my application of the Shapley value to the assignment of overhead costs in management science. Shapley and I concluded that the assignment of worth to v depended heavily on context. Von Neumann used an extremely pessimistic lower bound. Harsanyi suggested a damage exchange rate definition that was plausible, but still does not provide a context free solution." Coming from such an authority in this field, Professor Martin Shubik's remark has a special weight.

In the division of the estate subject to given claims, the Shapley value from game theory appears to be a reliable mathematical tool but the real problem is to determine the characteristic function depending on the context of the respective game. In the Talmudic problems, it was more natural to consider the characteristic function as being 'cumulative' in the bankruptcy problem and 'maximal' in the rights arbitration problem but, in other cases, it could be of a different type.

A colleague who read this paper remarked that there is an underlying philosophical problem here, namely: which kind of power do we have when we are dealing with a 'claim' (A right to seek after something? To advance a petition? To defend a vindication conclusively? Or is it just a pretense?)? Can a judge be objective and impartial, has he all the information available, are there personal, official, or social constraints imposed on him? But going in this direction we arrive to the necessity of bringing in psychology, behavioral science, and sociology because the problem with truth is its many varieties.

4. CONCLUSION

Professor De Mesnard ([De Mesnard, 2014]) asked: "Is it possible to unify sharing methods according to the Talmud by the Shapley value as Guiasu did? In particular, can the three wives problem be inferred from an easy to understand process such as the 'run-to-the-bank' which corresponds to the most usual Shapley value (that of a cumulative game)? The answer is no." Examining his objections (no truncation made, discontinuity of the solution in the contested garment problem, the adhoc axiom of equal share of the surplus estate available, the misleading largest claim), step by step, as it has been done in section 3, the answer to his questions is, however, yes. The 'axiom' (5) is induced by the Shapley value itself and the solution to the three wives problem is straightforward and simple, as shown in section 2. Unlike the coalitional procedures, that are based on step-by-step successive approximations, it offers a one-step solution to the division of estate problem.

Professor De Mesnard could not grasp the most important thing that assigning a specific characteristic function to each Talmudic problem (a maximal characteristic function for the rights arbitration problem and a cumulative characteristic function for the bankruptcy problem), essentially depending on the context and reflecting the interaction between the members of the proper coalitions, was the reason why the same tool, namely the Shapley value of the corresponding game, could be used for justifying the solutions of the three problems given in the Talmud[2].

2. Je veux remercier Monsieur Yves Doazan pour son excellent travail éditorial.

REFERENCES

AUMANN, R.J. & MASCHLER, M. 1985. "Game-theoretic analysis of a bankruptcy problem from the Talmud," *Journal of Economic Theory*, vol. 36: 195-213.

DE MESNARD, L. 2008. "On the Talmud division: Equity and robustness," 56e Congrès annuel de l'Association Française de Science Économique, Paris (18-19 septembre 2008), Social Science Research Network, http://ssrn.com/abstract=1316002 (Date posted: December 15, 2008).

—. 2014. "Three wives problem and Shapley value," *Social Science Research Network*, http://ssrn.com/abstract=2533978 (Date posted: December 5, 2014).

GUIASU, S. 2011. "Three ancient problems solved by using the game theory logic based on the Shapley value," *Synthese*, vol. 181, Supplement 1: 65-79.

SHAPLEY, L.S. 1953. A value for *n*-person games. *Annals of Mathematical Studies*, vol. 28, 307-317.

RECENSION D'OUVRAGE

Freedom, Responsibility and Economics of the Person
Jérôme Ballet, Damien Bazin, Jean-Luc Dubois
et François-Régis Mahieu
Londres, Routledge, 2014

EMMANUEL PICAVET *

Cet ouvrage d'une originalité marquée trouve bien sa place dans une collection d'ouvrages de l'éditeur londonien qui a joué un rôle, au fil des dernières années, dans l'élargissement résolu des horizons de la pensée économique. Il est consacré à un sujet qui peut surprendre : la liberté et la responsabilité dans le contexte d'une « économie de la personne ». L'expression évoque *a priori* davantage les critiques nombreuses (et parfois simplistes) de la tendance présumée des sciences économiques à favoriser une vision du « management de soi », ou de la gestion des flux économiques sur le cycle de vie, qui serait chargée tout à la fois de lourds présupposés anthropologiques (l'individualisme) et idéologiques (la prédominance du modèle d'une société de marché) et d'une forme d'excès dans l'investissement de domaines existentiels qui devraient rester extérieurs à la pensée économique. L'intérêt de la démarche des auteurs est cependant de conduire le lecteur à mieux réaliser l'imbrication de la pensée

* Professeur à l'Université Paris 1 Panthéon-Sorbonne.
E-mail : Emmanuel.Picavet@univ-paris1.fr.

économique des décisions et des transactions avec des représentations fondamentales de la personne humaine qui, en droit, sont tout à fait susceptibles de connaître des évolutions, y compris sur le terrain épistémologique ou méthodologique, en réponse à des limites perçues des approches les plus habituelles dans la discipline économique.

Le livre illustre, par ses motivations, l'impact de la théorie des capacités d'Amartya Sen sur la pensée économique. Il porte témoignage du renouvellement concomitant des relations entre les sciences économiques d'une part, la philosophie de la liberté d'autre part. Abordant les questions – importantes dans les recherches philosophiques aujourd'hui – de la vulnérabilité ou des identités pratiques, les auteurs sont capables tout à la fois d'en appeler à plus d'audace dans la pensée économique (en particulier dans le sens de l'appropriation résolue d'une partie de l'héritage phénoménologique) et de faire ressortir la pertinence philosophique des questions que se posent les économistes. Au croisement de perspectives anthropologiques parfois concurrentes (comme l'atteste la présentation détaillée de l'approche des « *capabilités* » chez Sen et la prise de distance par rapport à cette approche), l'agent économique subit des sollicitations qui l'éloignent de ses positions classiques et il change de figure.

C'est en s'éloignant des schémas de la rationalité optimisatrice que ce fameux « agent économique » peut espérer bénéficier de la prise en compte d'aspects plus riches de la personnalité en tant que telle. Les questions relatives au statut d'agent ne sont certes pas absentes de la pensée économique néoclassique, qu'il s'agisse par exemple de la contribution économique à la théorie de l'acteur rationnel ou des investigations économiques sur le pouvoir de l'agent dans les relations principal-agent, pour citer deux cas évidents. Mais il faut reconnaître que ces questions sont ici abordées d'une manière qui force à tourner le regard vers des questions importantes de la philosophie de la personne. Cela rend possible, au total, des aperçus significatifs et intéressants sur l'*action* telle que l'abordent les sciences sociales, en privilégiant l'étude des formes de la responsabilité dans les échanges sociaux.

À travers différents exemples et débats théoriques, l'intention générale est de montrer, d'une part, que les personnes ont cette caractéristique essentielle de faire partie d'un monde qui s'impose à elles (un monde de valeurs et de normes qui instituent des droits et des devoirs), et cette autre caractéristique, de ne pouvoir être dissociées des identités pratiques qui les constituent comme telles. C'est à la défense de ces thèses que s'articule la suite des chapitres, reflétant un parcours intellectuel passant par une succession d'étapes (p. 2). Ce qu'il faut remarquer d'emblée, c'est que cette orientation ne neutralise pas par avance l'approche économique du comportement : ce sont bien des actions de nature économique qui forgent les identités pratiques de la personne économique, et la manière humaine de tenir compte des normes données dans le monde social enveloppe des décisions individuelles et l'établissement de priorités personnelles, et peut au reste parfaitement couvrir un calcul des conséquences qui intègre les coûts de réputation, au défaut du souci intrinsèque du respect des normes.

Les étapes qui jalonnent le parcours incluent une discussion de l'idée de liberté (dans un sens relationnel) et une critique de l'approche d'A. Sen, considérée comme trop liée à une conception purement fonctionnelle de la liberté, ne permettant pas de donner cours à l'idée de la liberté morale et à l'auto-limitation dans l'action. La responsabilité est examinée non pas seulement comme une suite de la liberté, mais comme son fondement, en rapport avec une approche de la liberté qui s'étend au-delà de l'usage de la rationalité et qui oblige à reconsidérer le statut d'agent. Les qualités d'agent, soutiennent les auteurs, ont en leur cœur l'usage par la personne de ses responsabilités, qui peuvent être en quelque façon « personnalisées », en fonction de la manière de les endosser (c'est là un aperçu très intéressant de cette étude). C'est même ce qui est désigné par le fait d'être une « personne » (p. 3).

Ce sont là des contributions qui développent utilement des thèmes récents de l'analyse de la responsabilité et de l'engagement, qui n'a pas été sans lien avec l'économie comme on a pu le voir dans le débat à fronts renversés entre le philosophe Philip Pettit et l'économiste Amartya Sen sur la suffisance ou non du modèle décisionnel de la délibération habituellement retenu en théorie économique[1]. D'autres thèmes apparaissent toutefois, dans la même intention d'une méthodologie économique renouvelée. Ainsi, la personne générique et la personne particulière sont distinguées et les multiples identités

1. F. Peter et H. B. Schmid, *Rationality and Commitment*, Oxford, Oxford University Press, 2007.

pratiques que l'on trouve à l'œuvre dans la vie économique, et qui représentent des voies de « personnalisation » de soi-même et du monde pour les personnes particulières, renvoient aussi à l'identité personnelle, qui les unifie (l'identité générique faisant ainsi sentir sa force). C'est toute une méthodologie individualiste et contextualiste qui se profile alors. Elle demande de rapporter systématiquement les choix et le comportement des individus à des contextes incorporant des valeurs qui s'imposent aux agents, ceux-ci pouvant seulement personnaliser leur rapport avec elles et procéder à des arbitrages entre les diverses responsabilités.

On peut s'interroger sur l'articulation entre « liberté morale » (*moral freedom*) et « liberté rationnelle » (*rational freedom*) ; ces concepts sont saisis dans un rapport d'opposition mais cette opposition même ne laisse pas d'interroger. La conception de la liberté comme pouvoir, qui oriente l'analyse, n'est peut-être pas indépendante des cadres linguistiques de description de l'action ou de l'interaction (comme le donnent à penser notamment les réflexions consignées p. 41).

D'autre part, peut-on faire une généralité de la présence de repères normatifs dans les contextes d'action ? Par exemple, dans *Le Décideur*, Bertrand Saint-Sernin avait composé un tableau frappant des incertitudes qui entourent l'action dans des contextes où les valeurs et les attentes de référence sont souvent insaisissables[2]. Ne faut-il pas alors faire la part de l'affirmation, par l'agent, de ses valeurs personnelles (qui peuvent aller au-delà de l'établissement de priorités parmi les responsabilités préexistantes) ?

En troisième lieu, ne faut-il pas admettre – comme le font les théories actuelles du désaccord et du compromis, encore peu mobilisées en économie – que les valeurs de référence sont en partie sécrétées par l'interaction passée et par l'expérience réflexivement partagée (l'expérience du conflit, de la coopération, de l'interprétation des normes, de la participation, de la négociation ou de la recherche d'entente…) ? Ces interrogations ne peuvent s'entendre unilatéralement comme des critiques puisque les auteurs ont à cœur, dans l'examen de la théorie des « *capabilités* » particulièrement, de faire ressortir très justement l'importance de l'interaction entre les acteurs, contre une vision des choses centrée sur le face-à-face entre l'agent et son environnement (p. 23).

2. B. Saint-Sernin, *Le Décideur*, Paris, Gallimard, 1979.

Dans les limites assumées d'un contextualisme (v. notamment la section 5.2) qui limite la part de la construction interactive des repères normatifs mais qui développe utilement une perspective sur la rationalisation des obligations par l'agent (sec. 5.3), et qui s'appuie sur de riches généalogies des idées de personne et de responsabilité, le message fondamental des auteurs est au demeurant parfaitement clair et il est à bien des égards convaincant dès lors que l'on songe aux situations dans lesquelles il est hors de doute que les agents sociaux font face à des attentes pressantes qui les concernent nominativement et avec lesquelles il faut bien composer. On peut donc voir là une piste prometteuse : en contexte, les individus font des choix qui reflètent une sorte de gestion des responsabilités (en présence d'opportunités, de contraintes et de la pluralité même de responsabilités entre lesquelles aucune harmonie préétablie ne prévaut). C'est l'approche que viennent accréditer un certain nombre d'études de cas éclairantes, notamment à propos de la baisse de la consommation avec le revenu, des limitations à l'accroissement du bien-être qui sont dues au temps consacré au travail, et à propos du prêt à des taux plus bas que ceux du marché., mais aussi à propos de la vulnérabilité (chap. VII), de la fragilité et de la faillibilité (chap. VIII) ou du développement d'un principe de précaution sociale (chap. IX). Par rapport à d'autres approches guidées par la phénoménologie sociale, le lecteur se félicitera peut-être de voir l'analyse s'infléchir franchement dans le sens d'un rapport individuel réfléchi aux normes ou attentes sociales, sans confusion avec une automaticité sans objet.

L'ouvrage est, au total, très riche de perspectives particulièrement stimulantes et son argumentation à la fois claire, pertinente et composée attirera assurément l'attention en philosophie économique. L'intérêt qu'on lui témoignera dans les sciences économiques directement explicatives a toutes les chances de dépendre de l'attachement aux vertus explicatives des modèles classiques de la rationalité que l'économie théorique hérite de l'individualisme méthodologique. De ce point de vue, l'élargissement des perspectives qui est proposé doit évidemment être mis en balance avec les mérites propres des approches classiques. Il est constant, cependant, que cette contribution permet de donner une assise à une approche alternative faisant droit au point de vue des acteurs et qui ne se contente pas du renvoi opaque à «la nature » ou « au comportement » dans l'espoir paradoxal de congédier la compréhension des raisons dans les choix.

RECENSION D'OUVRAGE

Justice sociale et générations.
Pourquoi et comment transmettre un monde plus juste
Cédric Rio
Presses Universitaires de Rennes, 2015.

GRÉGORY PONTHIÈRE *

Qu'est-ce que nos sociétés doivent aux générations futures ? Quels sacrifices devons-nous faire aujourd'hui pour ceux qui nous succéderont un jour sur Terre ? Au nom de quels principes éthiques les vivants doivent-ils agir pour les générations futures qui, par définition, ne sont pas encore nées ? Ces questions sont au cœur des débats contemporains sur la justice intergénérationnelle. À l'heure où la communauté scientifique s'alarme des conséquences néfastes, sur les générations futures, du réchauffement climatique et de la disparition de nombreuses espèces, l'importance de ces questions pourrait difficilement être exagérée.

Bien que des travaux anciens, comme ceux de Sidgwick (1899) et Ramsey (1929), abordaient déjà, en certains endroits, la question de la justice entre les générations, c'est surtout à partir de la fin des années 1960 que la littérature sur la justice intergénérationnelle s'est

* Professeur de sciences économiques à l'Université Paris Est Créteil (ERUDITE), membre de l'UMR 8545 Paris-Jourdan Sciences Économiques, École d'Économie de Paris, et membre junior de l'Institut universitaire de France.

développée, à travers, notamment, les travaux de Koopmans (1967), Rawls (1971), Solow (1974), Dasgupta et Heal (1979) et Parfit (1984). Les décennies suivantes ont vu la publication de plusieurs traités sur cette problématique (Broome 1992, Birnbacher 1994 et Gosseries 2004). Plus récemment, la justice entre générations a été au cœur des débats sur les politiques à mener face au changement climatique (Stern 2006, Nordhaus 2008, Broome 2012).

L'ouvrage de Cédric Rio porte sur la question des devoirs des générations présentes envers les générations futures. Il poursuit deux objectifs distincts. D'une part, exposer les difficultés conceptuelles soulevées par la justification des obligations morales envers les générations futures, en s'appuyant (notamment) sur les auteurs mentionnés plus haut. D'autre part, défendre l'idée d'une préférence sociale pour le présent au nom d'une plus grande justice envers les vivants les plus démunis. La structure de l'ouvrage révèle un traitement successif de ces deux objectifs. La première partie (chap. I à III) porte sur les difficultés à justifier des obligations morales envers les générations futures, tandis que la seconde partie (chap. IV à VI) étudie la conciliation entre les droits et les devoirs parmi et au sein des générations successives, et y défend une plus grande préférence sociale pour le présent.

Le premier chapitre examine deux principes permettant de justifier une responsabilité morale des générations présentes envers les générations futures : d'une part, le principe de réciprocité, selon lequel les générations présentes ont des obligations envers les générations futures car elles ont elles-mêmes bénéficié de l'action des générations passées ; d'autre part, le principe de respect des droits fondamentaux des individus quelle que soit leur position dans le temps. Le principe de réciprocité est insuffisant pour justifier une responsabilité morale envers les générations futures, parce que la première génération n'a rien reçu des précédentes, ce qui brise d'emblée la chaine de réciprocité descendante de générations en générations. Ce problème, loin d'être anecdotique, se pose chaque fois qu'une génération estime ne pas avoir bénéficié d'un héritage des générations passées. Une solution consiste alors à considérer les ressources transmises de générations en générations comme « prêtées aux générations présentes par les générations futures » (p. 60), conformément à un proverbe indien étudié par Gosseries (2004). Le second principe évoqué, qui repose sur l'idée de droits humains fondamentaux universels, fait face à une difficulté majeure : est-il raisonnable d'octroyer des droits à des personnes dont *l'existence* dépend des actions présentes (le *non identity problem*) ? L'auteur ne prétend pas apporter une solution à ce problème difficile – voire insolvable – posé par Parfit (1984), mais avance plutôt l'idée selon laquelle la défense de droits fondamentaux pour les personnes futures devrait s'appuyer sur une approche « suffisantiste », consistant à définir un seuil de ressources en-dessous duquel on estimera que les conditions de vie seront en-deçà de la dignité humaine. La définition de ce seuil permet alors d'identifier nos obligations envers les personnes futures. Cette voie n'est pas exempte de critiques : les droits ainsi reconnus aux personnes futures pourraient se limiter aux droits les plus triviaux, limitant par-là fortement les obligations des générations présentes envers les générations futures.

L'ampleur du « panier » à transmettre aux générations futures est examinée dans le deuxième chapitre. Pour ce faire, l'auteur propose tout d'abord une analyse critique de l'approche de la justice intergénérationnelle élaborée par Rawls (1971). L'approche rawlsienne de la justice entre générations repose sur un modèle à deux temps, composé d'une première phase dite d'accumulation, durant laquelle chaque génération laisse en héritage aux générations futures davantage de ressources que celles qu'elle a reçues des générations précédentes, suivie d'une seconde phase, la phase stationnaire (aussi appelée le régime de croisière), phase durant laquelle chaque génération se contentera de laisser aux générations futures autant de ressources que celles héritées des générations passées, sans davantage accumuler. Cédric Rio démontre que ce modèle à deux temps peut difficilement être justifié sur base de la position originelle rawlsienne où les personnes ignoreraient la génération à laquelle ils appartiennent (des solutions possibles étant d'introduire de l'altruisme dynastique, ou de supposer que les différentes personnes sous le voile d'ignorance n'appartiennent pas à la même génération). L'auteur souligne également les possibles conflits entre la phase d'accumulation et le principe de différence rawlsien : les générations vivant dans la phase d'accumulation sont sacrifiées au nom des suivantes, ce qui semble peu compatible avec le principe de différence.

La définition du contenu du « panier » à transmettre aux générations futures – « panier » qui prendrait la forme d'un environnement social et naturel – est poursuivie dans le chapitre III. Pour ce faire, l'auteur compare tout d'abord la liste des biens premiers (*primary goods*) avancée par Rawls (biens qui sont requis en vue de satisfaire une conception de la vie bonne, quelle qu'elle soit), avec la liste des « capabilités » (*capabilities*) de base proposée par Nussbaum (libertés substantielles ou possibilités de choisir et d'agir). L'auteur passe en revue plusieurs critiques contre ces listes, mettant notamment en doute l'universalité des biens premiers et des « capabilités » de base, ou le caractère beaucoup trop ambitieux de telles listes. Dans un second temps, Cédric Rio explique en quoi une phase d'accumulation préalable pourrait servir à construire des infrastructures et à mettre en place des institutions permettant aux générations futures de pouvoir user pleinement de leurs libertés. Mais il ne s'agirait pas là de la seule fonction de la phase d'accumulation : elle permettrait également d'assurer l'accessibilité de *tous* les individus aux différentes institutions. En ce qui concerne l'environnement naturel à transmettre aux générations futures, l'auteur compare deux conceptions de la soutenabilité – la soutenabilité forte (aucune substitution entre les ressources naturelles et non-naturelles n'est tolérée) et la soutenabilité faible (substitutions tolérées) – et se prononce en faveur d'une soutenabilité forte, avant de noter que celle-ci constitue un idéal inatteignable, et que des règles de substituabilité doivent donc être fixées. Le chapitre se conclut par une analyse des critères à partir desquels de telles règles pourraient être déduites. Il est notamment défendu qu'en cas de consommation, par les générations présentes, de ressources non renouvelables, ces mêmes générations ont le devoir de fournir aux générations suivantes un substitut équivalent, et ne mettant pas en danger leur santé.

La question de la conciliation des efforts et des droits entre les générations et au sein des générations est étudiée dans la seconde partie de l'ouvrage. L'auteur y défend l'idée selon laquelle l'intronisation d'une préférence sociale pour le présent permettrait une meilleure conciliation entre l'exigence de justice au sein des générations et entre les générations. Cette seconde partie débute, dans le chapitre IV, par la définition de ce qu'on entend dans la littérature par la préférence sociale pour le présent. Le taux de préférence pure pour le présent (assignant un poids plus grand au bien-être des générations les moins éloignées dans le temps) est distinct de ce qu'on appelle le taux d'escompte social, taux utilisé en vue de rendre comparables des coûts et des bénéfices situés à des points différents sur la ligne du temps. Ce dernier taux est égal, en l'absence de risque, à la somme du taux de préférence pure pour le présent et du produit du taux de croissance de la consommation et de l'élasticité de l'utilité marginale. Cédric Rio analyse les débats contemporains entre Stern (2006) et Nordhaus (2008) concernant la méthode à suivre pour calibrer le taux de préférence pure pour le présent, ce débat étant d'une grande importance afin de définir l'ampleur des sacrifices à effectuer pour les générations futures. Des développements récents dans l'analyse du taux d'escompte social sont aussi évoqués, comme notamment les travaux de Gollier (2012) visant à introduire le risque dans le calcul du taux d'escompte social (ce qui tend, par précaution, à réduire celui-ci), et les travaux de Asheim (2012), Fleurbaey et Zuber (2012) sur les liens entre l'aversion à l'inégalité entre les générations et le taux d'escompte social.

La définition d'une « juste épargne » pose d'emblée la question de la conciliation des droits et des devoirs entre et au sein des générations. Selon le principe rawlsien d'une juste épargne, étudié dans le chapitre V, chaque génération se doit de contribuer à l'effort d'épargne dans une mesure qui dépend du niveau de richesse ou de développement de cette génération. Plus une génération est pauvre, et moins elle devrait contribuer à l'effort d'épargne. Ce principe peut, d'une manière assez paradoxale, conduire à une situation de pauvreté perpétuelle. D'après ce principe, une génération très pauvre se situant au début de la ligne du temps n'a qu'un très faible devoir d'épargne, ce qui va conduire à une désaccumulation (étant donné la dépréciation du capital), de sorte que la génération suivante se trouvera dans une situation de plus grande pauvreté, et ainsi de suite. L'auteur échappe à ce problème en supposant que « le capital social s'accroît de manière continue au fil du temps » (p. 225), mais cette hypothèse revient à traiter l'accumulation comme exogène, alors qu'elle dépend des efforts d'épargne.

L'ouvrage se conclut par une défense d'une plus grande préférence sociale pour le présent, afin d'améliorer le sort des vivants les plus démunis. Cédric Rio est conscient que la défense d'une plus grande préférence pour le présent constitue une position peu partagée – voire controversée – et la défend à l'aide de trois arguments, que je vais considérer successivement.

Le premier argument énonce qu'accorder une priorité plus grande aux générations présentes est plus juste pour les individus vivants les plus démunis, tant cette plus grande préférence sociale pour le présent va pouvoir rendre possible une amélioration de leur sort, et une réduction d'inégalités arbitraires liées à l'origine sociale et géographique. Ce premier argument n'est, à mes yeux, pas vraiment convaincant : si l'urgence d'aider les vivants les plus démunis est flagrante, il n'est pas évident de voir en quoi cela justifie une plus grande préférence pour le présent. Donner plus de poids aux générations présentes n'implique pas nécessairement une baisse des inégalités entre les vivants. Pour s'en convaincre, il suffit d'observer que les intérêts des générations futures sont aujourd'hui fortement menacés, alors que les inégalités entre vivants sont extrêmes. Une plus grande préférence pour le présent ne semble donc pas déterminante dans la réduction des inégalités entre vivants.

Le second argument énonce qu'accorder une plus grande préférence aux générations présentes afin d'améliorer le sort des vivants les plus démunis ne va pas pour autant aller à l'encontre des générations futures (et des plus démunis de celles-ci), car les efforts présents visant à rendre le monde plus juste assureront la perpétuation de cet environnement plus juste, dont toutes les générations futures pourront profiter. Cet argument est lui aussi critiquable, tant il semble reposer sur une conception assez optimiste de l'histoire, selon laquelle tous les progrès acquis à un moment donné (en l'occurrence un monde plus juste) seront transmis aux générations suivantes, qui pourront ainsi en bénéficier. L'histoire montre au contraire que très peu de choses peuvent être définitivement acquises. Par ailleurs, l'auteur adhère, en défense de ce second argument, à l'hypothèse selon laquelle les intérêts des différentes générations convergent, de sorte qu'introduire une plus grande préférence pour le présent ne se fait pas au détriment des générations futures. Le problème est que supposer des intérêts convergents entre les différentes générations revient à considérer un cas très particulier où la notion de « justice intergénérationnelle » perd de sa pertinence. S'il n'existe pas de conflits d'intérêt entre générations, à quoi peut bien servir une théorie de la justice entre les générations ?

Le troisième argument avancé par l'auteur consiste à dire qu'une plus grande préférence pour le présent va permettre à *tous* les vivants de s'inscrire dans le long terme, et de mieux prendre en compte les besoins des générations futures. Selon Cédric Rio, la précarité des vivants les plus démunis les empêcherait de se projeter dans le futur, de concevoir des projets, et d'envisager ce qu'ils pourraient apporter aux générations futures. S'inquiéter du sort des vivants les plus démunis contribuerait donc à une prise de conscience plus générale des devoirs envers les générations futures. Cet argument relève de la pure conjecture. Rien ne permet de dire si une amélioration du sort des vivants les plus démunis renforcerait la prise de conscience de nos devoirs envers les générations futures, ou, si, au contraire, elle affaiblirait encore la prise de conscience de nos devoirs envers celles-ci. L'exemple de la Chine a montré que le rattrapage économique s'est malheureusement soldé par un rattrapage en termes de dégradation de l'environnement.

En somme, l'ouvrage de Cédric Rio a le grand mérite de présenter nombre de difficultés théoriques posées par la problématique de la justice entre les générations, et d'aborder les nombreux débats en cours parmi les philosophes et les économistes sur ce sujet. À côté de ces qualités indéniables, cet ouvrage présente également ses propres limites, à trois niveaux.

Premièrement, au niveau de la structure de l'ouvrage, le lecteur peut regretter un certain manque de continuité entre la première partie et la seconde partie, tant de nombreux thèmes abordés dans la première partie ne semblent pas jouer un grand rôle dans les positions défendues par la suite. Par ailleurs, il est dommage que la thèse constituant l'apport le plus original de l'ouvrage – à savoir la défense d'une plus grande préférence sociale pour le présent – ne soit abordée que trop tardivement, alors que c'est là précisément que l'originalité de la pensée de l'auteur s'exprime, et que le débat semble s'ouvrir avec la littérature existante.

Une deuxième limite concerne un certain manque de précision des analyses et des conclusions tirées par l'auteur. Lorsqu'il aborde les nombreux domaines où la question de la justice entre générations se pose (environnement, épargne, éducation, retraites, etc.), l'auteur ne prend pas toujours la peine de définir avec précision l'environnement étudié : biens/ressources considérés, agents en présence, préférences, contraintes de ressources au niveau individuel et social, processus de production, d'accumulation, de dépréciation et de transmission… Ces précisions sont pourtant indispensables afin de déduire les implications de tel ou tel principe de justice dans le domaine étudié. Si l'on veut *agir* en faveur d'une plus grande justice, il est crucial de tirer des conclusions suffisamment précises pour permettre d'engager un débat d'idées. L'auteur s'engage trop rarement dans cet exercice, et lorsqu'il le fait, ses analyses le conduisent souvent à des propositions trop générales. Par exemple, lorsque la question de l'éducation est abordée (p. 146) en illustration de la phase d'accumulation initiale, l'auteur insiste sur la nécessité de construire suffisamment d'établissements et de recruter un grand nombre d'enseignants afin que chacun puisse accéder aux études. Très bien, mais cela ne nous dit pas à quelle fraction de sa consommation la génération présente devrait renoncer afin d'investir dans le système d'enseignement et de recherche dont profiteront les générations futures. C'est pourtant bien de ce type d'arbitrage intergénérationnel dont il est question.

Enfin, une troisième limite (liée à la seconde) porte sur la grande – peut être trop grande – quantité de thèmes abordés dans ce livre. L'ouvrage traite, entre autres choses, de la liberté (p. 87), de la décroissance (p. 111), de la critique du PIB (p. 112), de la préservation du rap (p. 118), du malthusianisme (p. 122), du théorème d'impossibilité de Arrow (p. 137), des déchets radioactifs (p. 153), de l'hypothèse Gaia (p. 156) et du principe de précaution (p. 160), ou encore de l'identité chez Proust (p. 201). Certes, le lecteur désireux d'accroître sa culture générale se nourrira à satiété des nombreux thèmes abordés. Mais à vouloir couvrir *toutes* les facettes de la justice intergénérationnelle, l'ouvrage se retrouve, au final, à étudier des questions extrêmement complexes sur seulement quelques pages, ce qui peut nuire parfois, me semble-t-il, à la profondeur des analyses. Par exemple, la question des liens entre la démographie et la justice entre générations (la problématique de la « surpopulation ») n'est étudiée que sur quatre pages, ce qui pourrait difficilement éclairer ce problème épineux.

Malgré ces quelques critiques, il est indéniable que ce livre a le grand mérite d'apporter un certain éclairage sur la – difficile – problématique de la justice entre les générations, sur ses différentes facettes. Nul ne doute qu'en ce contexte de crise intergénérationnelle sans précédent, cet ouvrage trouvera de nombreux lecteurs à satisfaire.

RÉFÉRENCES

ASHEIM, Geir. 2012. Discounting while treating generations equally. *In* R. Hahn et A. Ulph. *Climate Change and Common Sense: Essays in Honour of Tom Schelling*, Oxford : Oxford University Press.

BIRNBACKER, Dieter. 1994. *La responsabilité envers les générations futures*, Paris : P.U.F.

BROOME, John. 1992. *Counting the cost of global warming.* Cambridge : London White Horse Press.

—. 2012. *Climate matters. Ethics in a warming world.* New York : Norton.

DASGUPTA, Partha, HEAL, Geoffrey. 1979. *Economic theory and exhaustible resources*, Cambridge : CUP.

FLEURBAEY, Marc, ZUBER, Stéphane. 2012. Climate policies deserve a negative discount rate, Fondation Maison des Sciences de l'Homme, Working Paper 2012-19.

GOLLIER, Christian. 2012. *Pricing the Planet's future: The economics of discounting and sustainable development.* Princeton : Princeton University Press.

GOSSERIES, Axel. 2004. *Penser la justice entre les générations. De l'affaire Perruche à la réforme des retraites*, Paris : Flammarion.

KOOPMANS, Tjalling. 1967. *Objective, constraints and outcomes in optimal growth models, Econometrica*, 35 : 1-15.

NORDHAUS, William. 2008. *A Question of Balance: Weighing the Options on Global Warming Policies*, New Haven : Yale University Press.

PARFIT, Derek. 1984. *Reasons and Persons*, Oxford : Oxford University Press.

RAMSEY, Frank. 1928. A mathematical theory of saving. *Economic Journal*, 38 : 543-549.

RAWLS, John. 1971. *A Theory of Justice*, Cambridge, MA : Harvard University Press.

SIDGWICK, Henri. 1874. *The Methods of Ethics*, London : MacMillan.

SOLOW, Robert. 1974. Intergenerational equity and exhaustible resources, *Review of Economic Studies*, 41 : 29-45.

STERN, Nicholas. 2006. *The Stern Review on the Economics of Climate Change*, London : H.M. Treasury.

BULLETIN D'ABONNEMENT

Revue de Philosophie Économique

Je soussigné(e), M./Mme

Nom :...................................... Prénom :......................................
Institution :.............................. N° TVA :......................................
Rue :.. Numéro :......................................
C.P. :....... Ville :.................................. Pays :..............................

commande :

au prix de 50 euros TTC (frais de port inclus) pour la France et de 55 euros TTC (frais de port inclus) pour l'**étranger**

.... abonnement(s) annuel 2014 à la *Revue de Philosophie Économique* (deux numéros par an).

au prix de 30 euros TTC (frais de port en sus)

.... ex. du numéro 1, vol. 16, octobre 2015, *Justice et environnement*, 978-2-7116-5212-9
.... ex. du numéro 2, vol. 15, décembre 2014, *Varia*, 978-2-7116-5211-2
.... ex. du numéro 1, vol. 15, juin 2014, *Les figures de l'entrepreneur / The Entrepreneur : Facets of Yesterday and Today*, 978-2-7116-5210-5
.... ex. du numéro 2, vol. 14, décembre 2013, *Varia*, 978-2-7116-5209-9
.... ex. du numéro 1, vol. 14, juillet 2013, *Critical Realism in the Social Science, Agency and the Discusive Self*, 978-2-7116-5208-2
.... ex. du numéro 2, vol. 13, décembre 2012, *Varia*, 978-2-7116-5207-5
.... ex. du numéro 1, vol. 13, juillet 2012, *Experimental Economics : Some Methodological Aspects*, 978-2-7116-5206-8
.... ex. du numéro 2, vol. 12, décembre 2011, 978-2-7116-5205-1
.... ex. du numéro 1, vol. 12, juillet 2011, 978-2-7116-5204-4
.... ex. du numéro 2, vol. 11, décembre 2010, 978-2-7116-5203-7
.... ex. du numéro 1, vol. 11, juillet 2010, *Markets, Governance and Human Development*, 978-2-7116-5202-0
.... ex. du numéro 2, vol. 10, décembre 2009, 978-2-7116-5201-3
.... ex. du numéro 1, vol. 10, juillet 2009, *Enjeux éthiques en économie de la santé*, 978-2-7116-5200-6
.... ex. du numéro 2, vol. 9, décembre 2008, 978-2-7117-3511-2
.... ex. du numéro 1, vol. 9, juillet 2008, *Démocratie d'entreprise*, 978-2-7117-3510-5
.. ex. du numéro 14, 2006/2, 978-2-7117-3507-5
.. ex. du numéro 13, 2006/1, 978-2-7117-3506-8
.. ex. du numéro 9, 2004/1, *Le concept d'identité*, 978-2-7117-3502-0
.. ex. du numéro 8, 2003/2, 978-2-7117-3501-3
.. ex. du numéro 7, 2003/1, *Autour de John Rawls*, 978-2-7117-3500-6

Paiement :

r par chèque vancaire à l'ordre de « Librairie Philosophique J. Vrin » (joindre le chèque au bulletin d'abonnement)

r par règlement administratif (joindre le bon de commande au bulletin d'abonnement)

Date : ....   Signature

À renvoyer à : Librairie Philosophique J. Vrin
À l'attention de Frédéric Mendès – fmendes@vrin.fr
6 place de la Sorbonne
75005 Paris – France

Achevé d'imprimer en avril 2016
par **ISI PRINT**
15 rue Francis de Pressensé
93210 La Plaine Saint-Denis

Imprimé en France